Gli italiani in USA: nuove prospettive di una diaspora secolare

A CURA DI
Anthony Julian Tamburri e Silvana Mangione

JOHN D. CALANDRA ITALIAN AMERICAN INSTITUTE
QUEENS COLLEGE, CITY UNIVERSITY OF NEW YORK

STUDIES IN ITALIAN AMERICANA
VOLUME 15

©2021 by the authors
All rights reserved
Printed in the United States of America

John D. Calandra Italian American Institute
Queens College, CUNY
25 West 43rd Street, 17th floor
New York, NY 10036

ISBN 978-1-939323-12-5
Library of Congress Control Number: 2021950594

INDICE

v   Lettera dell'Ambasciatrice Italiana
       MARIA ANGELA ZAPPIA

vii   Lettera del Segretario Generale del C.G.I.E.
       MICHELE SCHIAVONE

ix   Introduzione
       ANTHONY JULIAN TAMBURRI E SILVANA MANGIONE

1   Parte nu bastimentu... Riflessioni su La Storia e le storie al vaglio del migrare
       PETER CARRAVETTA

19   Migrazioni all'italiana: Un'analisi dell'esodo contemporaneo verso gli Stati Uniti (1990-2020)
       TERESA FIORE

47   Gli oggetti e il quotidiano: Uno studio della cultura materiale della diaspora italiana negli Stati Uniti
       LAURA E. RUBERTO E JOSEPH SCIORRA

97   I molteplici trattini del cinema italoamericano
       ILARIA SERRA

129   Breve passeggiata nel giardino della letteratura italoamericana
       EMANUELE PETTENER

169   La politica, il sudore e il sangue: Quattro storie italoamericane
       OTTORINO CAPPELLI

219   Indice dei nomi

225   Autori

Ambasciata d'Italia Washington
L'Ambasciatrice

19 novembre 2021

Desidero in primo luogo ringraziare il Consiglio Generale degli Italiani all'Estero per l'iniziativa di celebrare i lavori della IV Plenaria della Conferenza Permanente Stato-Regioni-Province Autonome-CGIE con la realizzazione di pubblicazione ad hoc sul ruolo delle nostre comunità all'estero. Sono certa che il primo dei quattro volumi di studio che per i Paesi Anglofoni Extraeuropei sono stati affidati al John D. Calandra Italian American Institute della City University of New York, saprà al meglio raccontare e valorizzare il ruolo avuto dalla comunità italiana e di origine italiana nello sviluppo e nella crescita degli Stati Uniti.

Gli italiani in America si sono fatti tradizionalmente strada in tutti i settori della vita del Paese. All'immigrazione tradizionale, iniziata nella seconda metà dell'Ottocento e proseguita a fasi alterne per tutto il secolo scorso, si è negli ultimi anni affiancato un nuovo flusso di arrivi dall'Italia. Un dato testimoniato anche dal numero crescente di iscritti all'Anagrafe Consolare degli Italiani all'Estero (AIRE) che dal 2016 ad oggi sono cresciuti ad una media del 7,64% l'anno. Si tratta di immigrazione prevalentemente costituita da professionisti, personale qualificato, il più delle volte in possesso di titoli di studio universitari. Numerosi sono i giovani imprenditori che investono nel Paese conservando però in Italia il centro principale dei loro interessi. Una componente degli italiani giunti negli USA più di recente è costituita da professori, studenti, economisti presso le Istituzioni Finanziarie Internazionali, scienziati e ricercatori presso numerose Università e centri di ricerca. Sono oggi oltre 15 mila i ricercatori che in vari ambiti operano negli USA.

Questa straordinaria collettività italiana e italoamericana è il vero motore su cui si fonda l'eccellenza delle relazioni tra Italia e Stati Uniti: relazioni di cui celebriamo quest'anno il 160° anniversario. Il legame privilegiato tra i nostri Paesi è costantemente rinsaldato dalla presenza dei tantissimi connazionali residenti negli Stati Uniti e da una comunità italoamericana che conta quasi 18 milioni di persone. Italiani e italoamericani contribuiscono ogni giorno a rendere grande il Paese che li ospita, nei settori più vari, dalla ricerca scientifica all'arte, all'economia, all'ingegneria, alla cucina, alle scienze umane. L'integrazione e la partecipazione della collettività italiana nella società statunitense dimostrano che i rapporti bilaterali tra Italia e Stati Uniti si basano su una vasta e capillare rete di relazioni non soltanto tra le istituzioni, ma anche tra le amministrazioni locali, le società civili, i sistemi produttivi, le organizzazioni accademiche, culturali e scientifiche.

Contiamo su queste relazioni profonde e articolate per promuovere in maniera integrata il nostro Sistema Paese negli Stati Uniti e per invitare gli Stati Uniti a guardare all'Italia come a un partner strategico, anche all'interno dell'Unione Europea.

Maria Angela Zappia

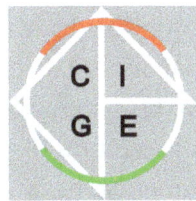

Consiglio Generale degli Italiani all'Estero
Segretario Generale

Nei momenti più cupi della diffusione pandemica della SARS-2 il Consiglio Generale degli Italiani all'Estero ha chiamato a raccolta le rappresentanze istituzionali, associative e i numerosi enti italiani presenti nel mondo, chiedendo loro un impegno straordinario sia per portare aiuti finanziari e sanitari agli ospedali e alla protezione civile italiani, sia per sostenere i nostri connazionali all'estero ritrovatisi in stato di bisogno e richiedenti attenzioni materiali e cure sanitarie. Le risposte e lo spirito con cui in tutti i continenti si è dipanata una straordinaria catena di solidarietà sono stati encomiabili; come e sempre successo in passato in occasioni di cataclismi e di tragedie nazionali gli italiani all'estero hanno risposto con generosità mettendo in piedi iniziative di grande rilevanza immediata e a lungo termine. Quel forte sentimento di appartenenza, quel legame mai sopito nonostante le distanze reali, materiali, generazionali e culturali hanno spinto il Consiglio Generale degli Italiani all'Estero ad avviare una ricerca storiografica per giungere ad un aggiornamento sulla variegata presenza delle nostre Comunità nei cinque continenti.

Riscoprire la storia della diaspora italiana e aggiornarne la portata al tempo di una nuova ripresa del fenomeno migratorio nazionale, per porlo sotto i riflettori dell'opinione pubblica, o meglio per spingere gli ambienti della fondazione scolastica a trattarlo nei programmi scolastici al fine di favorirne la discussione a livello nazionale ci e sembrato un dovere, che rientra semplicemente tra le funzioni istitutive del nostro organismo di rappresentanza al quale sono demandate le facoltà: cognitive, propositive, programmatorie e consultive dei vari livelli istituzionali italiani. Vorremmo ben sperare che i risultati della ricerca possano diventare strumento di consultazione e di orientamento per chi si occupa di emigrazione o per chi desidera approfondire le ragioni storiche e i motivi legati ai successi o alle ingiustizie subite dagli italiani nel mondo.

Questa è la genesi e la finalità del progetto di ricerca storiografico suddiviso in una trilogia rappresentativa dell'Emigrazione italiana in quattro Paesi anglofoni extra europei, in America latina e in Europa. Le pubblicazioni comprendono complessivamente dieci volumi. I quattro volumi dedicati alle storie dei nostri connazionali negli Stati Uniti d'America, in Canada, in Australia e nella Repubblica del Sudafrica sono curati dall'Istituto di ricerca "John D. Calandra Italian American Institute" della City University di New York, diretto dal professore Anthony Tamburri, che ringraziamo assieme alle sue collaboratrici e ai suoi collaboratori per il sostegno alla ricerca e per la diffusione dell'opera che il Calandra garantirà nella rete universitaria americana, italiana e internazionale.

La presenza italiana negli States ha radici antiche. Nei secoli ha contribuito gradualmente a forgiare la cultura di quel grande Paese, non solo perché a molte generazioni di nostri connazionali quei luoghi hanno sempre ispirato i sogni delle infinite opportunità e della libertà, ma anche perché molti discendenti italiani hanno contribuito al progresso materiale, immateriale e civile di quella che è la nazione più progredita al mondo. Tante canzoni, quanti luoghi comuni, tanti film e in particolare il sentimento italo-americano del quale si nutre la moda hanno rappresentato e caratterizzano gli stili di vita e i valori non trattabili degli italiani e degli italoamericani. Sono questi i riflessi dei messaggi di fierezza e di gioia che si percepiscono dalle parate del Columbus Day della 5th Avenue o in altre città americane.

Il Consiglio Generale degli Italiani all'Estero dedica questo approfondimento alle nostre connazionali e ai nostri connazionali, che hanno fatto grandi i cinquanta Stati che compongono gli Stati Uniti d'America e li ringrazia per aver contribuito con le loro storie, scritte nei vari ambiti sociali, politici, accademici e sportivi a consolidare i rapporti di amicizia tra il mondo delle infinite opportunità e il Bel Paese.

Michele Schiavone

Introduzione

ANTHONY JULIAN TAMBURRI E SILVANA MANGIONE

> *Individui che immaginano che la storia li lusinghi (come in effetti lo fa, giacché l'hanno scritta loro) sono impalati sulla loro storia come una farfalla su uno spillo e diventano incapaci di vedere o cambiare se stessi, o il mondo.*
> — JAMES BALDWIN

Questo primo libro di una serie di quattro nasce all'inizio del terzo decennio del ventunesimo secolo dal desiderio di ri-considerare e, al tempo stesso, di ri-valutare le diaspore italiane in quattro zone anglofone fuori dall'Europa: gli Stati Uniti, il Canada, l'Australia, e la Repubblica del Sudafrica, su impulso del Consiglio Generale degli Italiani all'Estero.

Nel ristudiare le varie diaspore italiane è alquanto importante tener presente che "l'etnicità è qualcosa di reinventato e di reinterpretato in ciascuna generazione da ciascun individuo" (Fischer, 195), che, in altre parole, è anche un modo di "trovare un'espressione o uno stile che non violi *le molteplici componenti di identità di un individuo*" (Fischer, 195; enfasi aggiunta): tali componenti costituiscono la specificità di ogni soggetto. L'etnicità pertanto (e in questo caso particolare l'italianità[1]) viene ridefinita e reinterpretata sulla base del tempo e del luogo di ogni individuo e perciò è sempre nuova e diversa rispetto alle sue specificità storiche vis-à-vis la cultura dominante.

Ricordiamoci che gli ultimi tre decenni specialmente costituiscono un periodo non solo di transizione ma addirittura di cambiamento per quanto riguarda la nozione di globalizzazione. Infatti, oggigiorno nei circoli accademici e intellettuali si parla ben poco di *melting-pot*, e non si pensa più né in termini di una gerarchia estetica e nemmeno in termini di sovra-specializzazione. Si tende invece ad affermare che qualsiasi cultura nazionale e i suoi rapporti con altri paradigmi culturali—siano essi *interni* che *esterni*—dovrebbero essere presi in considerazione dando a essi maggior rilievo socioculturale come valido argomento di discussione. Per *altri* paradigmi interni, si intendono concetti di regionalismo, razza, etnia, e, come si dice in inglese, *gender*; e per *altri* paradigmi esterni si intendono non solo costrutti geo-politici differenti, ma pure quegli schemi socio-culturali che potremmo addirittura considerare italofoni. Si includono qui non solo quei prodotti culturali italiani che possiamo classificare regionali se non etnici, ma pure quelle articolazioni letterarie, artistiche, se non anche quelle che si possono associare alla cultura materiale, che si producono aldilà dei confini politici italiani.

Come si è già sottolineato altrove (Tamburri 2007, 263-264), stiamo portando avanti qui, giacché in termini generali, una lente analitica che ha alla base nozioni analoghe al multi-culturalismo; vale a dire, quella "teoria (seppur vaga) delle *fondamenta* di una cultura piuttosto che una pratica che abbracci idee culturali" (Harrison, 128) — e specialmente dentro un discorso più ampio di una cultura statunitense più vasta con tutte le sue componenti culturali, nazionali, etniche e razziali —, questa lente multi-culturalista si figura intanto fenomeno socio-culturale — con gli Stati Uniti in qualità di intertesto storico — per una comprensione più approfondita di ciò che si potrebbe definire in termini generali il fenomeno socio-culturale statunitense.

Inoltre, per la costruzione di qualsiasi discorso di questo tipo, la specificità storica è di primaria importanza, come ci rammenta pure Stuart Hall (12). Tale specificità di ogni configurazione e schema culturale, allora, potrebbe essere esaminata e/o interrogata con nuovi strumenti interpretativi per un'eventuale riconciliazione dello specifico gruppo sotto questione con peculiarità storico-culturali degli altri gruppi che costituiscono il più vasto mosaico poli-culturale statunitense.

Con le suddette nozioni alla base dell'idea di questo progetto, i nostri autori hanno ri-visitato, per così dire, vari argomenti e materie culturali proprio perché, come sostiene sopra Fischer, l'etnicità, ovvero il concetto di tale fenomeno socio-culturale, si trasforma con il tempo e con chi lo ri-considera. Tale è il risultato dei saggi qui inclusi. Ogni studioso ha preso in considerazione il suo fenomeno — sia esso di natura socio-politica se non socio-estetica — e alla fine offre la sua analisi approfondita basata su nuovi concetti più pertinenti alle visioni odierne delle diverse manifestazioni sociali, politiche ed estetiche.

•

Come istituzione di ricerca, il "John D. Calandra Italian American Institute" è ben posizionato, sia come casa editrice che addirittura come sede ospitante di tale ricerca, come pochi altri. Fondato nel 1979, l'Istituto è dedicato alla promozione e allo studio degli americani di origine italiana. Si ricordi, nel contempo, che questi rappresentano il più grande gruppo di origine europea sia nello Stato che nella città di New York. In quest'ambito, l'Istituto funge da centro intellettuale e culturale, una specie di *think tank* senza uguali, in due modi: (a) stimola lo studio delle realtà degli italiani e degli italodiscendenti attraverso la ricerca, le borse di studio, programmi aperti al pubblico, i media, i servizi di consulenza, lo studio all'estero, e (b) riunisce una comunità di studiosi in grado di focalizzare e valorizzare l'esperienza italiano/americana sia all'interno che all'esterno della comunità italiano/americana.[2] Questa missione si realizza attraverso le principali attività in cui studiosi e staff si impegnano quotidianamente al Calandra.[3] Inoltre, l'Istituto organizza ogni anno a Roma un seminario di alta formazione per dottorandi e professori sulla diaspora italiana: "Italian Diaspora Studies Summer Seminar", in collaborazione con l'Università degli Studi Roma Tre.

La City University of New York, a sua volta, è la più grande università degli Stati Uniti con una popolazione totale di circa 500.000 studenti dei quali 300.000 frequentano i corsi a tempo pieno. La missione dell'Università nel XXI secolo rimane fedele ai principi originari di 170 anni fa, di eccellenza accademica, borse di studio, e opportunità per tutti. Tra i suoi *alumni*, la CUNY vanta tredici premi Nobel. La tradizione di alti risultati accademici continua con studenti che vincono prestigiose borse di studio. Negli ultimi anni, l'Università ha formato: settanta studiosi Fulbright, settanta borsisti della National Science Foundation, dieci vincitori della Harry S. Truman Scholarship e sette Rhodes Scholars.

Il Consiglio Generale degli Italiani all'Estero (C.G.I.E.), a sua volta, è *"l'organismo di rappresentanza delle comunità italiane all'estero presso tutti gli organismi che pongono in essere politiche che interessano le comunità all'estero"* (Art. 1bis della legge 18.6.1998, n. 198) con facoltà cognitive, propositive e programmatorie, nonché consultive del Governo, del Parlamento e delle Regioni d'Italia sui grandi temi che interessano le comunità all'estero. Esso rappresenta un importante passo nel processo di sviluppo della "partecipazione" attiva alla vita socio-politica del Paese da parte delle collettività italiane nel mondo e allo stesso tempo costituisce l'organismo essenziale per il loro collegamento permanente con l'Italia e le sue istituzioni.

Tale accoppiamento di un istituto di ricerca che è, senza dubbio, il più grande dedicato alla ricerca sulla diaspora italiana, e l'organo rappresentativo degli italiani espatriati che ha come una delle sue diverse funzioni propositive quella di promuovere studi e ricerche su materie riguardanti le comunità italiane e di origine italiana nel mondo, costituisce un'ideale collaborazione per un progetto culturale quale il nostro.

Ringraziamo innanzitutto le due istituzioni che hanno deciso di sponsorizzare il progetto. Inoltre, porgiamo un caloroso ringraziamento ad alcuni individui—colleghi e amici entrambi—che ci hanno aiutato in modo significativo a portare a buon temine il nostro piano di lavoro: Lisa Cicchetti, Nicholas Grosso, Rosaria Musco, e Carmine Pizzirusso.

Note

[1] Per maggiori informazioni sull'italianità, vedi Tamburri, Giordano, Gardaphé, "Introduction", *From the Margin: Writings in Italian Americana*.

[2] A proposito del binomio "italiano/americano" anziché "italo-americano" se non "italoamericano", vedi Tamburri (1991).

[3] Il Calandra possiede e mette a disposizione degli studiosi una biblioteca specializzata che conta 21.500 volumi, DVD, e microfilm del giornale *il Progresso Italo-Americano*.

Opere citate

Fischer, Michael M. J. 1986. "Ethnicity and the Post-Modern Arts of Memory." In *Writing Culture. The Poetics and Politics of Ethnography*, a cura di James Clifford e George E. Marcus. Berkeley. University of California Press.

Hall, Stuart. 1992. "Race, Culture, and Communications: Looking Backward and Forward at Cultural Studies." *Rethinking Marxism* 5.1: 10-18.

Harrison, Martin. 1985. "On a Poem of Gun Gencer's." In *Multicultural Australia*, a cura di J. Delaruelle e Karakostas-Seda. Sidney, AU: Australia Council for the Literature Board.

Tamburri, Anthony Julian, Paolo Giordano, e Fred Gardaphé. 2000 [1991]. "Introduction." In *From the Margin: Writings in Italian Americana*, a cura di Anthony Julian Tamburri, Paolo Giordano, e Fred Gardaphé. West Lafayette, IN: Purdue University Press.

Tamburri, Anthony Julian. 1991. *To Hyphenate or Not to Hyphenate: The Italian/American Writer: Or, An Other American*, Montréal, Guernica. In italiano, *Scrittori Italiano[-]Americani: trattino sì trattino no*. Poggio Rusco (MN): MNM Print Edizioni, 2018.

Parte nu bastimentu....
Riflessioni su La Storia e le storie al vaglio del migrare[1]

PETER CARRAVETTA

> ...E simu all'ultim'attu. Mo partimu,
> cumpagni, amici, priestu ne lassamu,
> l'ultima sigaretta ne spartimu,
> pue n'abbrazzamu e ppe lu munnu jamu.
>
> Mariano Salerno (Vatalaru)

I. LAPPANO (CS)

Era l'estate del 1962, il 13 di agosto. Faceva caldo, e "davanti u' chianu" c'era molta gente. La nostra casa, due stanze a pian terreno del grande palazzo dei baroni Marra, dava su una sorta di viale che sfociava dopo cinquanta metri su una graziosa piazzetta, con i muri antichi color rosaceo con chiazze intonacate da un lato, e alcuni orti dall'altra, i quali a loro volta ci separavano dalla unica strada provinciale che attraversava il paese. Era sera, avevamo appena cenato, e l'atmosfera era incerta, tesa e concitata a un tempo, che c'era molta gente che brulicava sotto l'acacia, vicino alla fontana pubblica, e molti andavano e venivano dalla nostra abitazione. Ricordo qualche compagno di scuola, signore anziane che riconoscevo dal viso e alcuni uomini che credo cercassero mio padre, c'erano i miei cugini, più grandi di me essendo nati, come due dei miei fratelli maggiori, molto prima della guerra. Non ricordo dov'era mio fratello Marco, che mi passava tre anni. Ricordo che qualcuno venne e mi dette una fetta di anguria, o "milune d'acqua" come lo chiamavamo.

Non sapevo come gestire le mie emozioni, erano tempi complicati quelli, specialmente se hai undici anni e ti può arrivare un rimprovero in qualsiasi momento dal prete, il tabaccaio, la guardia municipale, gli insegnanti, i parenti, chiunque della famiglia. Manifestare qualcosa di più profondo, incerto, forse confuso, non si doveva, diventava un dramma. Non sapevo se dovevo essere triste e preoccupato, o contento che pochi badavano a me, e in ogni caso come e quanto nascondere di quel che sentivo.

Perché il giorno dopo mia madre sarebbe partita per l'America.

Praticamenete tutto il paese era venuto a salutarla, a farle gli auguri, e dirle che tutto sarebbe andato bene, che si sarebbe finalmente rivista con l'unica sua figlia, Teresa, partita 10 anni prima, e che non avrebbe dovuto più piangere quando riceveva le sue lettere, anzi, poi si sarebbe rifatta la vita là – "cchi ce fai chiù ccani, c'un c'è neente," – una volta che sarebbero arrivati anche il resto. Ma mamma fra le tante cose cui badare, tra bagaglio, timori e i singhiozzi, ripeteva, "e si quatrarieddi?" indicando me e Marco, che saremmo rimasti al paese, ciascuno di noi con uno dei due fratelli maggiori, o meglio con le due cognate, che ci avrebbero fatto da madre fino a che saremmo potuti partire anche noi.

E questo non lo sapevamo ancora. Il mondo degli adulti risultava sempre complesso, misterioso, non c'era logica allo svolgersi dei fatti, si sapeva di sicuro solo quando era Natale, la Befana, e l'8 settembre.

Ma un altro pensiero mi assillava quella sera. Pochi giorni o forse una settimana prima, avevo visto, all'unico televisore pubblico nelle sede dei Coltivatori Diretti, vicino alla casa dei De Vita, il film *Titanic*, e avevo ipotizzato che se una nave come quella può affondare, figuriamoci la Queen Frederica, sulla quale doveva viaggiare mia madre, che era un terzo per tonnaggio.

Mi accorsi di essere ansioso, ero guardingo. Appena sentii un pizzico di piacere dal sapore del melone, mi sentii colpevole: come si fa a mangiare quando invece si dovrebbe piangere; volevo buttarlo, ma eravamo già da bambini abituati che il cibo non si butta. Tra l'ansia e le incipienti lacrime, ricordo che mi girai e feci due passi per pormi sotto l'acacia, all'oscuro del lampione sovrastante, in modo da non farmi vedere il viso; e consumai quella fetta in gran fretta.

Dunque quella sera ero triste, e preoccupato, e per due ragioni: non volevo perdere mia madre, parliamoci chiaro; e, se ormai era ovvio che sarebbe partita, qualora fosse sopravvissuta all'oceano, quando l'avrei rivista? Sentivo dire sei mesi, forse un anno. Non mi dispiaceva restare solo con mio padre, un signore di uomo gentile e taciturno, ma mi scocciava il pensare che mia cognata, la moglie del primo fratello, Peppino (anche lui a sua volta già partito per l'America l'anno precedente, con un contratto di lavoro) si fosse assunta il compito di badare a noi piccoli, me e Marco, e ci avrebbe cucinato e lavato i panni, e quindi sarebbe venuta a casa nostra quasi ogni giorno. Ciò implicava limitare la mia libertà, poiché vigevano forti regole di comportamento intrafamiliare, e con questa seconda madre attorno certe cose non si fanno e non si dicono, c'è meno confidenza. E poi, tutti mi raccomandavano con tono serioso di essere bravo, di non fare arraggiare papà, non fare u' scostumato, niente cose cattive se no mamma da lontano si sarebbe disperata, e poi che cosa direbbe mia cognata, e la gente, e poi mio padre stesso, che probabilmente aveva del suo di che preoccuparsi, e non sarei dovuto diventare un ulteriore peso.

All'epoca solo mio padre lavorava, e guadagnava L. 67.000 al mese. Meno di un ettaro di terra appena fuori il paese, all'Arpaju, non produceva gran che, oltre a ortaggi e qualche ovetto dalle poche galline che avevamo. Furono mia sorella dal Bronx, a sua volta emigrata a New York nel 1953, e molti paesani, a convincere i miei genitori, di età lei 52 lui 60, di varcare l'oceano con i due "pustarieddi", che c'era qualche barlume in più per il nostro futuro, si sarebbe stati meglio, da anni lo dicevano tanti "i'mericani" rientrati chi per poco, chi per sempre. L'Atto di Richiamo aveva come movente il ricongiungimento famigliare, non si fece richiesta di asilo come profughi. Piuttosto, c'era l'obbligo di dimostrare che non si era comunisti![2]

L'anno dopo, in marzo, partì mio padre. Ora eravamo soli, io e Marco. Quell'estate io fui esiliato a Moccone, in Sila, con l'altra cognata, e Marco tra Lappano, Cosenza e Croce di Magara, secondo dove lavorava il secondo fratellone, gestore di una ditta di edilizia. In settembre, finalmente, io e Marco partimmo, ma in aereo, poiché da minorenni non potevano metterci su una nave. Ripensandoci, anche quello fu uno spartiacque simbolico: non più "parte nu bastimentu, pe' terre assai luntane," ma, e sempre più corrente, "pigliano l'aereo e sinne vannu."

II. THE BRONX

Passano alcuni anni. Il 1969, mio padre, che aveva compiuto 67 anni e aveva accumulato il minimo di trimestri lavorativi nel Bronx — Castle Hill Ave, zona tra Parkchester e Westechester Square — per percepire una pensioncina del Social Security, volle ritornarsene al paese. Mia madre non ne voleva sapere. Intanto aveva ancora due figli, ora di 18 e 21 anni, a casa. Aveva incominciato a lavorare appena arrivata nel '62 in una fabbrica di abbigliamento, cuciva vestiti da donna a cottimo, spesso ne portava "nu boncio" anche a casa per produrne di più la sera, mentre noi guardavamo "Carovana" nell'originale, "Wagon Train," alla TV. Mia madre veniva pagata poco, 30 centesimi per una gonna, 28 per una blusa, ma forse per la prima volta in vita sua nel Bronx maneggiava i propri soldi, e nell'appartamento e tre stanze al secondo piano del grande palazzo stile vittoriano,

130 famiglie e con una bella aiuola in mezzo (Ci andrebbe tutto Lappano, mio padre osservò una volta), disponeva di frigorifero, lavatrice, telefono, insomma eravamo ancora forse proletari per gli americani, ma di certo più benestanti di quanto lo fossimo stati in Calabria. Mio padre invece si sentiva un pesce fuor d'acqua: dopo il lavoro in un'ospedale, aiutante in una cucina, lui amante della montagna e degli spazi aperti, rientrava a passo lento, cenava, e già di natura di poche parole, si leggeva "Il Progresso italo-americano" da cima a fondo, e se ne stava chiuso nel silenzio.

Quando qualcuno dei paesani nel nostro stesso palazzo diceva a mia madre, ma adesso state meglio, "aviti risparmiatu ncunu scudu," forse si potrebbe ritornare in Italia, e lí è il mondo che conosci bene, "atrica 'ccani cu 'si stupidi!" "Non senti la nostalgia?" A parte il fatto che nessuno si poneva il problema di cosa avremmo fatto io e Mario se fossimo ritornati al paese, mia madre spesso rispondeva più o meno così: e a che cosa devo ritornare? Al sudore e al sangue che ho versato per 50 anni su e giù quelle "trembe," alzarmi alle 4 del mattino caldo o freddo per andare ad attingere l'acqua, badare agli animali, cucinare e pulire per dieci persone, non ci sono state feste per me, sempre sacrificare salute e in più essere bistrattata dai vecchi e dai giovani, e a piangere prima mio padre, poi due sorelle partite per l'America, poi la guerra e i bombardamenti, poi "quel benedetto". E poi anche mia figlia se ne andò. No, ricordo solo dolore e sofferenza, meglio qui in America, abbiamo i caloriferi, l'acqua in casa, "a giobba 'cca vicino," e non devo fare la serva a nessuno.

III. Storia e storia di una donna

Ecco, questo richiamo mi fece in seguito pensare al fatto che lei, come migliaia di altre donne che avevano fatto simili esperienze nel corso del secolo, conosceva e aveva vissuto l'universo in una particolare accezione: il suo mondo era solo quello della famiglia (nucleo stretto, ma anche del parentado), e da sempre in un paesino adagiato su un costone della fascia pre-Sila, e in fondo, questa donna non ebbe mai una vita sociale, civile, professionale, istituzionale. A differenza di mio padre, che si rinchiude nel silenzio una volta emigrato, mia madre visse in un *suo* silenzio per quasi tutta la sua vita *prima* di emigrare, di carattere, taratura, intensità diverso da quello degli uomini della sua terra. Aveva vissuto in uno stato di isolamento, in una bolla di affetti e di dure mansioni per la sopravvivenza, ma in certo senso, non conosceva il mondo, la Storia, i destini delle nazioni. Mio padre invece no, aveva fatto il tassista, il carabiniere, il macellaio, caposquadra per ditte edilizie, partecipato ad associazioni comunali e regionali, fu membro di un partito politico, aveva viaggiato in Emilia, a Napoli, a Roma, in Sicilia, in Somalia e Eritrea, e la Calabria, e in particolare la Sila, la conosceva palmo per palmo, essendo stato anche un agricoltore e operaio (e cacciatore) su quell'altipiano.

Pensai quindi al senso della storia, e che forse ce ne sono due di versioni, a livello esistenziale ancora prima che politico e del conflitto di classe, e cioè quello della famiglia a sua volta suddiviso tra versione delle donne e versione degli uomini, rapporto che riproduce quello vigente nella società in senso lato. I primi anni settanta all'università cominciai a leggere di queste *issues*, erano anni di contestazione. La mia stessa vita era stata un laboratorio di fenomeni sociali di grandi conseguenze, sia nella mia e nostra vita, sia in senso più ampio nella storia del paese, veramente di tutte e due le nazioni. Quando, da dottorando, studiai teorie dell'interpretazione e processi storici e la memoria dei popoli, mi resi conto che la nozione di Storia con la S maiuscola, quale grande esperienza del genere umano *tout court* volto alla libertà o alla redenzione, diventava mano mano insostenibile. Anche perché non mancavano gli scettici che ogni tanto ci rifilavano l'osservazione che la gente non impara nulla dalla storia, che le cose si ripetono, e che, come scrisse Vittorini, il genere umano fosse già perduto. Ma per dirlo apertamente dovetti aspettare altri anni ancora, perché dovevo immagazzinare tanti ma tanti altri fatti e nozioni critiche. Poi le cose si complicarono quando si aggiunse la consapevolezza dell'incidenza del mito, della psicologia personale, e del fatto che ciascuno se la racconta a modo suo (cioè: difficile uscire dal circolo auto-affermantesi e convalidante della propria soggettività) e spesso non gli interessa più di tanto come la pensano gli altri (nel senso che negli scambi inter-soggettivi, prevale la retorica dell'auto-legittimazione, e se l'altro non è d'accordo, o non capisce, o lo si ignora (o peggio!). Tanto più facile se sono stranieri o superficiali conoscenze. Ma se sono famigliari, allora queste diverse concezioni possono scatenare diatribe e vere e proprie guerre in famiglia. Per chiarire: nella mia famiglia, contando zii e cugini, avevamo un comunista, un fascista, un socialista, un liberale, un monarchico, un cattolico fanatico, un don giovanni menefreghista, e "nu spiertu" che aveva una bella calligrafia e parlava l'italiano avendo fatto due anni di liceo. Tutte queste "ideologie", per quelli che effettivamente emigrarono, si dileguarano nel mare magnum dell'Atlantico, nello spazio infinito dell'America, dove quasi tutto assume tinte e voci da farne, senza ironia, cose dell'altro mondo. Ma di questo ho scritto altrove.

Tuttavia pian piano mi resi conto che la storia narrata dalle donne tendeva ad avere una sua intrinseca coerenza o comunque denominatori comuni riconoscibili, tipologizzabili, e solo difficilmente presi in considerazione nel grande metaracconto della Storia delle nazioni, mentre quella degli uomini tendeva a dispiegarsi in un arcobaleno di possibili discorsi, alcuni attendibili e divenuti poi autorevoli, metronomo di comportamenti prescritti, grazie alla istituzione e al diffondersi di libri per la pubblica istruzione, e i giornali, e la televisione. Autorevoli come la storia delle emigrazioni secondo gli economisti, o quella secondo gli storici del risorgimento come momento spirituale che consentii la creazione di un popolo, di una nazione. Ma anche se c'erano tante storie, e quella trasversale delle diverse esperienze fatte dalle donne rispetto agli uomini, la distinzione di fondo restava l'opposizione famiglia/società, e una metodologicamente analoga, paese/città.

IV. CARRIERA, E PENSIERI

La domanda che mi ponevo strada facendo e che culmina nelle ricerche degli ultimi anni, diventa: Qual è il plausibile impatto di tutto questo sul migrare come esperienza umana storica, e anzi determinante per la comprensione della stessa visto il ventaglio di possibilità discorsive? Non è concepibile che sia il migrare che alimenta la Storia/le storie, e non il contrario, cioè come comunemente si crede, che ci sia la Storia della nazione che legittima (include, esclude, ecc.) le storie variegate dei singoli, i drammi personali, l'incomprensione e caoticità del vivere e viaggiare quotidiano. Diventerebbe però una versione della radicale ipotesi che forse bisognerebbe pensare in termini di *microstoria*, di storia di gente comune, forse alla Carlo Ginzburg. L'altra grande e influente scuola storica, quella delle *Annales*, rimane plausibile per l'enfasi su fattori sociali e geografici, quasi da antropologia culturale. Negli States si vedano i lavori di Howard Zinn, che non narra delle glorie di Washington e Jackson e Roosevelt ma degli operai e gli altiforni e le lotte sociali per i diritti al voto, alla rappresentazione democratica. Anziché continuare a scrivere Storie dall'alto dei metamiti del progresso, la bandiera, il sacrificio [di chiara derivazione religiosa], che in qualche modo le società si cuciono e indossano, e trasformano in ideologhemi o, peggio, stereotipi.

Tra il dramma del partire per una terra straniera e quello del riconoscimento di una origine verso la quale ritornare si aprì così un baratro tanto grande che neanche l'intero Oceano Atlantico poteva ormai colmare. Nelle tipologie che si possono semioticamente comporre dalle canzoni dell'emigrazione emergono[3] almeno questi due filoni: 1) il figlio (o l'amato) che parte, e che è rimpianto solo da una madre (o amata), oppure, 2) quello dell'uomo (raramente una donna) che, oltre alla propria madre, spessissimo parla di sentire la mancanza della sua terra, o regione, o paese, e sì, per metonimia o espansione simbolica, dell'Italia, quella finzione costruita prima a tavolino e poi glorificata dai prominenti e dalle università, ma anche dal "popolino" fuori dai confini. Chi non si ricorda (o ha studiato) versi di canzoni strappalacrime come: "Parte nu bastimento pe' terre assai luntane.... su napolitano!" "La porti un bacione a Firenze...." "Addio, addio amore, io vado via, amara terra mia," "terra straniera, quanta malinconia..." E poi il minatore che non ritorna; valigie pieni di sogni;[4] e tante canzoni e lettere e poesie sui viaggi difficili, come un andare all'inferno, i soggiorni brutali.

Questo vale per periodi lunghi abbastanza da diventare generazionali, p.e., anni 1880-1914, numericamene drammatici, vero esodo biblico. Poi venne il primo dopoguerra e la dittatura, le emigrazioni vennero dosate, cioè determinate in base a quote precise per ogni paese straniero, basata sulle provenienze, secondo il Johnson-Reed Act del 1924. Qui gli storici ci dicono che nella cultura si registra una profonda voglia di volersene ritornare, ma allo stesso tempo, viste le tecnologie e i capitali disponibili, la maggior parte si americanizza. I loro figli sono i primi italoamericani. (Cfr Connell-Pugliese, Carravetta 2017 e 2021). Ma la situazione, ossia i parametri per collocare le storie dei singoli, cambia parecchio dopo la seconda guerra mondiale, come vedremo.[5]

V. NOSTALGIA? MA DAVVERO? LE VICENDE SI COMPLICANO

Si, ormai è risaputo, quanti hanno riflettuto e scritto sulla potenza del *nostos?*... il ritorno che sottende sforzi sovrumani e pericoli scansati, e inerrarabile dramma dello sdoppiarsi dell'identità psichica, sociale, antropologica,... storica. Orbene, il tropo qui va preso con dovizia ermeneutica, perché il rientro a Lappano di mio nonno nel 1907 non avea nulla a che vedere con quello di mio padre nel 1969. Anche le tipologie, anche i cosiddetti *patterns* nei comportamenti non sono affatto "universali" o trascendenti, ma sono inevitabilmente marcati per tempo e luogo e circostanza, creerebbero una stringa di *situations* secondo Sartre, e *relazioni* direbbe Pareyson, e implicanti *contesto* storico-sociale specifico direbbero due generazioni di critici letterari e culturali, e aggiungerei determinati geostoricamente, come ci insegna la critica post-coloniale ed ecologica. Mio nonno impiegò 18 giorni per ritornare in Calabria, munto e fisicamente storpiato, ma comunque con quel tanto di volontà residua da consentirgli di fare il necessario per riportarsi in America altri cinque figli, nel 1910. Mio padre, restato in Calabria perché ancora bambino, emigrò dopo 53 anni, dopo due guerre mondiali! Ma nel 1969 con la sua pensioncina ritornò in Italia in aereo, con un mio fratello maggiore mai emigrato ad attenderlo a Capodichina con la sua Ford Anglia per trasportarlo in 4 ore al suo paesino dove...ahimé, non era più di casa![6] Nel giro di un anno la febbre del *nostos* si era spenta nel travaglio sociale di quel decennio fu detto di boom, o meglio del passare del tempo, poiché dal 61 al 69, il (suo) mondo aveva imboccato la via della piccola borghesia di provincia, come registrò il piccolo comune del cosentino: le campagne e i colli erano abbandonati ma tutti sembravano vivere meglio, dove era ubicata la "bottega" c'era un moderno "mini-market," i figli dei contadini avevano quantomeno un diploma e s'inserivano nel terziario, "davanti u chianu" non c'erano solo più una Lancia Fulvia (tra l'altro di mio zio, che aveva un'impresa edile), e una 1100, e il camion a noleggio di Natalino, ma c'erano una trentina di macchine, infatti avevano dovuto verniciare strisce pedonali, e affiggere segnali stradali. E tutti avevano l'acqua, il bagno e l'elettricità in casa, si parlava di portare il metano[7] e c'era uno "scuolabus" per i bambini, una dozzina di famiglie vantava di avere un telefono e la televaione: la dura realtà sociale del secondo dopoguerra (messa a memoria dall'ormai mitico cinema del "neorealismo") era visibilmente svanita. Stava nascendo, mio padre si accorse, un'altra società, ma stavolta questa dal lato est dell'Atlantico, in cui il nativo era diventato straniero, il suo racconto di vita era diventato il passato. La Storia era diventata una storia, tra le tante, anzi tra le tante nella stessa famiglia.

Non aveva più una casa, una sua dimora, perché venduta nel '63. Non poteva vivere nel paese perché costretto a stare a casa del figlio Francesco, a Cosenza, con nuora e 4 nipotini in casa. Sentirsi fuori casa in casa. Dopo un anno, mio padre ritornò nel Bronx. Chiaramente deluso. Mia madre, salute a noi, gli disse pacatamente: "che ci sei andato a fare? te l'avevo detto che là non c'era più niente per noi. E poi quelli, non sai mai come si comportano."

Ma a parte le dinamiche intrafamigliari, non c'era più un luogo ove ritornare. Ma sappiamo di paesani, e non solo dalle mie parti, in cui anche quando obiettivamente si aveva una abitazione ormai moderna, lo sviluppo sociale era stato tale che riusciva difficile comunicare. E anche questi ritornano poi di nuovo a New York. Altro che *nostos*. Può darsi che il migrare sia un viaggio a senso unico?

VI. RISCHI INTERPRETATIVI DEGLI ITALOAMERICANI CHE SANNO POCO O NULLA DELLE EMIGRAZIONI

Questa veloce sintesi di alcuni fatti personali mi ha in seguito consentito di guardare al comportamento e alle elucubrazioni di molti miei amici e colleghi americani di seconda e terza generazione con un certo scetticismo. Perché lo sbalzo tra l'emigrante di cento anni fa e quello di recente datazione, già come accennato complesso e restio a facili generalizzazioni, diventa doppiamente complesso quando consideriamo altre due svolte verso la fine del Novecento. Fine delle emigrazioni "classiche" (1880-1970) perché gli italiani non avevano più bisogno di "andarsene" per migliorare le proprie sorti, l'Italia diventando la 6° o 7° nazione più ricca del mondo negli anni 80/90 (con grandissima sorpresa e costernazione degli inglesi, ma come è possibile? Scriveva *The Economist*).

Ma tra gli italoamericani, figli o nipotini nati nell'altra patria, nell'America per restare sul concreto, emerge uno spartiacque, prono a far "dimenticare" (sotto pressioni di assimilazione e inserimento e acquisto di una identità sociale incontestabilmente "americana"), origini ragioni ed esperienze appunto delle immigrazioni dei loro nonni e bisnonni. All'inizo del nuovo secolo, questi vogliono in buona fede scoprire o riscoprire la terra e il piccolo mondo di provenienza dei propri famigliari, e, ormai middle class e muniti di strumenti e mappe e traveler's checks — ve li ricordate? — o carte di credito, s'imbarcano su aviogetti e in meno di 20 ore possono camminare sulle orme degli avi. Solo che non ci sono ortiche e giunchi e canne e spinai e arbusti vari lungo le mulattiere, e nei viottoli dei loro nonni, ma cemento e asfalto e pietre levigate e tombini che nascondono condotte del gas e dell'acqua e delle fogne e altre infrastrutture che oramai urbanizzati diamo per scontate. I nipotini trovano sì le osterie o trattorie, ma sono modernissime, i parenti che si ricordano dei nonni hanno televisori al plasma o digitali con 250 canali, e ultima rivoluzione epocale, sono apertissim, anche sotto l'impulso dei Millennials, alle prospettive liberatorie offerte dall'Internet.

Sono circa 20 anni che ai miei amici e colleghi che si occupano di questioni riguardanti l'identità degli italoamericani dico: state attenti, non fate della storia, comunque la si concepisca, un repertorio per convalide personali ed emotive a ristrettissimo valore analitico e politico, evitate, se potete, di glorificare un mondo che non è mai esistito. L'Italia ha grossi problemi istituzionali, politici, burocratici, il capitale è in mano alle banche, le lobbies sono più potenti che mai, il malaffare per non dire corruzione è ormai congenito a tutti i livelli amministrativi, va bene, è risaputo, lo si legge sulle testate dei giornali quotidianamente. Eppure l'Italia di oggi, la Napoli di oggi, la Calabria di oggi non sono quelle di 50 anni fa, e decisamente non sono quelle di 100 anni fa. In breve, il problema che sto cercando di circoscrivere riguarda la ricostruzione di un passato in un altro paese che non è mai esistito. I nonni e i bisnonni che hanno varcato l'Atlantico non vivevano in condizoni felici o idilliche. Se no, perché se ne andarono? Vi do un esempio della trasfigurazione della storia quando ricostruita sulla traccia dell'impulso a mitologizzare le origini.

Alcuni anni fa, a un convegno tenutosi al Calandra Institute sul tema della cultura italiana intesa come "migrazione di oggetti," venne proiettato un filmino di 8mm girato a Tufo, provincia di Caserta, nel 1949. Di solo circa 10 minuti, e ovviamente senza sonoro, esso era stato fatto da un emigrante rientrato dopo un 10 anni credo, forse aveva fatto il viaggio di andata nel mitico Rex (sul quale ha viaggiato una mia zia, ritornata nel '39, e poi subio rispedita indietro perché i tamburi di guerra rullavano). Niente di eccezionale, devo dire, perché si trattava di scene tipiche da paese campagnolo in cui si vedono un campo di calcio, signorine che camminano a braccetto, ragazzi nudi che si tuffano nel fiumicello locale, e due scene della trebbiatura, focalizzate una sulla separazione del grano su un'aia col metodo millenario di sollevare e sparpagliare le fascine al vento, e un'altra con una trebbiatrice meccanica, grande innovazione tecnica all'epoca, che andava da campo a campo trainata da un trattore. Ora poiché questa pellicola fu rinvenuta per puro caso dalla figlia dell'emigrato quattro decenni dopo, classico topos che fa pensare al manoscritto nella bottiglia, la famiglia ne fece un gran che, e il nipote la fece arrivare a un Centro studi documentari di Roma, ove competenze abili trasferirono i fotogrammi su DVD, e ai quali venne aggiunta tutta una serie di paratesti, cioè didascalie, colore, musica, e una poesia di Erri De Luca su l'amore per la natura come valore a se o qualcosa del genere.

Niente di straordinario in tutto questo, come non mi sorprese la ormai prevedibile impostazione romantico-nostalgica della visione della terra e dell'ambiente di provenienza dei propri trisavoli, sempre immaginati come belli, puri, semplici, armoniosi. E ora c'era un filmino a riprova di questo assunto sul mondo delle origini.

Ebbene, le cose non stavano proprio così. Quelli che sono scesi dalle montagne e si sono imbarcati, per mare o cieli, non vivevano in un locus amoenus. E' questo retroiettare un'infanzia felice in "quell'altro mondo" che costituisce un problema. Si tratta, come ancora una volta ebbe a dire il grande filosofo mediterraneo, cioè il napoletano Giambattista Vico, della sindrome delle origini nobili degli antenati, dei precursori, del lignaggio aristocratico o eroico dei popoli. E la tesi regge, in ambito storiografico, e all'interno delle civiltà e specificamente nel periodo del sorgere delle città-stato e poi degli stati-nazione, e se ne vedono esempi sia nella storia delle repubbliche marinare—Genoa, Venezia—ma anche di quelle afferenti per necessità politiche e di mercati, come Firenze, ciascuna delle quali a proprio modo ricalca e rifà, e si autolegittima o come discendente da Roma, o in opposizione a Roma (Vedi per esempio già nel Quattrocento Leonardo Bruni e il suo "Panegirico" su Firenze). I miti delle origini nobili poi diventano *de jure* materiale insostituibile per i nazionalismi del XIX secoli, come sanno gli italiani che si ricordano le ideologie che informano il Risorgimento e l'Unità. Ebbene, anche se non si è effettivamente di nobili natali, una volta sterrato, "uprooted", e ripiantato altrove, ci si crea e poi ci si autoidentifica con un mito delle origini. La cosa è naturalissima, c'è bisogno di un plenum culturale di valori specie quando quelli immediatamente attorno sono, appunto dopo l'emigrazione, strani, stranieri, alienanti, incomprensibili. Non bisogna giudicarla come una appropriazione indebita ma come una necessità psico-sociale, identitaria, appunto. Gli immigrati nel Bronx e altrove di certo non contavano nobili origini direttamente, ma in America si poteva dire di avere nel proprio passato Michelangelo e Vivaldi, e poi Verdi. Cristoforo Colombo diventa l'eroe degli italiani-americani a partire dal 1892, in occasione del quattrocentenario della scoperta dell'America ("scoperta" va ormai sempre messo in virgolette), quando appunto il numero degli arrivati dalla penisola cresceva quotidianamente ed erano già oggetto di scherno, razzismo, stereotipia e soprusi anche fisici.[8] Ma Colombo era stato "appropriato" già dagli americani delle colonie, diciamo che è stato americano prima ancora di (ri)diventare italiano!

VII. LA NAVE SALPA, MA GLI STRANIERI CONTINUANO AD ARRIVARE

Ora, allarghiamo l'orizzonte di comprensione. Da qualche decennio ormai molti sono gli studiosi che ci hanno spronato a ripensare la storia delle culture non in termini di stato-nazione, e non esclusivamente in termini di terra/territorio. C'è il mare, per esempio, che non è stato ed è solo un ostacolo, ma una rete viva e vibrante di scambi, di alimenti, di strategie, origine di innovazioni tecniche costanti, linfa dei commerci e delle accademie, delle traduzioni e dello scambio anche appunto culturale: non sarebbe forse addirittura rivelatorio partire dal mare (e per estensione dai fiumi) per ricostruirci un passato meno omogeneo e più realistico, meno forzatamente armonico e realisticamente più sfaccettato se non addirittura molecolare?[9]

La recente rivalutazione del Mediterraneo, alimentata dalla consapevolezza che ci sono non-italiani e non-europei che vorrebbero immigrare e farsi una vita dal lato nord del mare di mezzo, per esempio, deve evitare di ripetere la spontanea ma errata glorificazione di un leggendario *mare nostrum* (che fu effettivamente dominato dai romani per qualche secolo, ma ora sono passati 1800 anni!). Parallelamente a come abbiamo indicato con riguardo all'idea fantastica di una grande Patria ovviamente bella e nobile. Mare nostro, terra mia?

Ma di chi, bisogna chiedersi? Chi sarebbe questo NOI che si arroga il diritto e vanto di proprietà, di possesso di un un intero continente liquido sulle cui sponde si sono intravisti e hanno vissuto gloria e disfatte decine e decine di culture e di civiltà, donne vecchi e bambini, pirati e armatori, invasori e colonizzatori, i quali però, e *malgré tout*, si sono scambiati cibi, tecniche, parole e storie e geni e germi e famiglie e amici e sia pure sempre in ansia contrattando su come sopravvivere al prossimo invasore di turno? Non si vuole sostenere ripetendola, qui, la solita storia del capitale, degli *aristoi*, dei più forti, di coloro che arrivano e, se sono in numero superiore o se sono armati, dichiarano le sponde *res nullius* e vi conficcano una bandiera, e si dichiarano padroni. Ma rendere conto delle proprie differenze, della necessità e ricerca di libertà e di lavoro, impone grosse responsabilità a chi vuole a ogni costo arroccarsi intorno a una idealità, l'italianità, che resta, come detto altrove e da parecchi (penso a Benedict Anderson), una costruzione dell'immaginazione, una forma discorsiva pubblica da maneggiare, da ricostruire a ogni generazione. Forse Pino Aprile non aveva torto quando scriveva che non esistono gli italiani, ma una penisola su cui abitano gente che si identificano maggiormente, quasi istintivamente, per regione, per città, e in alcuni casi per provenienza extraitalica.

I calabresi ne sanno qualcosa.[10] I calabresi (ma questo vale anche per i sicani, i sardi, i pugliesi, i campani, i maltesi, i lucani), forse, dovrebbero chiamarlo *mare monstrum*, giocando anche sull'etimologia di mostro, mostrare, di un far vedere che è anche una apparizione, un fantasma che non ha i piedi conficcati nella terra, che è, appunto, un venire incontro che scompiglia tutte le certezze. Chiaro è che dal mare ne sono approdati in parecchi, e non sempre anzi quasi mai con intenzioni pacifiche. Cosa hanno fatto le culture autoctone in *quel particolare periodo*? in ciascun caso? Si sono rifugiate nelle montagne, grazie a una cordigliera appenninica che, se non basta a proteggere dagli invasori, permette di fuggire e scomparire nei tre gruppi montuosi della regione (geograficamente intesa), ovvero il Pollino, La Sila, e l'Aspromonte. Come per la Sicilia, la Calabria è stata nei millenni un laboratorio di genetica, e quindi di ibridizzazioni, di esperimenti cruenti e coatti, a fil di spada o di coltello, o a suon di schioppi e di manette in epoche più recenti.

Il fatto sta che l'Italia tutta (e il sud in particolare), è sempre stata terra d'immigrazione. Come ho esplorato altrove, i conquistatori, i pirata, i "barbari", i missionari, i mercanti, e altri viaggiatori, costituiscono delle tipologie particolari sotto l'egida del genere *migrare*.[11] All'inizio, gli "altri" venivano dal mare, come magrebini, dalmati, fenici, turchi, bizantini, ma Bretti ed Enotri ed Itali subirono nei secoli successivi incursioni e occupazioni anche via terra, malgrado la cordigliera e le paludi, e si chiamavano, per ricordare quelli più noti, Lucani, Sanniti, Latini, Vandali, Ostrogoti e Visigoti, e poi Longobardi, Bizantini, Turchi, Svevi, Normanni, Angioini, Aragonesi, Albanesi, Valdostani, Borboni e, dulcis in fundo, Savoiardi e Piemontesi!

Orbene, questa storia la sapete, non mi dilungo oltre, ma voglio riprendere il filo della veramente tragica storia di questa regione, punta dello stivale a sua volta appendice dell'Europa e di uno stato (dico anche regionale, *della* Calabria) che non ha saputo valutare questa risorsa genetica, antropologica, politica, ambientale, umana.

VIII. STORIA DELLE ORIGINI?

Dunque, questa Calabria che, a parte ma con il mondo insulare di Sicilia e Sardegna e altre componenti dell'arcipelago mediterraneo, il cui baricentro è stato per secoli appunto Napoli, ha ricevuto ed ha fatto sue genti di tutte le sponde del mare nostrum/mare monstrum, ed inoltre assorbito culture loquele e umiliazioni e anche glorie dai terroni magrebini come dai polentoni del nord e del centro Europa e, se fate le ricerche, anche dall'Asia e dall'Africa. Questa Calabria ha anche una storia che travalica le distinzioni regionali etniche religiose, una storia che ci riporta a quella gente intra-storica, a quelle popolazioni che, dopo altri secoli e già in epoca Moderna, non passivamente, ma attivamente furono costrette a sopravvivere e ottenere il companatico e un pizzico di dignità cercando, in questa volta, non di resistere, ma di...andarsene, abbandonare il terreno, meglio detto il territorio e quell'amalgama da sempre ibridizzate che abbiamo visto. Innumerevoli andarono verso il Settentrione (anch'esso variegato ma sempre terra straniera), ma un numero cospicuo partì lontano dai monti italici e dai mari nostrani, per affrontare il paradigma ultimo, il mare oceano, e affidarsi al destino, morendo e rinascendo vita natural durante.

In breve, per fare un solo esempio documentato,[12] tra il 1898 e il 1903, il 40% della popolazione della Calabria preferì le ignote terre delle Americhe ai feudatari e ai fantasmi mediterranei, e si rifece casa vita e mestiere e foggiandosi una non più pacifica e scontata identità in luoghi lontani, stranieri e strani. Tra questi, mio nonno

Dalle montagne della fascia presilana, dell'entroterra, *the hinterland*, della terra Bruzia, quasi un milione di calabresi dissero addio al continente terragno dai confini fluidi, e se ne andarono, in tutti i sensi dell'espressione, in altri mondi, esternando la loro paura e agonia e speranza in canti a volte nobili a volte striduli a volte traboccanti di semplicissimi sentimentalismi. Ma non per questo meno veri e drammatici e partecipi dell'esistenza storica dell'umanità. E nella fattispecie di quella penisola che si chiama Italia.

VIII. Migrare come paradigma fluido della Storia e motore delle storie

Avviandoci alla provvisoria conclusione di questo intervento, consentitemi una diversa sintesi autobiografica: ho studiato per anni il metodo scientifico e il metodo fenomenologico, poi i protocolli necessari alla nostra professione, eccetera, ma, arriva il giorno in cui ci si rende conto che la propria storia è anche un campione di una Storia che riguarda gli altri, conterranei di provenienza come compatrioti oriundi a destinazione. Alcune di queste esperienze vengono fuori dalla mia opera creativa (8 libri di poesia), altre, forse troppo personali, mai rese pubbliche. Ma ormai *le vedo come un'allegoria della storia, dove il privato e il pubblico, il personale e il nazionale, si interpenetrano e danno testimonianza di una vicenda che non ha niente di lineare,* che è ricca di contraddizioni (ma, che c'entra la logica?), che però vorrebbe diventare exemplum di qualcosa che trascende l'agente e il testimone stesso, che si spera possa diventare modello di riferimento per capire il mondo di oggi e di domani, quando gli immigrati, che approdano dopo pericolosissimi peripli e tragitti nel mare di tutti, sono anch'essi vittime e succubi di traversie e invasioni e oltraggi e disumanizzazioni non poi tanto diverse da quelle che i calabresi (e i siciliani, e i napoletani) hanno esperito, vissuto e sopravvissuto nei secoli. Se no, perché se ne vanno? E da dove vengono? Nominate un paese—Etiopia, Senegal, Filippine, Polonia, Romania—e se fate una sia pur piccola ricerca, vedrete che anche lì, come per gli italiani, il territorio fu attraversato da decine di razze, popoli, etnie, gruppi a vario titolo, alcuni da conquistatori altri da mercanti, altri solo di passaggio. Tragicamente buffo quando un paese sembra scomparire dalle carte geografiche, come la Polonia, e riapparire decenni o secoli dopo.

Chiudendo il circolo e ritornando all'inizio di questi pensieri peregrini, l'emigrazione—il migrare in generale—può e anzi deve insegnarci che siamo degli esseri/essenti umani plurivoci e multidimensionali, che la nostra identità è una continua transazione o negoziato, ma che se abbiamo la libertà di scegliere di essere quello che siamo, e non per questo dobbiamo pretendere che il passato sia uno, che esiste solo La Storia, perché per alcuni, ormai lontani tre o quattro generazioni, la retroiezione esibisce tratti cosi diversi da essere quasi irriconoscibili, da non contare più, o ancora e peggio che lo abbiamo "superato". Dall'altro lato abbiamo i romantici, che si rifanno una memoria primitiva ma nobile, di spiriti eletti. O ancora, ci si appropria dei miti delle classi agiate o superiori, quelle delle corti, degli aristocratici, degli accademici che campeggiano nell'Olimpo delle idee o dello Spirito. Non dimentichiamo la narrazioni, i discorsi, le canzoni, i rituali che si intrecciano nella simbologia identitaria di una nazione o popolo o regione, che danno prova della plurivocità delle origini di ciascuno di noi, e dovrebbe farci capire che anche gli immigrati di oggi hanno dietro di sé, mutatis mutandis, storie e trame variegatissime e spesso incredibili, dolorose, ma sempre storie *umane*, e che meriterebbero l'ascolto e l'accoglienza, come i nostri trisavoli quando furono loro a essere "illegal aliens," "sans papiers," e "irregolari." I cambiamenti che si susseguono nei secoli, che vanno dal geologico all'economico al culturale allo psicologico, fanno testo che non esiste una Essenza transtorica, che dire italiani è dire che siamo tutti ibridi, che non ci si ferma una volta per sempre in un luogo, e che a rigore dell'evidenza ci definiamo e ridefiniamo costantemente, *strada facendo*. Perché in questo siamo veramente tutti uguali: siamo (o siamo stati) tutti emigranti.[13] E la Storia è essenzialmente (fatta di) storie dei costanti traslocamenti degli esseri umani, delle individuali vite, le loro esistenze.

Note

[1] Una prima stesura di questo testo fu letta al convegno tenutosi a Erice, Fourth International Conference on Mediterranean Studies, il 19 maggio, 2016. Fu elaborato per una seconda lettura a Napoli, a un convegno della AAIS, il 24 giugno, 2016. Questa versione è stata ulteriormente rimaneggiata.

[2] Per una ricostruzione delle fasi di sviluppo delle leggi sull'immigrazione negli Stati Uniti, in particolare degli effetti del McCarran-Walter Act del 1952, si vedano gli interventi contenuti in Ruberto e Sciorra.

[3] Ho già scritto di questo altrove (Carravetta 2017).

[4] Ma non: "sogno americano," quella fiction aggiuntiva nel narrato dei figli e nipotini degli emigrati ormai non più italiani. Il "sogno americano" viene creato negli anni trenta, a ridosso della depressione generale che colpì il paese (poco dopo il collasso del mercato azionario), e intendeva incitare la popolazione a vedere il lato positivo, ricco di opportunità, della società. Fra i tanti, un non piccolo ruolo per la sua disseminazione fu svolto, non inconsapevolmente, da Frank Capra, il quale emigrò dall'Italia all'eta di sei anni, all'inizio dell'altro secolo. Come avvenne con Israel Zangwill, immigrato ebreo che coniò con il suo dramma *The Melting Pot*, del 1908, un altro mitema degli americani, spesso gli immigrati diventano fortemente patriottici nel paese di adozione.

[5] Si veda ora il recente, documentatissimo libro di Danielle Battisti. I miei genitori ed io rientriamo in questo periodo, dove emergono due forti componenti, la maggiore presenza delle donne, e il background politico dei nuovi soggetti, poiché considerazioni da "guerra fredda" influivano su tutti i rapport Italia-USA (si pensi al Marshall Plan, 1948).

[6] Nel doppio senso di casa, permissibile nell'inglese, in cui avrei scritto: my father no longer had a house, and was also no longer at home.

[7] Le condotte vennero effettivamente realizzate alcuni anni dopo. Di ciò scrivo in un lavoro in corso ambientato negli anni settanta.

[8] Tra le tante fonti su questo topos, si vedano alcuni articoli in Connell e Pugliese (2018).

[9] Non è il caso che faccia riferimento agli ormai classici Braudel, N. Purcell & P. Horden, Abulafia, Durišin, Gnisci, ecc. E Tommaso Campanella già ne parlava nel 1633.

[10] Per decenni a convegni di storici e incontri culturali vari, quando si parlava di emigrazione italiana, si tiravano a mo' di esempio i casi studiatissimi della Campania, della Sicilia, del Veneto. Sebbene queste regioni fossero più popolate della Calabria, in termini di percentuale che emigrò la Calabria ha forse la più alta incidenza di spopolazione. Venne praticamente svuotata. Decisi così di investigare un po' più a fondo per poterne parlare, rischiando di dare un taglio soggettivo al testo. Ma, come detto, arriva il momento in cui la propria storia fornisce ottime illustrazioni sulla Storia di una regione o di un fenomeno mondiale o quanto meno internazionale.

[11] Si vedano Carravetta (2012) e Carravetta (2021).

[12] Faccio mezione qui solo di alcune fonti che, anche a distanza di anni, rimangono insostituibili: Tartuffi, De Nobili and Lori; M. A. D'Ambrosio; Gian Paolo Rosoli; Piero Borzomati; Franc Saturini. In un numero speciale de *Il Ponte*, del 1950 (ristampato nel 1994), dedicato a "La Calabria quale fu e quale è", Gabriele Pete attira l'attenzione, nel saggio "La decadenza, dagli Svevi ai Borboni," (129-39) sulla nascita di un automito che ha, retrospettivamente, del vittimismo, ma in effetti, quasi fosse imposto dalla provvidenza, la Storia generale degli ultimi sei-sette secoli ha costantemente sottolineato "la miseria, l'ignoranza, l'anarchia baronale e il banditismo," in modo da creare, nella cultura, un planctus Calabriae. Ma in tempi recenti si sta rivalutando questo mitema: nel non potere più soffrire e voler risolvere la condizioni di vita, di fronte a una natura dura (terremoti, siccità, epidemie) e un ordine pubblico incompetente e feudale, gli abitanti che emigrarono rappresentano un aspetto particolare di resistenza al potere e lotta di classe. La discussione è aperta. Perché emigrare è anche, e comunque in questo caso particolare, come evader da un campo di prigionia, fuggire. Si sa che in effetti questo ebbe ripercussioni, per esempio, per decenni nel xx secolo, nella diminuita disponibilità della forza lavoro nell'agricoltura.

[13] Il libro di Gregory Feldman esplora il paradosso di come il migrante, che per essere un *outsider* mette in risalto il valore della cittadinanza, cioè dell'appartenere statutoriamente a un Gruppo (paese, regione), sta diventando a sua volta, negli sviluppi tardo-capitalistici, il modello in base al quale ridefinire i diritti del cittadino, per esempio tende ad assumere tratti (di controllo, identità, libertà di circolazione, legittimazione dei propri diritti) per limitare anche la mobilità di quelli che a buon diritto non si considerano e non sono né migranti né stranieri.

Opere citate

Battisti, Danielle. *Whom We Shall Overcome. Italian Americans and Immigration Reform, 1945-1965*. Bronx, NY: Fordham University Press, 2019.

Borzomati, Piero. *L'emigrazione calabrese dall'unità ad oggi.* Roma: Centro Studi Emigrazione, 1982.

Carravetta, Peter. *Identità e oltre. Migrazione e cultura italoamericana*. Genova: Zona Editrice, 2021.

Carravetta, Peter. *After Identity* Migration, Critique, Italian American Culture, New York: Bordighera, 2017.

Carravetta, Peter. *Sulle tracce di Hermes. Migrare, narrare, riorientarsi*. Milano: Morellini, 2012.

Connell, William, Stanislao Pugliese, e Maddalena Tirabassi (a cura di). *Storia degli italoamericani*. Milano: Mondadori 2019.

d'Ambrosio, Manlio A. *Il mezzogiorno d'Italia e l'emigrazione negli Stati Uniti*. Roma: Athenaeum, 1924.

Feldman, Gregory. *We Are All Migrants. Political Action and the Ubiquitous Condition of Migrant-hood.* Stanford, CA: Stanford, 2015.

Pete, Gabriele. "La decadenza, dagli Svevi ai Borboni" in "La Calabria quale fu e quale è", numero speciale. *Il Ponte* (1950/1994): 129-139.

Rosoli, Gian Fausto. "L'emigrazione italiana negli Stati Uniti: Un bilancio storiografico" in *Affari Sociali Internazionali* 6 (1978): 75-103.

Ruberto, Laura e Joseph Sciorra (a cura di). *New Italian Migrations to the United States*, 2 voll. Urbana-Champaigne, IL: University of Illinois Press, 2017.

Saturini, Franc. *Forging the Chain; A Case Study of Italiam Migration to North America 1880-1920*. Toronto: Multicultural History Society of Ontario, 1990.

Tartuffi, Dino, Leonello De Nobili, e Cesare Lori, *La questione agraria e l'emigrazione in Calabria: note statistiche ed economiche*. Firenze: G. Barbera, 1908.

Migrazioni all'italiana:
Un'analisi dell'esodo contemporaneo verso gli Stati Uniti (1990-2020)

TERESA FIORE

> "Un popolo di . . . trasmigratori"
> Iscrizione sulla facciata del
> Palazzo della Civiltà Italiana, Roma EUR

Uno spot televisivo FIAT del 2012, che introduce tre modelli di 500 nel mercato statunitense e allude implicitamente all'acquisizione della Chrysler da parte della FIAT, ha inizio sulla costiera amalfitana, uno dei luoghi italiani per eccellenza nell'immaginario del pubblico americano. Sullo sfondo di splendide spiagge e porticcioli pittoreschi, una serie di 500 viaggia lungo strade sinuose, mentre la cantante italiana Arianna canta "Sexy People", un brano che rivisita in chiave pop elettronica la sempreverde "Torna a Surriento" di Ernesto De Curtis del 1902. Un classico del repertorio napoletano nella diaspora italiana, e in particolare negli Stati Uniti, dove la canzone è stata interpretata da artisti del calibro di Frank Sinatra ed Elvis Presley, "Torna a Surriento" fa da cornice a una pubblicità che racconta un'inaspettata storia di emigrazione. Una volta raggiunti il bagnasciuga delle spiagge e il punto finale delle strade e dei moli, le 500 si tuffano nel Mar Mediterraneo per riemergere dall'altra parte dell'Oceano Atlantico, sotto il Manhattan Bridge di New York City. Da qui cominciano a sfrecciare per la città, fino ad arrivare nel quartiere alla moda del Meatpacking District, attirando gli sguardi increduli di pescatori locali, ciclisti e avventori di ristoranti, mentre una voce fuori campo esclama con entusiasmo: "Una nuova ondata di italiani è arrivata in America e sono qui per far festa!"

Emblematicamente intitolato "Immigrati", lo spot capovolge l'immagine tradizionale del povero lavoratore italiano che viaggia dalla Campania a New York e per estensione verso "l'America" e di fatto presenta un nuovo modo di essere italiani negli Stati Uniti, fondato su immagini di eleganza e gusto, insieme a nozioni di edonismo e seduzione.[1] In questo senso, la FIAT articola un messaggio che, almeno dagli anni '90, caratterizza la percezione dell'Italia e degli italiani negli Stati Uniti. Tale mutamento è anche dovuto a una fondamentale modifica nella natura dell'immigrazione dall'Italia a partire da quel periodo. Questo saggio analizza le caratteristiche del nuovo flusso in entrata negli Stati Uniti per illustrare, e in parte decostruire, le storie di successo tipicamente attribuite agli immigrati più recenti che sono identificati *tout court* come professionisti altamente qualificati. Quest'ultima ondata di immigrati fa parte di un fenomeno molto più ampio di dispersione demografica a livello mondiale, che può essere visto come un capitolo contemporaneo della storia di massiccia diaspora italiana nel periodo 1876-1976 (Franzina 1995, 145; Gabaccia 2000, 1).

Nel 1976, le statistiche sulla migrazione raccolte a livello nazionale indicano un saldo positivo, il che significa che dopo un secolo, per la prima volta, sono entrate in Italia più persone di quante ne siano uscite. L'Italia si è trasformata da paese di emigrazione a paese di immigrazione ad un ritmo vertiginoso nel giro di circa quattro decenni (metà anni '70 – inizio anni 2010).[2] Anche se in realtà i rilevanti flussi in uscita non sono mai cessati, nonostante fasi di prosperità economica nazionale come quella degli anni '80, il paese è oggi prevalentemente considerato una meta di immigrati stranieri.[3] Tuttavia, nel 2011, per la prima volta dopo decenni, il numero di italiani che hanno lasciato il paese è stato superiore al numero di stranieri che si sono trasferiti in Italia: 50.000 contro 27.000 (Eduati 2012), rapidamente saliti a 78.941 nel 2012, con un gruppo consistente (5.210) che quell'anno ha scelto gli Stati Uniti come destinazione.[4] Il *Rapporto Italiani nel Mondo 2020* indica un totale di 130.936 trasferitisi all'estero nel 2019 (8), un numero che parla chiaramente dell'incremento esponenziale del fenomeno.

Pur facendo riferimento al più ampio esodo internazionale dall'Italia tra gli anni '90 e il 2020, in questo saggio mi concentro sugli Stati Uniti, che rappresentano l'interlocutore per eccellenza nella percezione istituzionale e collettiva dell'emigrazione italiana, soprattutto in virtù delle dimensioni della migrazione storica.[5] Sia per gli Stati Uniti che per l'estero, alluderò a questo gruppo di immigrati, cioè a coloro che sono partiti dal 1990 circa, come "nuovi italiani", un'espressione in cui *nuovo* è per lo più inteso come qualificatore temporale che indica un trasferimento recente. Implicitamente, questi italiani trasmettono ed esprimono un nuovo modo di essere italiani negli Stati Uniti e all'estero, come la mia analisi della letteratura in materia mostrerà. L'attributo nazionale "italiano" non è usato come una qualità essenziale, poiché è soggetto a percezioni variabili e a cambiamenti organici, soprattutto nel contatto con gli italiani provenienti da precedenti ondate migratorie all'estero e in relazione agli immigrati stranieri presenti in Italia, la cui nuova generazione è spesso ugualmente definita come quella dei "nuovi italiani".[6]

Dopo una panoramica introduttiva su questa nuova migrazione italiana all'estero e un'ampia rassegna dei testi sull'argomento, mi concentrerò su alcuni aspetti particolarmente rilevanti di questo fenomeno negli Stati Uniti, tra cui l'intrinseco tessuto italiano del paese come risultato delle migrazioni storiche. Cercherò inoltre, da un lato, di ampliare il concetto stesso di immigrati italiani contemporanei negli Stati Uniti, includendo professioni meno discusse all'interno del cosiddetto "brain drain"[7] e, dall'altro, di ridimensionare la nozione di successo a cui questo fenomeno contemporaneo viene facilmente equiparato, affrontando gli elementi di necessità economica e scelta privata che caratterizzano le nuove mobilità odierne.

Cause e dimensioni della migrazione contemporanea dall'Italia

Come ha osservato Claudia Cucchiarato, una delle giornaliste più attive sul tema dell'odierna emigrazione italiana: "Non è affatto possibile definire [questo fenomeno] in termini sociologici e ancor meno in termini numerici" (2010, 66). Non esistono tentativi sistematici di raccogliere dati su di esso, e gli studi non sono quindi in grado di fornire una visione completa; inoltre, il fenomeno è ancora più dinamico delle migrazioni del passato, dato l'aumento dell'odierna globalizzazione. Il sito web "La fuga dei talenti", lanciato dal giornalista Sergio Nava, raccoglie e proietta numeri dal 2011, basandosi sui dati dell'Istituto Nazionale di Statistica (ISTAT) e dell'Anagrafe degli Italiani Residenti all'Estero (AIRE), nonostante l'incompletezza di queste cifre. Inoltre, nel 2013, il Centro Altreitalie, un ente di ricerca torinese che si occupa di migrazioni italiane, ha completato la prima indagine sul tema: 1.500 italiani che hanno vissuto all'estero dal 2000 hanno completato volontariamente il questionario dopo essere stati raggiunti dalla richiesta del Centro. Le ragioni della decisione di partire sono molteplici e tuttavia trovano la loro matrice fondamentale nelle condizioni precarie dell'Italia in campo politico, sociale ed economico. Se alcuni aspetti di questo esodo sono soltanto una versione più acuta di quelli legati all'emigrazione storica, il paradosso attuale sta nel fatto che l'Italia fa parte del G7 ed è un paese altamente desiderabile per la sua storia, l'arte, il paesaggio e lo stile di vita. Tuttavia, dalla fine degli anni '80, alcune debolezze del paese, come i rapporti clientelari e le visioni culturali campanilistiche, si sono strutturate come mali sociali. Il perpetuo rinvio di possibili riforme, o addirittura la mancanza di interesse a introdurle, hanno spinto molti giovani ad andarsene. Il sentimento ricorrente tra loro è di delusione, se non di rabbia, contro un paese che invecchia e ristagna, caratterizzato dalla "*gerontocrazia*" o governo degli anziani" (Faris 2010, 1), senza un sistema meritocratico e con poche opportunità per i giovani. La loro condizione forzata di "giovani" – intesi come coloro che sono sostenuti finanziariamente dalla famiglia – è confermata dalle statistiche. Il tasso annuale di disoccupazione complessivo nel decennio 2010-2020 si è mantenuto intorno al 8-9% (con picchi del 12% nel 2013), e sempre con particolare intensità nella fascia giovanile (25-30% circa) e al Sud.[8] Come suggerito dal regista/attore Dario De Luca, "Il modo migliore per trovare lavoro in Italia. . . è trovarlo all'estero" (De Luca e Vincenzi, 2012). Lo sprone principale a lasciare il paese è quindi il desiderio di migliorare le proprie opportunità di vita attraverso il lavoro o lo studio, in quest'ordine, ma anche la ricerca di uno spazio che rompa con il provincialismo, la corruzione e l'ingiustizia che gli emigranti sentono intrinseci alla cultura italiana di oggi. Non sorprende quindi che i dati preliminari dello studio del Centro Altreitalie sugli emigranti italiani contemporanei verso molteplici destinazioni nel mondo mostrino un'età media compresa tra i 25 e i 37 anni. Lo studio registra anche un'equa distribuzione in termini di genere e un livello di istruzione molto alto (il 56% ha conseguito una laurea).[9] È interessante notare che la maggior parte (67%) degli emigranti proviene dal Nord Italia: un'inversione del tradizionale flusso d'origine meridionale.[10] Fuori dall'Italia, circa la metà di loro ha una posizione stabile come professore, manager e ricercatore, mentre il resto vive condizioni di lavoro più precarie. È interessante notare che solo il 19% ha intenzione di tornare definitivamente in Italia. Il resto, in proporzioni uguali, è intenzionato a non tornare (41%) o è indeciso (Nava 2013). A complemento di queste informazioni, il sito "La fuga dei talenti" riporta i dati AIRE che mostrano un totale di 2.379.977 italiani registrati come trasferiti all'estero tra il 1990 e il 2013, di cui circa un quarto è compreso nella fascia di età 20-40 anni. Dal 2013 al 2019, il calcolo totale degli espatri si attesta su 720.600 espatri, secondo le edizioni annuali del *Rapporto Italiani nel*

Mondo (RIM). Per quanto l'AIRE costituisca una fonte preziosa, i dati sulle nuove iscrizioni per espatrio che fornisce sono parziali per definizione. Molte persone non sanno che per legge sono tenute a iscriversi negli elenchi AIRE oppure decidono di non farlo per motivi professionali e personali. Infatti, molti studiosi del tema presentano numeri non ufficiali pari al doppio dei dati ufficiali, soprattutto se paragonati al numero degli italiani che entrano con il visto, come risulta dall'Annuario Statistico dell'Immigrazione (Avveduto 2004, 903).[11]

Gli Stati Uniti rappresentano la quarta destinazione più popolare per gli emigranti, dopo Germania, Inghilterra e Francia, secondo le cifre della prima metà dell'ultimo decennio (Tirabassi 2014, 26) e scende al settimo nel *Rapporto Italiani nel Mondo 2020* (9). I fattori che spingono gli italiani a partire sono applicabili a tutti i paesi di destinazione, mentre i fattori di attrazione sono sito-specifici.[12] Nel caso degli Stati Uniti, il "sogno americano" sembra possedere ancora un grande potere di attrazione. Uno studio dell'Organizzazione per la Cooperazione e lo Sviluppo Economico (OCSE) del 2005 mostra che dei 300.000 lavoratori italiani più qualificati che vivono all'estero il 32% si trovava negli Stati Uniti, al secondo posto dopo l'Australia (Milio 2012, 26). Nel 2019, il rapporto ISTAT rileva lo stesso dato, ma con gli USA dopo il Brasile e prima dell'Australia (16). Gli Stati Uniti investono stabilmente somme consistenti sulla ricerca rispetto all'Italia,[13] e il richiamo generato dai suoi valori (libertà individuale e riconoscimento del talento e dell'impegno) convince molti italiani a studiare, ricercare e lavorare in quella che viene ancora chiamata "America". Nonostante la Grande Recessione del 2007-2009 e la successiva lenta ripresa economica, nonché le tensioni sociali e politiche degli ultimi anni, gli immigrati dall'Italia a tutti i livelli di istruzione continuano a raggiungere gli Stati Uniti. I più qualificati si trovano principalmente nel mondo accademico, dove costituiscono il 20% di tutti gli operatori immigrati in questo settore secondo i dati pubblicati nel 2008 dalla National Science Foundation (NSF) (Milio 2012, 27). I dati del Centro Altreitalie relativi agli Stati Uniti (solo l'8,2% dei partecipanti al sondaggio per un totale di 89 persone) sono largamente coerenti con le tendenze specificate.

Al di là delle statistiche che non sono mai del tutto esaustive o aggiornate, la mia attenzione si concentra sulle esperienze reali di questi migranti e sull'universo socioculturale che sono venuti a incarnare. Nella mia lettura del fenomeno, ci sono tre categorie principali di nuovi italiani negli Stati Uniti: quelli con qualifiche relativamente basse, che sono partiti alla ricerca di opportunità economiche in modi paragonabili a quelli dei migranti storici (per esempio, i lavoratori nel settore della ristorazione, che spesso si spostano come parte di catene familiari); gli italiani con qualifiche estremamente elevate che, a partire dagli anni '90, sono rientrati nella categoria dei cervelli in fuga come post-doc e ricercatori; e quelli con qualifiche adeguate che tuttavia si trovano in una zona intermedia in cui formazione e opportunità professionali sono possibili ma non necessariamente garantite (studenti, artisti, lavoratori temporanei nel settore dei servizi). Pur non essendo rigorose, queste tre categorie generali emergono dalle storie personali raccolte nei libri sull'argomento: *Cervelli in fuga: Storie di menti italiane fuggite all'estero*, di Augusto Palombini, 2001; *La fuga dei talenti: Storie di professionisti che l'Italia si è lasciata scappare* di Sergio Nava, 2009; *Vivo altrove: Giovani senza radici: Gli emigranti italiani di oggi* di Claudia Cucchiarato, 2010, e in parte, *Gli italiani di New York* di Maurizio Molinari del 2011.[14] Come suggeriscono i titoli di questi libri, c'è uno spostamento riconoscibile dall'attenzione iniziale sui ricercatori altamente qualificati a una visione più completa degli italiani come emigranti (economici) e come persone che si uniscono a categorie preesistenti di italianità all'estero, per esempio in luoghi come New York City. Oltre a queste pubblicazioni ci sono anche speciali reportage e un certo numero di siti web, che si occupano delle esigenze di nicchie specifiche all'interno della crescente e variegata galassia degli italiani all'estero oppure ne riportano le attività. Le prossime due sezioni di questo saggio offrono una panoramica delle storie contenute in queste svariate fonti per evidenziare le diversità esistenti all'interno della grande categoria degli italiani "recentemente" arrivati negli Stati Uniti.

CERVELLI CON LE ALI:
STORIE AMERICANE DI SUCCESSO PER I TALENTI ITALIANI

Questa sezione fornisce una serie di racconti di italiani che mettono in evidenza il fenomeno della fuga dei cervelli come chiaramente diverso dal modello storico dell'emigrazione. Questa emorragia di talenti dall'Italia in realtà fa parte di un movimento internazionale di risorse intellettuali verso gli Stati Uniti fin dagli anni '90, grazie a una politica dei visti che facilita l'ingresso a categorie selezionate (Brandi 2004, 14). Mentre le tendenze sono un po' cambiate dopo l'11 settembre, le analisi citano un flusso di 3.500

studiosi l'anno (Maffioletti 2004, 454 e 461). Le narrazioni basate sugli Stati Uniti tendono a favorire i residenti italiani di città grandi o molto note e di regioni culturalmente o economicamente vitali, con New York generalmente sovra-rappresentata, in parte perché la sua popolazione italiana e italoamericana è particolarmente numerosa. La fuga di quelli che sono stati chiamati "cervelli con le ali" richiede uno sguardo più attento per non identificare questa traiettoria semplicemente come un facile movimento verso il successo e il riconoscimento, e anche per non equiparare l'emigrazione al solo perseguimento di attività legate alla ricerca.

La prima antologia di Palombini, *Cervelli in fuga,* dedicava agli Stati Uniti un'attenzione relativamente scarsa, malgrado il ruolo centrale che questo paese riveste nella ricerca. Delle ventuno storie condivise dagli intervistati, solo sei riguardano ricercatori che hanno scelto gli Stati Uniti come meta temporanea o finale del loro percorso formativo o professionale. Questi italiani, in schiacciante maggioranza maschi, appartengono a un gruppo di persone che potremmo definire "esuli universitari", ricercatori con lauree e Master. Conoscevano le carenze del sistema italiano quando sono partiti o le hanno scoperte al loro ritorno. Gli intervistati definiscono il loro rapporto con gli Stati Uniti come complesso. Da un lato, il sistema locale offre opportunità di cui sono estremamente grati; dall'altro, sono anche consapevoli della pressione, in termini di produttività, generata da un sistema che rischia di privilegiare la quantità rispetto alla qualità. Sono affascinati dagli investimenti in attrezzature tecnologiche e programmi educativi, dalla possibilità di collaborare con luminari nel proprio settore e dal livello di realizzazione professionale. D'altra parte, trovano anche le discipline di cui si occupano troppo compartimentalizzate. Secondo loro, l'alta specializzazione e la competitività possono ostacolare lo sviluppo di una visione più ampia e la capacità di beneficiare di conoscenze condivise. Sono attratti dalle possibilità che il sistema statunitense offre, in contrapposizione al proverbiale disfattismo italiano, e riconoscono l'abilità degli Stati Uniti nell'acquisire talenti che si sono formati in gran parte all'estero. Pur avendo l'Italia investito sulla formazione di tutte queste persone, non è riuscita a trattenerle a causa di un sistema stagnante e ripiegato su se stesso, che privilegia i protetti invece dei candidati migliori per le posizioni di ricerca e insegnamento. Tutti gli intervistati affermano che tornerebbero indietro se le condizioni cambiassero perché, come sostiene in modo convincente uno di loro, Riccardo Giovanelli della Cornell University: "l'emigrante è un portatore di energia culturale ed economica. Uscire e magari rientrare come portatore di nuove energie sarebbe salutare e auspicabile" (Palombini 2001, 42).[15]

Il lavoro di Sergio Nava, pubblicato otto anni dopo il libro pionieristico di Palombini, mira a fornire ritratti più approfonditi di una serie di espatriati. Nava amplia la gamma dei campi professionali: oltre alla ricerca e all'insegnamento, considera anche la finanza, il turismo, l'architettura, l'amministrazione e la politica internazionale, tra gli altri. Rimane concentrato sul concetto chiave di "tesoro perduto" per l'Italia ed elabora un messaggio che, nel continuare l'analisi critica offerta da Palombini sulle istituzioni accademiche, diventa un diretto *j'accuse* contro il sistema italiano in generale. In entrambi i testi l'attenzione è focalizzata su individui altamente qualificati, anche se nell'introduzione Nava si riferisce in modo interessante agli intervistati usando l'appellativo storico di *emigranti*. Oltre a prestare maggiore attenzione ai trasferimenti delle donne, Nava presenta anche storie non accademiche di persone attive nell'ambito della musica, avvocatura, arredo d'interni, gestione del personale e giornalismo.

Nonostante la specificità di ogni singola storia, le esperienze sono abbastanza comparabili. Gli Stati Uniti si presentano come un sistema ben organizzato e affidabile, ma anche rigido, dove un piccolo problema può spesso portare a un blocco delle attività, mentre gli italiani hanno il "vantaggio" culturale "competitivo" di "saper improvvisare", come dice la biologa Simonetta Camandola (Nava 2009, 103). Le opportunità di lavoro negli Stati Uniti sono descritte come abbondanti, persino con un surplus di finanziamenti, ma c'è una critica generalizzata della loro qualità "soft" (vale a dire, una protezione del posto di lavoro praticamente inesistente, in un mercato in gran parte non sindacalizzato). Il paese è spesso rappresentato come deplorevolmente motivato dal denaro, eppure l'indipendenza economica è chiaramente identificata come *conditio sine qua non* per raggiungere l'autonomia a livello professionale e personale. Per Nava, questi professionisti non avevano altra scelta che lasciare l'Italia per gli Stati Uniti. L'obiettivo generale di Nava è stato innanzitutto quello di mantenere alta l'attenzione su questo esodo, che faceva parte solo marginalmente del dibattito pubblico fino alla famosa lettera aperta del 2009, pubblicata dal direttore generale della LUISS (Libera Università Internazionale degli Studi Sociali Guido Carli) Luigi Celli: "O figlio mio, lascia questo paese" sul quotidiano *La Repubblica*. La missiva, piena di pathos di Celli al figlio nel giorno della sua laurea, è diventata un pubblico screditamento del sistema italiano che, secondo Celli, costringe i giovani ad andare all'estero e divide le famiglie per l'incapacità di offrire opportunità.[16] Da allora, Nava ha creato un blog che funge effettivamente da spazio privilegiato per trovare informazioni e partecipare al dibattito. La sua posizione su questa questione si è gradualmente evoluta da una prospettiva di "solo ritorno dei cervelli" a quella della circolazione dei cervelli attraverso la quale rientri a tempo, incarichi temporanei (*visiting positions*), programmi di scambio, iniziative Italia-Usa e reti transnazionali danno impulso ai campi di ricerca dell'Italia e, di conseguenza, alla sua economia.

Il reportage pubblicato da Vulpi su *La Repubblica* contiene una serie di articoli e video che, concentrandosi su specialisti di ingegneria, informatica e business, conferma in gran parte l'immagine dei nuovi italiani negli Stati Uniti come lavoratori globali altamente qualificati nelle scienze esatte e quella degli Stati Uniti come terra di opportunità. La critica al sistema italiano è ancora una volta formulata senza mezzi termini, ma il lavoro di Vulpi tende anche a concentrarsi sulle scelte personali (matrimoni misti) e sulle attività quotidiane (sport locali), soprattutto per identificare ciò che a questi nuovi italiani manca dell'Italia o ciò che apprezzano delle loro nuove vite. In effetti, questi cervelli sono finalmente visti come possessori anche di cuori e anime. Tutti i suoi intervistati hanno una venerazione per la la Silicon Valley, che offre loro possibilità di carriera illimitate, un paesaggio molto piacevole e servizi estremamente efficienti. Tuttavia, sentono la mancanza della vita sociale negli spazi pubblici raggiungibili a piedi e registrano l'assenza di specifiche usanze regionali, sia in termini di cibo che di tempo libero. Con l'eccezione di una persona, tutti hanno detto addio all'Italia, anche in situazioni abbastanza difficili, come il caso di una mamma single (l'unica donna del gruppo).

A differenza degli studi finora analizzati, *Vivo altrove* di Cucchiarato apre per la prima volta una visione di storie che non sono immediatamente definibili nell'ambito della fuga dei cervelli (traduttori e insegnanti mal pagati, portieri notturni, musicisti della metropolitana) e si concentra invece sulla spinta economica e personale che dà origine alla scelta di vivere all'estero. Bisogno e sradicamento sono i temi centrali della sua ricerca, che raccoglie sessantasette interviste a italiani sotto i quarant'anni che si sono trasferiti all'estero dal 1990. Pubblicato da un'importante casa editrice italiana (Mondadori), il che indica un crescente interesse in Italia per questo argomento, *Vivo altrove* presta un'attenzione specifica ai paesi europei, e in modo speciale alla Spagna, data l'esperienza dell'autrice a Barcellona.[17] Dei quattro ritratti statunitensi che vi sono inclusi, tre seguono quasi interamente il modello del libro di Palombini, concentrandosi sui "cervelli", e dimostrano che le opportunità accademiche sono ancora maggiori negli Stati Uniti, mentre la storia di una persona che è partita con un diploma di scuola superiore avvalora la tesi più ampia di Cucchiarato sulla varietà dei percorsi lavorativi. Le rilocalizzazioni di oggi non sono legate soltanto a posizioni di altissimo livello, ma riguardano anche persone con diversi gradi di istruzione, un elemento che le permette di etichettare tutti questi nuovi italiani all'estero come "emigranti", proprio come venivano chiamati dalla fine del 1800 al secondo dopoguerra. La posizione pubblica di Cucchiarato sull'esodo è diversa da quella di Nava nella misura in cui si indirizza alla "scelta" (2010, 1) che questi emigranti hanno fatto nel partire. Ci tiene a descriverli come persone le cui ragioni per andarsene sono multiformi e talvolta personali e le cui esperienze non sono per definizione brillanti, poiché includono lavori informali e traiettorie imperfette. Eppure la sua conclusione è la stessa: l'Italia non è il luogo in cui questi emigranti desiderano tornare. Per molti, tra l'altro, la natura disfunzionale del sistema italiano è una valutazione *a posteriori*, indotta dalla distanza offerta dall'esperienza migratoria.

Per quanto riguarda gli spazi digitali, esiste una distinzione tra quelli che si concentrano esclusivamente sugli studiosi e il loro lavoro (per esempio, l'Italian Scientists and Scholars of North American Foundation – ISSNAF), e quelli che vedono il fenomeno della dislocazione italiana come molteplice e quindi si rivolgono a esigenze e desideri pratici (expat-clic.com o italiansinfuga.com).[18] Anche i portali di notizie riflettono questa varietà: i-Italy.org offre un'ampia tavolozza di storie che vanno dalla temporanea "emigrazione" a New York City dell'artista di musica pop-rap Jovanotti alle storie di normali giovani che aprono una pizzeria a Manhattan, mentre *La Voce di New York* ha lanciato la rubrica speciale di Natascia Lorusso per storie di italiani di talento che inseguono i loro sogni in città.[19] Con un approccio molto più mirato, "Biglietto di sola andata" su America24.com, un sito collegato al quotidiano *Il Sole 24 Ore*, include interviste a persone diverse come un camionista canadese e un professore di economia alla Columbia University. Presentandoli nello stesso programma, il caporedattore di America24.com Mario Platero sembra suggerire che le loro decisioni di vivere e lavorare in Nord America non sono dissimili. La sezione del sito web è davvero unica in quanto mira a fornire pratiche linee guida su visti di lavoro, piani di affari, ricerca della casa, e altri elementi utili per i "nuovi aspiranti italiani in America".[20]

Il libro di Molinari *The Italians of New York* è un progetto marcatamente diverso, poiché adotta un approccio storico all'immigrazione italiana nella Grande Mela. Mescolando vite di italoamericani di quarta o quinta generazione con quelle di arrivi molto recenti, il libro è stato originariamente pubblicato dall'importante editore Laterza e funziona come una sorta di guida Baedeker al mondo italiano di New York City. La variegata galleria di italiani arrivati di recente presentata da Molinari include sia uno chef poco conosciuto di Parma, che serve i suoi piatti ai membri dell'esclusivo Club Tiro a Segno e alla Columbus Citizens Foundation, sia il famoso chef Cesare Casella che, dagli anni '90, ha creato un impero alimentare a New York. Molinari indirizza l'interesse del lettore verso un'emigrazione meno discussa, quella religiosa. La sua intervista all'arcivescovo Celestino Migliore fa luce sull'importante ruolo dell'Italia e del Vaticano negli Stati Uniti, ma Molinari presta attenzione anche alla comunità ebraica italiana in città.

Gli italiani di New York include conversazioni con italiani attivi nei settori più disparati: moda, medicina, diplomazia alle Nazioni Unite, mercato d'arte presso aste e gallerie, direzione d'orchestra, design, cinema e illustrazione. Con un'evidente inclinazione verso storie di brillante successo, il libro di Molinari offre un'esposizione dinamica del mosaico dell'immigrazione italiana recente (e meno recente) a New York, la più grande città italiana degli Stati Uniti, come la definisce.[21] L'elemento stimolante che Molinari introduce è il fatto che, se guardati nel loro insieme, questi italiani incarnano una visione del mondo che ha il sapore dell'etica protestante. Si tratta di "gente laboriosa" (xiii), cosciente di sé e riconosciuta pubblicamente, sulla quale il fatalismo cattolico, il disfattismo mediterraneo e il *dolce far niente* italiano non hanno presa. Rappresentano soprattutto la nuova ondata di immigrati che, contrariamente a quanto afferma la pubblicità della FIAT 500, non sono certo venuti a far festa. Al contrario, "sono partiti in fuga da un paese impoverito", per usare le parole della scrittrice Melania Mazzucco (Carballo 2008, 98).

Cervelli con storie meno visibili

Lo scopo di questa sezione è di complicare la nozione di migrazioni italiane contemporanee presentando storie che forniscono nuove o ben note esperienze di nuovi italiani negli Stati Uniti sotto una luce diversa, spostando l'attenzione su aree disciplinari più marginali o su esperienze migratorie meno visibili. La precedente rassegna delle pubblicazioni sull'argomento mostra che anche quando l'intenzione è quella di fornire uno sguardo completo sul fenomeno dell'emigrazione italiana contemporanea, la tendenza è quella di non includere pienamente le arti e le discipline umanistiche, nonostante queste ultime rappresentino quasi il 14% dei lavoratori altamente qualificati provenienti dall'Italia nel sistema statunitense (Milio 2012, 27). La presenza delle discipline umanistiche è palpabilmente limitata in tutti i libri, tranne che in quelli di Molinari e di Nava: Molinari include un'intervista a un lettore universitario di lingua italiana e dà spazio a centri e istituti culturali dedicati all'italiano, mentre Nava include non solo le materie umanistiche ma, ancora più specificamente, un settore fondamentale ai fini del tema di questo saggio, gli studi d'Italianistica.

Probabilmente poiché il flusso di capitali nell'ambito umanistico non è analogo a quello delle scienze, l'Italianistica, che è la disciplina italiana per eccellenza per gli studiosi italiani all'estero, sono esaminati raramente. Un'analisi di questo campo richiederebbe uno studio a se stante, e non ci sono statistiche reali sulle origini dei membri di facoltà, dei ricercatori e degli assistenti di studi italiani, anche se le mie stime informali suggeriscono che almeno un terzo di loro sono italiani arrivati abbastanza di recente. Un certo numero di docenti part-time di lingua è costituito dai coniugi degli italiani attivi in diversi settori professionali. Sono persone (le mogli più spesso dei mariti) che si "riciclano" come insegnanti di lingua, facendo leva sul loro vantaggio di essere madrelingua e sulle loro lauree in materie umanistiche. Inoltre, una fetta consistente di giovani professori italiani si è formata con studi universitari negli Stati Uniti. Infatti, un numero crescente di italiani fa domanda di iscrizione ai programmi di dottorato in studi italiani negli Stati Uniti.[22] Per quanto ciò possa sembrare una contraddizione, tuttavia può essere spiegata in parte come un'opportunità, non solo per i benefici già descritti del sistema statunitense in generale, ma anche perché tanta letteratura italiana può essere trovata nelle biblioteche statunitensi, insieme a esperti di fama mondiale e all'accesso a una "libera accademia" caratterizzata da contributi originali (Nava 2009, 155).

In merito, ritengo che sia necessaria e utile una discussione sulle implicazioni di questa crescente presenza in termini di scambi binazionali e di arricchimento delle prospettive culturali e politiche. I professori e i dottorandi di studi italiani sono consapevolmente e anche inconsapevolmente ambasciatori dell'Italia. Ne preservano la lingua e alimentano la circolazione di libri, cibo, film e arte provenienti dall'Italia. Incarnano un certo stile di vita e una visione del mondo che è in parte, se non del tutto, influenzata dalla loro educazione in Italia. Sono strumentali al vasto scambio di sapere tra docenti attivi nei due paesi. Guidano gruppi di studenti nella loro esperienza di studio all'estero (l'Italia è ancora la prima destinazione per gli studenti statunitensi in lingua straniera),[23] che spesso rappresenta l'inizio di visite ripetute nel tempo, se non di carriere professionali e di trasferimenti a vita per questi giovani. Probabilmente, a differenza di altri campi che vanno dalla fisica all'ingegneria dove ricercatori e professori italiani hanno eccelso,[24] gli studi italiani sono in realtà quelli che restituiscono qualcosa all'Italia, sia direttamente che indirettamente, in modo sistematico, eppure questo aspetto rimane un tema non affrontato in termini di guadagno economico rispetto a brevetti, premi scientifici e investimenti in altri campi.[25]

Se l'ambito accademico dell'Italianistica rimane a malapena visibile nelle diffuse rappresentazioni degli italiani all'estero, non è difficile immaginare quanto sia invisibile la storia dell'immigrazione non documentata dall'Italia. In un paese che dai primi anni Novanta è ossessionato dalla presenza di immigrati stranieri senza documenti sul suo territorio, il pensiero che gli stessi italiani possano vivere in una nazione straniera in modo non autorizzato non è contemplato. Il libro di Molinari è l'unica pubblicazione ad affrontare questo tema tra quelle analizzate qui. *Gli italiani di New York* comprende la storia di una donna dal nome fittizio di Francesca, che è arrivata negli Stati Uniti nel 1991 come turista ed è rimasta oltre il periodo legale, trasformando così la sua vita quotidiana in una sfida data la mancanza di accesso ai servizi di base in quanto "irregolare". Abilmente inquadrata da Molinari sotto il titolo di "vita clandestina", per usare il tipico linguaggio dispregiativo dei media italiani nei confronti degli immigrati stranieri, la storia di Francesca riassume in sé due elementi che probabilmente sfuggono in gran parte anche alla *sua* stessa consapevolezza. Lei è l'ultima istanza di una lunga storia di emigrazione italiana non autorizzata diretta sia verso l'Europa che verso gli Stati Uniti,[26] e fa parte di un contemporaneo movimento internazionale di persone che, nonostante i conclamati poteri della globalizzazione, scoprono che nel mondo di oggi merci e informazioni possono muoversi più liberamente degli esseri umani. Indipendentemente dalla sua origine italiana, Francesca è paragonabile a molti "clandestini" messicani e cinesi che lavorano nella ristorazione,[27] solo meno in pericolo di loro di essere arrestati e deportati grazie al suo privilegio razziale. In questo senso, fa parte di una vasta popolazione invisibile al censimento, che può uscire da questa condizione di clandestinità attraverso abili avvocati, amnistie, contorti percorsi di cittadinanza e finti matrimoni, cioè un fiorente mercato che coinvolge anche gli italiani (see Fiore, 2017).

Il tema della mancanza di documenti tra gli italiani è stato affrontato anche dal regista Emanuele Crialese nel suo primo lungometraggio, *Once We Were Strangers* (1997).[28] In un'epoca in cui gli Stati Uniti erano già una destinazione per "cervelli in fuga", Crialese ha scelto di raccontare la storia di Antonio, un italiano di origine siciliana, senza documenti, che lotta per farcela nella Grande Mela. Nonostante la sua intraprendenza e creatività, il suo disprezzo per le regole rende il suo soggiorno particolarmente impegnativo fino a quando non viene deportato in Italia. A differenza della tanto discussa fuga di cervelli verso gli Stati Uniti di studiosi di prestigio in quei primi anni, Antonio è effettivamente un immigrato per ragioni economiche. In questo senso, è paragonabile all'immigrato indiano con cui fa amicizia, Apu, per esempio, anche se non subisce una vera e propria discriminazione come Apu e ha accesso ad ambienti di classe superiore, che il suo amico può a malapena sognare. Allo stesso tempo, Antonio è un'incarnazione contemporanea e, in quanto tale, un'emanazione degli immigrati italiani del passato che lavoravano ai livelli più bassi della scala sociale. La sua storia è un promemoria della varietà di percorsi e scelte all'interno della comunità di immigrati italiani, anche oggi.

ETICHETTE, RUOLI E IDENTITÀ
NELLA MIGRAZIONE CONTEMPORANEA DALL'ITALIA

Quest'ultima sezione analizza il ruolo dei nuovi italiani negli Stati Uniti in relazione alla più ampia diaspora italiana transnazionale, alla comunità italoamericana e a un paese d'origine che cambia, cioè un'Italia sempre più multiculturale. La nozione centrale di questa sezione è che le etichette che (non) colgono l'esperienza di questi nuovi italiani all'estero, i ruoli che (non) giocano istituzionalmente e informalmente, e le identità (attribuite o scelte) che incarnano dovrebbero essere considerati in relazione dinamica con le precedenti migrazioni dall'Italia e l'immigrazione straniera contemporanea in Italia, al fine di rendere davvero l'Italia un laboratorio per discorsi costruttivi e pratiche sulle migrazioni internazionali.

Nuovi italiani negli Stati Uniti e nel mondo: Una questione di terminologia

L'ampia diversità esistente all'interno del vasto gruppo di italiani che si sono recentemente trasferiti negli Stati Uniti rispecchia in larga misura quella della dispersione internazionale degli italiani nel mondo di oggi. Proprio a causa di questa varietà, il fenomeno è difficile da descrivere sia sulla micro che sulla macro-scala. La stessa terminologia usata per riferirsi a queste delocalizzazioni riflette una serie di ideologie e di prospettive mutevoli su quella che è intrinsecamente una questione dinamica.[29] La categoria dei cervelli/talenti in fuga così centrale in molti lavori si sta dimostrando sempre più insufficiente a comprendere l'intero fenomeno. Eppure, da un lato, termini come *esilio* (o *émigré*) ed *espatrio* hanno forti connotazioni nazionali, che non sembrano adattarsi a un paese come l'Italia, il cui senso di nazionalità può essere descritto come "relativamente debole" nel migliore dei casi (Dickie 1996, 31). La decisione dichiarata di non tornare o di tornare dopo (molto improbabili) cambiamenti radicali nella società italiana, per così tanti degli intervistati nei libri analizzati, pone l'accento sul prefisso *es-* di questi termini (l'essere fuori da uno spazio), indebolendo così il legame nazionale. D'altra parte, la categoria *transnazionale*, che così giustamente parla della mobilità o supermobilità di alcuni di questi italiani in termini culturali, esclude l'Italia quando il qualificatore è usato per indicare la circolazione professionale bidirezionale. Salvo rari rientri, brevi attività professionali o visite personali, gli emigranti italiani sono tenuti lontani da una crisi strutturale, politica ed economica che caratterizza l'Italia almeno dal 1995. Infine, un termine come *diaspora*, che evidenzia la dispersione, descrive accuratamente la diffusione geografica degli italiani, ma è applicabile al caso italiano solo con una particolare inflessione. La comunità italiana, che l'Italia sta spingendo all'estero attraverso le sue politiche (o la loro mancanza), è un'entità ibrida depotenziata o semi-potenziata generata da due meccanismi. Da un lato, una strategia passiva di esaltazione dell'immagine nazionale trae beneficio dai risultati individuali e dallo stile di vita dei nuovi italiani senza fornire programmi e/o servizi di supporto sistematici. Dall'altro lato, una strategia attiva di inclusione elettorale di questi (e passati) emigranti costituisce un gesto teso alla saldatura del legame nazionale in un'astratta famiglia priva di confini senza offrire effettivamente piani di intervento nel discorso nazionale a vantaggio della comunità degli italiani all'estero.[30]

Un'etichetta utile per un fenomeno così complesso può quindi essere quella suggerita dal Centro Altreitalie, *nuove mobilità*, che ha il vantaggio di essere abbastanza neutra da poter funzionare come termine onnicomprensivo. Detto questo, vorrei mettere in guardia dall'uso del termine derivato *mobili* (Luconi 2011, 96; Tirabassi e Del Pra' 2014, 67), che, nel cercare di catturare succintamente la condizione cinetica di queste persone, le trasforma inavvertitamente in "mobili da arredamento", come l'uso più comune del vocabolo suggerirebbe. Se l'etichetta *nuova/e mobilità* è accettabile per il fenomeno in questione con i suoi caratteri malleabili, si può sostenere che, nonostante l'assai glorificata globalizzazione del mondo attuale, le persone che si trasferiscono rimangono invariabilmente *emigranti* e *immigrati*, ovvero due termini che ricordano in modo eloquente le barriere che regolano il flusso delle persone.

Ecco perché la definizione di *neo-migranti* di Cucchiarato (2010, 2) è particolarmente calzante, in quanto comprende che, da un lato, c'è una componente economica sottesa ai molti fattori che spingono i giovani italiani a partire[31] e che, dall'altro, le loro condizioni di vita possono essere spesso dettate da restrizioni legate all'immigrazione. La stragrande maggioranza delle storie incluse nelle pubblicazioni discusse sfiora appena la questione dei visti[32] o di analoghi processi legali e burocratici per garantire l'autorizzazione a vivere e lavorare in un nuovo paese in modo più permanente. Nonostante le loro qualifiche e la loro auto-percezione come cittadini globali, le persone che si trasferiscono per più di un soggiorno di tipo turistico sono soggette alle leggi internazionali e nazionali sull'immigrazione. In questo senso, *Tech and the City*, un libro sull'economia delle startup di New York, delinea chiaramente le sfide affrontate dai giovani o meno giovani imprenditori italiani (e stranieri in generale) negli Stati Uniti.[33] Anche la disponibilità a portata di mano di capitali o del know-how più all'avanguardia non è una garanzia di lavoro, e in particolare di lavoro a lungo termine, poiché la presenza nel paese è regolata dalle politiche sui visti.

Nuovi italiani negli Stati Uniti e nel mondo:
Una questione di rappresentanza politica

Gli italiani che hanno acquisito la cittadinanza statunitense dopo il 1992 non sono stati costretti a diventare "ex nuovi italiani". Spesso ottenuta dopo un percorso decennale attraverso diversi visti e una green card, la cittadinanza statunitense può ora coesistere con quella italiana grazie alla legge italiana 91/1992 che ha reso legale la doppia cittadinanza. Per gli italiani che vivono questo doppio status ufficiale, la condizione di emigrante/immigrato potrebbe svanire, poiché il modello politico diasporico offerto dal governo italiano e approvato dagli Stati Uniti garantisce uno status permanente negli Stati Uniti (insieme al diritto di voto interno) senza costringerli a perdere un posto né nel sistema politico italiano né nella comunità elettorale ufficiale degli italiani all'estero. Infatti, secondo la controversa modifica costituzionale degli articoli 48, 56 e 57 della Costituzione nel 2000 e la legge ordinaria 459/2001, applicate a partire dai referendum del 2003 e del 2005 e per la prima volta nelle consultazioni politiche del 2006, i cittadini italiani iscritti all'AIRE esercitano il loro diritto di voto in loco per le elezioni politiche e i referendum. Gli Stati Uniti appartengono alla ripartizione dell'America settentrionale e centrale, una delle quattro ripartizioni del mondo in cui sia gli italiani trasferiti che gli italodiscendenti la cui cittadinanza italiana è stata riconosciuta ai sensi di legge, hanno il diritto di eleggere i propri rappresentanti nel Parlamento di Roma.[34]

Capire quanto peso abbiano i nuovi italiani nei risultati delle votazioni non è facile, dato che le categorie "nuovo cittadino italiano (delocalizzato)" e "nuovo cittadino italiano" non sono chiaramente distinguibili attraverso i risultati dei sondaggi.[35] Sebbene i nuovi italiani siano ironicamente quelli più familiari con il sistema italiano e più propensi a seguirne la politica dall'estero, la macchina politica italiana negli Stati Uniti (e nella maggior parte dei continenti extraeuropei) è invece più orientata verso i cittadini stranieri di origine italiana che hanno ottenuto il riconoscimento della cittadinanza italiana *jure sanguinis* dai primi anni '90 — un gruppo che è stato storicamente più vicino ai partiti politici conservatori (Luconi 2012, 107). I siti web dei candidati eletti nella tornata del 2013 sono, infatti, pieni di astratti richiami all'orgoglio nazionale, alla conservazione delle proprie radici e alla richiesta di servizi di base, mentre raramente contengono programmi concreti per un sostegno moderno e dinamico delle attività culturali e professionali legate all'Italia negli Stati Uniti.

In definitiva, varie questioni più sofisticate e sostanziali sul ruolo degli italiani negli Stati Uniti nel ventunesimo secolo mancano ancora da questo dibattito, nello stesso modo in cui sono assenti le domande sul ruolo dell'Italia nelle loro vite. Nell'attuale congiuntura, l'incoerente rappresentazione politica allontana ulteriormente i nuovi italiani dal loro paese d'origine come soggetti politici, una distanza accentuata dal loro coinvolgimento come elettori attivi nel paese d'adozione dove sono in gioco questioni più personali e professionali.

Identità negli Stati Uniti: Nuovi italiani vs. italoamericani

La distinzione tra italiani e italoamericani all'interno del più ampio panorama della presenza italiana negli Stati Uniti è un tema comune non solo nell'analisi dell'arena politica, ma anche nell'autopercezione degli italiani. A differenza di molti altri paesi di destinazione nel mondo, i nuovi italiani negli Stati Uniti entrano in uno scenario stratificato di migrazioni che, a causa sia della lunga storia di italianità in questo paese sia dell'enfasi posta sull'etnicità nella cultura statunitense, li costringe a posizionarsi ed etichettarsi. Così, mentre un nuovo italiano a Parigi difficilmente può rapportarsi alla storia dell'emigrazione italiana del secolo scorso, un italiano a New York affronta un'esperienza unica, come suggerisce efficacemente il libro di Molinari, arrivando a sostenere che questa storia è "parte di ogni italiano" (2011, xiv). Eppure, la curiosità di Molinari verso l'esperienza dell'immigrazione negli Stati Uniti non è così comune tra i nuovi italiani. Al contrario, gli italoamericani sono spesso sommariamente etichettati con tutti i classici attributi stereotipati (poco raffinati e per lo più scollegati dalla "vera" Italia) e come tali liquidati come "diversi", anche dagli italiani "clandestini" negli Stati Uniti, come Francesca nel libro di Molinari e Antonio nel film di Crialese.[36]

Allo stesso modo, gli atteggiamenti verso la lingua tra i ricercatori italiani e i loro coniugi, che si sono trasferiti nel Research Triangle Park del North Carolina dal 1994, parlano di un chiaro desiderio di imporre il mantenimento dei "modi italiani" tra le giovani generazioni (Fellin 2014). La trasmissione della lingua, attraverso l'uso domestico, i giochi tra pari, i programmi informali di doposcuola e le conversazioni via Skype con i parenti in Italia, è il fattore chiave per preservare la conoscenza e la cultura che sono equiparate all'"essere italiani". Grazie al prestigio e al peso di cui gode oggi l'Italia negli Stati Uniti, questi genitori si pongono come portatori della vera italianità e rifiutano apertamente l'affiliazione alla comunità italoamericana. Soprattutto a causa della loro limitata (o mancata) conoscenza dell'italiano, gli italoamericani non sono visti come italiani, ma semplicemente americani. Lo studio etnografico di Luciana Fellin conclude notando che anche i nuovi italiani negli Stati Uniti rifiutano l'etichetta di *italoamericani* per i loro figli anche quando sono nati negli Stati Uniti o quando sono figli di un matrimonio misto italiano/americano (ibid., 305).

La decisione da parte di questi nuovi italiani di incorporare o escludere elementi culturali non è dissimile dal processo di definizione dell'identità che le precedenti generazioni di italiani negli Stati Uniti hanno dovuto affrontare, spesso con risorse intellettuali ed economiche molto scarse e un'atmosfera generale di ostilità verso le loro pratiche culturali. Eppure, questi nuovi italiani di solito non sono consapevoli delle somiglianze esistenti tra i loro processi migratori e le loro condizioni biculturali e quelle delle precedenti ondate di immigrati italiani. Inoltre, il loro allontanamento avviene paradossalmente in un momento in cui gli americani sono più che mai a loro agio nel dichiarare la loro origine italiana — 16 milioni (il 5% circa dell'intera popolazione)[37] — all'interno di un revival delle radici che Anna Maria Martellone chiama una "persistenza di ... etnia" nel suo studio sull'identificazione generazionale con l'etichetta *italiana* negli Stati Uniti (2002, 741).

Sulla stessa linea, ma con lo scopo di evidenziare i benefici rispetto alle tensioni, la mostra del 2009 "In Search of a New Life", tenuta al Museo Italo Americano di San Francisco, ha creato una traiettoria organica dell'immigrazione italiana nella West Coast. Le distinzioni sono state smussate nell'evidenziare tre ondate di flussi in entrata: la prima, nel periodo 1850-1924, composta da cercatori d'oro, pescatori, lavoratori agricoli, magnati e operai dell'industria alimentare, ma anche banchieri e inventori; la seconda, nella fase 1930-1970, di rifugiati politici in fuga dalle leggi razziali di Mussolini; e la terza di ricercatori, scopritori e manager dagli anni '60 in poi. Il leitmotiv della mostra è stato quello del successo o addirittura di un contributo fondamentale alla nuova terra di arrivo — "La California è stata fatta dagli italiani", afferma l'amministratore delegato del museo Paola Bagnatori nel video della mostra (Norelli 2010). Questa storia di successi però cancella le tensioni interetniche e intraetniche, mentre esclude strategicamente alcune categorie anche da questo racconto di successi (per esempio, gli immigrati recenti dall'Italia attivi nel campo degli studi italiani).[38]

In realtà, la storia italiana negli Stati Uniti è molto più sfumata e la sua trama assomiglia sempre più a quella dell'Italia contemporanea in termini di diversità. Un breve sguardo al mondo dell'istruzione è già alquanto rivelatore in questo senso. Le scuole in Italia mostrano una composizione multietnica in rapida crescita, con studenti le cui famiglie provengono da tutti i continenti, inclusi quelli dove gli italiani sono emigrati in passato. I corsi universitari di lingua e cultura italiana in uno stato come il New Jersey, che ha una delle più alte concentrazioni di italoamericani del paese, presentano un'interessante composizione demografica che abbraccia discendenti italiani, ma anche, seppur in numero minore, studenti nati in Italia e arrivati in età scolare. In corsi come "L'esperienza italo-americana" o "L'immigrazione attuale in Italia", questi studenti imparano che lo stesso sistema basato sullo *jus sanguinis*, che ha permesso a circa un milione di discendenti italiani di ottenere il riconoscimento della cittadinanza italiana attraverso la legge 91/1992 (Tintori 2012, 183), e ha anche permesso agli italiani di diventare cittadini statunitensi senza perdere la loro prima cittadinanza, esclude dalla cittadinanza italiana i figli degli immigrati, che sono nati in Italia o vi sono arrivati in tenera età (la cosiddetta seconda generazione) fino al compimento dei diciotto anni. All'interno di questa visione, i cosiddetti "figli perduti della nazione" che sono sparsi nel mondo sono privilegiati rispetto ai nuovi italiani in Italia. Questa nozione di cittadinanza privilegia l'emigrazione rispetto all'immigrazione: "la cittadinanza e i criteri di appartenenza diventano i nuovi criteri di esclusione": in altre parole, "la legittimazione della politica transnazionale" (Ragazzi 2009, 391) ha un prezzo per i nuovi italiani in Italia, il cui ruolo sociale non è pienamente riconosciuto dal sistema ufficiale. Eppure, le distinzioni tra vecchi e nuovi italiani all'estero e nuovi italiani in Italia svaniscono una volta che si esplorano e condividono le storie di migrazione e di esperienza multiculturale, a riprova del fatto che possono essere costruite piattaforme comuni.

Una proposta interessante in termini di dialogo transcontinentale viene da un progetto presentato nel 2008 al programma *Toubab di* Radio Popolare di Milano dalla rete G2, un'associazione di immigrati di seconda generazione in Italia.[39] Il progetto consiste in un'intervista speculare in cui l'intervistatore pone le stesse domande su abitudini culturali, stato civile, lingua, religione, rapporti generazionali e opinioni politiche a un figlio di immigrati stranieri in Italia e a un figlio di emigrati italiani all'estero, creando così un ponte insolito ma fruttuoso. Intrecciando i punti in comune delle esperienze "italiane" e "straniere" di questi nuovi italiani in Italia e dei nuovi italiani all'estero, il progetto mostra efficacemente come oggi l'emigrazione e l'immigrazione in Italia siano profondamente intrecciate.

Conclusione: Proposte anti-amnesia e pro-circolazione

Una delle sfide principali che questo saggio ha inteso sottolineare è la mancanza di dati dettagliati e sistematizzati per garantire l'accesso a studiosi e al pubblico generale interessato all'argomento. Un unico sito web che pubblichi regolarmente i risultati dei sondaggi e i dati statistici con una spiegazione delle fonti, dei limiti delle metodologie di rilevamento adottate, e anche dei suggerimenti su come migliorarli, sarebbe un importante passo avanti per una comprensione più precisa del fenomeno. Anche se i numeri non sono l'unico strumento conoscitivo, essi forniscono un'infrastruttura cruciale non solo per la definizione delle politiche, ma anche una piattaforma per leggere storie tra gli interstizi dei dati e al di là dei dati. Un'altra sfida legata soprattutto alle scienze umanistiche è la mancanza di testi culturali sull'argomento. I testi esaminati in questo saggio hanno tutti adottato il formato della galleria di ritratti individuali per disegnare il quadro più ampio del fenomeno e in questo senso sono ironicamente abbastanza simili alle prime pubblicazioni sugli immigrati stranieri in Italia, che hanno adottato la modalità del *testimonio* in una varietà di pubblicazioni.[40] Considerata la consistente presenza di artisti, è significativo che questa esperienza di delocalizzazione non abbia spinto alla produzione di romanzi, racconti e film oltre ai reportage giornalistici. Forse, come è successo per gli immigrati stranieri in Italia, ci vorranno un altro decennio e le prospettive dei nuovi italiani cresciuti negli Stati Uniti per riuscire a rivelare le sfumature meno ovvie di queste esperienze e le loro intriganti spaccature in termini di classe, genere e sessualità.[41]

Altre storie andrebbero raccolte e analizzate sull'emigrazione italiana spinta dalla discriminazione. Per esempio, la scelta delle persone gay di lasciare un paese fortemente eterosessuale come l'Italia merita uno studio a parte.[42] Un altro percorso interessante sarebbe quello di concentrarsi sul corpo accademico di professori, ricercatori e studenti nel campo degli studi italiani, che produce svariate forme di interesse verso l'Italia negli

Stati Uniti e nel mondo in generale. Altrettanto importante sarebbe un'indagine sull'americanizzazione degli italiani di recente arrivo, dovuta alla loro presa di posizione critica nei confronti dell'Italia e al loro bisogno e desiderio di funzionare pienamente nel nuovo paese. Allo stesso tempo, sarebbe interessante capire come il loro "sogno americano" si stia riducendo o si stia frantumando nel tempo, man mano che sono esposti alle non infrequenti forme di inefficienza dello stesso sistema statunitense. Altrettanto importante sarebbe un'indagine sulla forte italianizzazione di alcune zone degli Stati Uniti, soprattutto New York, e come questo fenomeno faciliti l'adattamento al nuovo paese. Inoltre, uno studio incentrato su un insieme di punti in comune tra i sacrifici incontrati da chi parte e da chi resta supererebbe un discorso pubblico divisivo che dipinge chi parte come traditore e chi resta come eroe silenzioso, o in alternativa caratterizza chi parte come rivoluzionario silenzioso e chi resta come soggetto cooptato. Questo cementerebbe una cultura di solidarietà e azione cosmopolita che potrebbe trovare nell'umanesimo italiano così come nel pensiero gramsciano interessanti fonti di ispirazione.[43] Infine, sarebbe auspicabile[44] una task force interdisciplinare che operi a livello nazionale mediante strumenti online, fortemente pubblicizzata dai media e sostenuta dalle istituzioni, per indirizzare tutti gli ammirevoli sforzi intrapresi da vari gruppi i cui orizzonti si sono rivelati troppo limitati o troppo ambiziosi per le loro risorse.[45]

In conclusione, forme transnazionali di mobilità di persone, idee, progetti e capitali sono da auspicare perché "ciò che è inaccettabile non è la circolazione ma la *fuga*" di tutti questi italiani (Palombini 2001, 16), e, come suggerisce Molinari, la sfida costruttiva ora è "trasformare i cervelli in fuga in un ponte di conoscenze e investimenti" (ibid., 176). Quando già nel 1998 il demografo Corrado Bonifazi affermava che "approfittare del potenziale che una così consistente presenza italiana all'estero offre [all'Italia] rappresenterebbe una politica intelligente e sensibile" (ibidem, 82), si riferiva soprattutto ai discendenti italiani. Oggi, il suo appello anti-amnesia è ancora più urgente di fronte a un fenomeno migratorio che ha assunto nuove forme e, come molti movimenti migratori, continuerà a evolvere dinamicamente. Un paese come l'Italia può essere facilmente, e legittimamente, etichettato come "anomalia" (Becker 2004, 21). Ha vissuto una lunga e virtualmente ininterrotta ondata di emigrazione dalla fine del 1800. Si è trasformato da "esportatore di manodopera poco qualificata a esportatore di manodopera altamente qualificata" (ibid., 22). Sta assistendo a un grande esodo di persone, soprattutto di giovani, nonostante il suo status di paese sviluppato del G7. Non guarda alla sua diaspora in modo sistematico e dinamico come una risorsa (a differenza dell'India, per esempio),[46] rimanendo così un "esportatore di cervelli" piuttosto che un attore nell'internazionale "scambio di cervelli" (ibid.). E infine è parte di uno spreco di cervelli (e di manodopera) visto che le statistiche indicano che anche gli immigrati stranieri stanno scegliendo altre destinazioni europee o d'oltreoceano alla luce dell'attuale situazione italiana (Dinmore 2013). Eppure, invece di relegare il paese in un angolo come un'eccezione, si dovrebbe invece evidenziare che l'Italia ha il potenziale per diventare un laboratorio per analisi spazio-temporali che possono soltanto arricchire il dibattito sulle migrazioni globali. Il caso stratificato e dinamico degli Stati Uniti, che presenta l'intera gamma delle migrazioni all'italiana, è destinato a essere il fulcro principale di questo laboratorio.

Note

Passaggi di questo saggio sono stati oggetto di studio nel volume *New Italian Migrations to the United States, Vol. 2: Art and Culture Since 1945*. A cura di Laura E. Ruberto e Joseph Sciorra. Copyright 2018 by the Board of Trustees of the University of Illinois. Il loro sviluppo è inserito qui per gentile concessione della University of Illinois Press.

[1] "Immigrati" (https://www.youtube.com/watch?v=gEl9ZBJ5zCU – ultimo accesso: 27 ottobre 2021) fa parte di una serie di spot pubblicitari che la FIAT ha proposto sul mercato statunitense. Vedi Elliot (2012).

[2] Durante questo periodo la percentuale di immigrati stranieri rispetto al totale della popolazione è passata dall'essere tra le più basse della UE a una più vicina alla media, cioè l'8,1 per cento (*Dossier Statistico Immigrazione 2014*, 1).

[3] I circa 26 milioni di emigranti calcolati sull'arco 1876-1976 (Favero e Tassello 1978, 11) diventano 30 milioni se si include il periodo fino al 2012 (*Rapporto Italiani nel mondo 2012*, 1). Da allora, la media degli espatri fino al 2019 è tra le 101.000 e le 130.000 unità l'anno (si vedano i *Rapporto Italiani nel mondo* annuali presso questo sito: https://www.migrantes.it/category/pubblicazioni/rapporti/rapporto-italiani-nel-mondo/ ultimo accesso: 27 ottobre 2021).

[4] Cfr. http://fugadeitalenti.wordpress.com/centro-studi-fdt, ultimo accesso: 27 ottobre 2021.

[5] Circa 5.671.000 italiani emigrarono negli Stati Uniti nel periodo 1876-1976 (Favero e Tassello 1978, 19, 28, 34).

[6] Il termine *nuovi italiani* sarà usato anche per gli immigrati in Italia alla fine del saggio. Gli italiani che si trasferiscono all'estero saranno indicati come *emigranti* quando il punto di vista della discussione è l'Italia, e *immigrati* quando sono visti attraverso la lente del paese/dei paesi di nuova residenza. A volte, il termine *migranti* sarà usato quando l'accento è posto sul movimento piuttosto che sull'origine e/o la destinazione.

[7] La definizione di *fuga di cervelli* si è ampliata significativamente dalla sua prima introduzione negli anni '60 (Milio 2012, 6-8).

[8] Si vedano i dati ISTAT del 2010 (https://www.istat.it/it/files//2011/04/testointegrale20110401-1.pdf), del 2013 (https://www.istat.it/it/archivio/91565) e del 2020 (https://www.istat.it/it/archivio/253019) ultimo accesso: 27 ottobre 2021.

⁹ Questi dati sono stati poi riorganizzati in Tirabassi e Del Pra' (2014).

¹⁰ I flussi in uscita dal Sud sono stati comunque sostanziali. Per esempio, la Sicilia ha sofferto un esodo massiccio nel periodo 2000-2010 (Nava 2011, 74).

¹¹ È utile tenere a mente che una lettura superficiale del numero totale di iscritti all'AIRE è fuorviante perché comprende anche i nati all'estero e coloro che hanno acquisito la cittadinanza per discendenza. I dati rilevanti qui riguardano gli iscritti per espatrio.

¹² I termini *push* e *pull factors* riflettono acriticamente un modello migratorio tradizionale e non abbracciano invece una visione "circolatoria" delle migrazioni moderne (Milio 2012, 5).

¹³ Secondo il Ministero dell'Università, dell'Istruzione e della Ricerca italiano, nel 2011 l'Italia ha investito l'1,25% del suo PIL nella ricerca contro il 3% degli Stati Uniti (http://www.researchitaly.it/en/understanding/facts-and-figures/italy-and-europe, ultimo accesso: 27 ottobre 2021).

¹⁴ Altri titoli sono Di Giorgio (2003), Severgnini (2008), Attala-Perazzini (2013) e Riboni (2013). Un recente volume propone nuove prospettive sul tema (Alberio, 2020). Inoltre, la nuova immigrazione dall'Italia negli Stati Uniti è il soggetto di due documentari: *Hope: Le Nuove migrazioni* (2013) di Gianluca Vassallo e Alex Kroke e *Waiting* (2015) di Cristian Piazza.

¹⁵ Infatti, l'Italia ha introdotto un "Programma di rientro dei cervelli" per i ricercatori nel 2001. Il programma ha avuto un impatto limitato e presenta varie carenze (Milio 2012, 32-33; Lattanzi 2007), per non dire delle tensioni interne al sistema universitario che ha generato nell'inserimento di nuovi colleghi a livello avanzato.

¹⁶ La lettera ha suscitato un acceso dibattito non solo perché ha scatenato la rabbia repressa di molti, ma anche perché è stata vista come ipocrita da parte di un leader universitario, che probabilmente aveva contribuito a questo immobilismo (una famosa risposta provocatoria invitava Celli a lasciare invece il paese).

¹⁷ *Vivo altrove* è diventato anche un video che comprende una selezione di storie del libro, tutte ambientate in Europa. *Emergency Exit* (http://www.emergencyexit.it, ultimo accesso: 27 ottobre 2021) è un video che raccoglie varie testimonianze.

¹⁸ Italiansinfuga.com fornisce informazioni pratiche su lavoro, alloggio e corsi di lingua ed Expatclic.com è dedicato all'espatrio delle donne. NISA-Networks of Italian Scholars Abroad si rivolge esclusivamente a studiosi di scienze umane e sociali; BAIA (http://www.baia-network.org) è per uomini d'affari; e ALMA (http://www.llm.it) per gli avvocati. La più ufficiale di tutte queste organizzazioni, ISSNAF—Italian Scientists and Scholars in North America Foundation (http://www.issnaf.org) è stata fondata nel 2008 in collaborazione con il governo italiano. Vedi "Vivo altrove" e "La fuga dei talenti" (http://fugadeitalenti.wordpress.com) per liste di link più complete. Ultimo accesso a tutti questi siti: 27 ottobre 2021). Gli spazi digitali autogestiti possono essere trovati su Facebook. Tirabassi e Del Pra' elencano 110 pagine web (2014, 75-76).

¹⁹ Vedi http://www.lavocedinewyork.com/author/natascia-lorusso, che dal 2014 non pubblica più nuove storie (ultimo accesso: 27 ottobre 2021).

²⁰ Il progetto, ancora descritto su http://america24.com/news/lo-vorreste-un-biglietto-di-sola-andata-per-l-america-, non è più attivo. Inoltre, *Il Sole 24 Ore* ospitava un programma radiofonico settimanale chiamato "Giovani talenti", che trasmetteva storie e interviste sui nuovi italiani all'estero.

²¹ Per un approccio meno completo ma simile, si veda Russo (2003).

²² Per quanto gli italiani costituiscano solo l'1% degli studenti stranieri negli Stati Uniti, tendono a frequentare le università più prestigiose (Milio 2012, 27).

²³ L'Italia è stata a lungo seconda solo all'Inghilterra tra le destinazioni principali ("Open Doors" 2013, 26)—si tenga conto che l'Inghilterra non è un paese di lingua straniera per gli studenti statunitensi—e nel 2020 è al pari con l'Inghilterra (si veda il grafico "Top Ten Destinations" sul sito https://opendoorsdata.org/data/us-study-abroad/all-destinations—ultimo accesso: 27 ottobre 2021). È interessante notare come nei dati del 2013, l'Italia non è tra i primi paesi in cui gli studenti statunitensi perseguono titoli di studio completi, un segno che la sua acquisizione di cervelli è molto più limitata (ibid., 34).

²⁴ La lista annuale dei "Brilliant 10" pubblicata dalla rivista *Popular Science* presentava un italiano nel 2008, due nel 2010 e uno nel 2011 come i più promettenti scienziati under 40 degli Stati Uniti.

²⁵ A parte il sostegno alla reintroduzione dell'esame AP italiano, il governo italiano è in ritardo negli investimenti in lingua e cultura rispetto ad altri paesi europei e ad alcuni paesi in rapida crescita come la Cina. Per una panoramica del numero e delle dimensioni dei programmi italiani negli Stati Uniti si veda Looney e Lusin (2019).

²⁶ Due fonti degne di nota sono Rinauro (2009) che si concentra sulle traversate non autorizzate delle Alpi, e *In the Shadow of Liberty* di Edoardo Corsi in Marazzi (2004; trans. 2011) sui viaggi transatlantici non documentati verso gli Stati Uniti.

²⁷ Nei primi anni '90, gli italiani erano il secondo gruppo più numeroso di immigrati senza documenti a New York (vedi Sontag 1993).

²⁸ Il film è stato prodotto mentre Crialese stava finendo il suo MFA in Film alla NYU e poteva quindi contare sulle sue esperienze dirette della vita degli immigrati in città.

²⁹ Per un'analisi granulare dei termini generali usati per definire storicamente e filosoficamente le persone mobili, si veda Carravetta (2012, 31-71). Per una nuova definizione di italiani nella diaspora, si veda "Italici" di Bassetti (Accolla 2008, 49).

³⁰ Su questo uso della dispersione demografica come "risorsa" e "modalità legittima di esistenza politica", si veda Ragazzi (2009, 389). Per un elenco sostanziale delle azioni che l'Italia dovrebbe intraprendere, si veda Milio (2012, 36-40).

³¹ Un altro termine interessante che propone è *generazione nessuno* (Cucchiarato 2011, 65).

³² La mia storia di migrazione è per certi versi un'eccezione: come borsista Fulbright sono stata soggetta al requisito di due anni di residenza e a diverse complicazioni legate al visto negli Stati Uniti (Nava 2009, 129-141).

³³ Vedi il capitolo 20 di Cometto e Piol (2013).

³⁴ Vedi Tintori (2012) e, in particolare, il capitolo sulla giurisdizione nordamericana di Luconi.

³⁵ La maggior parte degli elettori dell'AIRE sono discendenti italiani inseriti nei registri al momento del riconoscimento della cittadinanza e non italiani di arrivo recente (Tintori 2012, 184).

³⁶ I commenti di Francesca sugli italoamericani sono piuttosto perentori: "Non sono come noi", dice (Molinari 2011, 54). Allo stesso modo, nel film di Crialese, il rifiuto di Antonio di preparare piatti "mezzi italiani" è un'occasione per difendere "l'autentico modo di fare italiano".

³⁷ Si veda la tabella dell'American Community Survey del 2019 nel sito dell'U.S. Census webpage: https://www.census.gov/newsroom/stories/italian-american-heritage-culture-month.html, ultimo accesso: 27 ottobre 2021.

³⁸ Per lavori più sfumati sugli italiani in California, vedi Norelli e Kurien (2014), e Cinotto (2012).

³⁹ Per una descrizione completa della rete G2 e dei suoi obiettivi di riforma dell'attuale legge sulla cittadinanza *jus sanguinis* e di sostegno alle identità culturali ibride in Italia, si veda http://www.secondegenerazioni.it, ultimo accesso: 27 ottobre 2021.

⁴⁰ Questo genere narrativo riguarda storie di persone che non scrivono di sé direttamente e il cui racconto autobiografico è condiviso con figure dell'ambito della letteratura e del giornalismo che raccolgono e organizzano la storia al loro posto, parlando in prima persona per loro. Martinetti et al. (1998) è un primo esempio di una raccolta di tali storie/testimonianze, mentre Khouma (1990) offre un racconto focalizzato su una persona esclusivamente.

⁴¹ Alcune eccezioni sono Attala-Perazzini (2009) e Marchelli (2014, 2015). Si veda Fiore (2019) per un saggio che si focalizza su questi testi come elaborazione dell'esperienza di emigrazione e non solo descrizione e documentazione.

⁴² Il docufilm *Italy: Love It or Leave It* (2011) è un'analisi dei pro e dei contro della vita nell'Italia di oggi, e include la specifica prospettiva di una coppia gay. Si veda anche una sezione del saggio di Fiore (2017).

⁴³ Sulla "cultura della solidarietà", vedi Beltramini (2010, 2). Si veda anche il progetto fotografico di Michele Petruzziello "Goodbye My Love", che sovrappone immagini di vecchia e nuova immigrazione negli Stati Uniti. Si veda un servizio televisivo con un'intervista al fotografo: www.youtube.com/watch?v=hHJuTGUSjzk e una selezione di foto su https://mpmediany.wixsite.com/mysite/portfilio (ultimo accesso: 21 ottobre 2021).

[44] Per un suggerimento simile a livello internazionale, si veda Milio (2012, 36).

[45] Il progetto MITtaly dovrebbe essere riprodotto oltre il livello regionale (Lattanzi 2010), mentre Innovitalia.net, la piattaforma sostenuta dai Ministeri degli Affari Esteri e dell'Istruzione e della Ricerca Universitaria, non è altrettanto conosciuta, soprattutto in ambito umanistico.

[46] La diaspora indiana è caratterizzata da un'altra frequenza di rientri, da un solido flusso di rimesse, un notevole grado di coinvolgimento politico e un marcato livello di rispetto in patria. Vedi Naujoks (2013).

Opere citate

Accolla, Paolino, e Niccolò d'Aquino. 2008. *Italici: un incontro con Piero Bassetti*. New York: Bordighera Press.

Alberio, Marco e Fabio Berti. *Italiani che lasciano l'Italia: Le nuove migrazioni al tempo della crisi*. Milano: Mimesis, 2020.

Attala-Perazzini, Elena. 2009. *Tre fermate a New York*. Siena: Barbera Editore.

Attala-Perazzini, Elena. 2013. *Via da noi. Italiani ma in America*. Siena: Barbera Editore.

Avveduto, Sveva. 2004. "La mobilità delle alte qualifiche in Europa, Canada e USA." In *Le migrazioni qualificate tra mobilità e brain drain*, Sveva Avveduto, Maria Carolina Brandi, and Enrico Todisco, eds. Numero speciale di *Studi Emigrazione/Migration Studies* 41(156): 889-911.

Becker, Sascha O, Andrea Ichino, e Giovanni Peri. 2004. "Quanto è grande il 'Brain Drain' dall'Italia?" *GDE (Giornale degli Economisti e Annali di Economia)* 63(1): 1-32. http://ideas.repec.org/a/gde/journl/gde_v63_n1_p1-32.html (ultimo accesso: 27 ottobre 2021).

Beltramini, Enrico. 2010. "L'Italia e la fuga di cervelli vista dalla Silicon Valley." *Limes: Rivista Italiana di geopolitica*. 27 gennaio. http://temi.repubblica.it/limes/litalia-e-la-fuga-di-cervelli-vista-dalla-silicon-valley/10344?h=0 (ultimo accesso: 27 ottobre 2021).

Bonifazi, Corrado. 1998. *L'immigrazione straniera in Italia*. Bologna: Il Mulino.

Brandi, Maria Carolina. 2004. "L'evoluzione storica delle migrazioni altamente qualificate". Versione rivista di "Le politiche relative alle migrazioni qualificate." In *Le migrazioni qualificate tra mobilità e brain drain*, Sveva Avveduto, Maria Carolina Brandi, and Enrico Todisco, eds. Numero speciale di *Studi Emigrazione/Migration Studies* 41 (156): 1003- 1014.

Carballo, Marco Aurelio. 2008. "Fuga di talenti in Italia: Melania Mazzucco." *Siempre!* 55(2891), 9 novembre 98.

Carravetta, Peter. 2012. *Sulle tracce di Hermes. Migrare, vivere, riorientarsi*. Lodi, Italia: Morellini.

Celli, Pier Luigi. 2009. "Figlio mio, lascia questo Paese." *La Repubblica*, 30 novembre, http://www.repubblica.it/2009/11/sezioni/scuola_e_universita/servizi/celli-lettera/celli-lettera/celli-lettera.html (ultimo accesso: 27 ottobre 2021).

Cinotto, Simone. 2012. *Terreno morbido, uve nere: The Birth of Italian Winemaking in California*. New York: NYU Press.

Cometto, Maria Teresa e Alessandro Piol. 2013. La *tecnologia e la città: The Making of New York's Start Up Community*. New York: Mirandola Press.

Crialese, Emanuele (dir.). 1997. *Una volta eravamo stranieri*. 96 minuti. John P. Adams e Domenica Albonetti, Italia/USA.

Cucchiarato, Claudia. 2010. *Vivo altrove. Giovani senza radici: gli emigranti italiani di oggi*. Milano: Mondadori e Pearson.

Cucchiarato, Claudia. 2011. "Guerra di cifre. Perché è così difficile capire chi e quanti sono gli italiani all'estero?" *Le nuove mobilità*. Numero speciale di *Altreitalie: Rivista internazionale di studi sulle migrazioni italiane nel mondo* 43: 64-72.

De Luca, Dario, e Giuseppe Vincenzi. 2012. *Morir sì giovane e in andropausa. scena verticale*, spettacolo teatrale.

Dickie, John. 1996. "Imagined Italies." In *Italian Cultural Studies: An Introduction*, David Forgacs e

Robert Lumley, eds., 19-33. Oxford: Oxford University Press.

Di Giorgio, Claudia. 2003. *Cervelli export. Perché l'Italia regala al mondo i suoi talenti scientifici*. Roma: Nuova Iniziativa Editoriale.

Dinmore, Guy. 2013. "Gli immigrati abbandonano l'Italia colpita dalla recessione". Il *Financial Times*. January 6. http://www.ft.com/cms/s/0/a451c51e-5812-11e2-90c6-00144feab49a.html#axzz4DM1fEKnO (ultimo accesso: 27 ottobre 2021).

Dossier Statistico Immigrazione 2014 UNAR-Scheda di sintesi. https://www.datocms-assets.com/30196/1607951466-sintesirapportoimmigrazione2014.pdf (ultimo accesso: 27 ottobre 2021).

Eduati, Laura. 2012. "Dati Ismu sull'immigrazione, per la prima volta in Italia più emigrati che immigrati. Colpa della crisi economica". *L'Huffington Post*. 11 dicembre, http://www.huffingtonpost.it/2012/12/11/dati-ismu-sullimmigrazione_n_2274780.html (ultimo accesso: 27 ottobre 2021).

Elliot, Stuart. 2012. "Le Fiat 500 cavalcano un'ondata di immigrazione sulle coste americane". *New York Times*, 16 luglio, B3.

Faris, Stephan. 2010. "*Arrivederci, Italia*: Perché i giovani italiani se ne vanno". *Time.com*. 18 ottobre.

Favero, Luigi, e Graziano Tassello. 1978. "Cent'anni di emigrazione italiana." In *Un secolo di emigrazione italiana 1876-1976*, Gianfranco Rosoli, ed., 9-64. Roma: Centro Studi Emigrazione.

Fellin, Luciana. 2014. "L'onda nuova italiana: Lavoro identitario e pratiche di socializzazione in una comunità di nuovi immigrati italiani in America." *Forum Italicum* 48(2): 292-310.

Franzina, Emilio. 1995. *Gli Italiani al Nuovo Mondo: L'emigrazione italiana in America 1492-1942*. Milano: Mondadori.

Fiore, Teresa. 2019. "Narrating New Italianness in the U.S. in the Late 20th and Early 21st Centuries." Cultural Change Through Language and Narrative: Italy and the USA. Ed. Guido Bonsaver, Alessandro Carlucci, and Matthew Reza. Oxford, UK: Legenda, 2019. 72-86.

Fiore, Teresa. 2017. "Immigration from Italy Since 1990." *The Routledge History of Italian Americans*. Ed. Stanislao Pugliese and William J. Connell. New York: Routledge. 582-95.

Gabaccia, Donna R. 2000. *Le molte diaspore dell'Italia*. Seattle: University of Washington Press.

Hofer, Gustav, e Luca Ragazzi (dir). 2011. *Italia: Amare o lasciare*. 75 minuti. Vania del Borgo, Italia.

"Immigrati.". https://www.youtube.com/watch?v=7GLwkWbh86I (ultimo accesso: 27 ottobre 2021).

Khouma, Pap. 1990. *Io venditore di elefanti*, Oreste Pivetta, ed. Milano: Garzanti. 2007.

ISTAT Statistiche Report. "Iscrizioni e cancellazioni anagrafiche della popolazione residente. Anno 2019." https://www.istat.it/it/files/2021/01/REPORT_MIGRAZIONI_2019.pdf

Lattanzi, Riccardo. "I cervelli 'ritornati' riprendono la strada delle università USA." *TuttoScienze La Stampa*, 5 settembre, IV-V.

Lattanzi, Riccardo. 2010. "Perché i cervelli non tornano." *TuttoScienze La Stampa*, 31 marzo, 34.

Looney, Dennis, and Natalia Lusin. "Enrollments in Languages Other than English in United States Institutions of Higher Education Summer 2016 and Fall 2016. https://www.mla.org/content/download/110154/2406932/2016-Enrollments-Final-Report.pdf (ultimo accesso: 27 ottobre 2021).

Luconi, Stefano. 2011. "Nuove mobilità o nuove migrazioni?" *Le nuove mobilità*. Numero speciale di *Altreitalie: Rivista internazionale di studi sulle migrazioni italiane nel mondo* 43: 89-99.

Luconi, Stefano. 2012. "Rappresentanza e voto nell'America del nord". In *Il voto degli altri: Rappresentanza e scelte elettorali degli italiani all'estero*, Guido Tintori, ed., 97-120. Torino: Rosenberg e Sellier.

Maffioletti, Gianmario. 2004. "Gli italiani negli USA." *Studi Emigrazione/Migration Studies* 41(154): 449-475.

Marazzi, Martino. (2001) 2004. *Voci dell'America italiana: A History of Early Italian American Literature with a Critical Anthology*. Teaneck, N.J.: Farleigh Dickinson University Press.

Marchelli, Chiara. 2014. *L'amore involontario*. Segrate, Italia: Piemme.

Marchelli, Chiara. 2015. *Le mie parole per te*. Segrate, Italia: Piemme.

Martellone, Anna Maria. 2002. "Generazioni e identità". In *Storia dell'emigrazione italiana: Arrivi*, a cura di Piero Bevilacqua, Andreina De Clementi, ed Emilio Franzina, 739-752. Roma: Donzelli.

Martinetti, Chiara, Maria De Lourdes Jesus e Raffaele Genovese, eds. 1998. *Permesso di soggiorno. Viaggio nell'Italia dell'immigrazione*. Roma: RAI-ERI.

Milio, Simona, et al. 2012. "Brain Drain, Brain Exchange, and Brain Circulation: Il caso dell'Italia visto da una prospettiva globale". Aspen Institute Italia: Italian Leaders Abroad Community. https://www.aspeninstitute.it/en/system/files/private_files/2012-05/doc/Brain%20Drain%20%28English%29.pdf (ultimo accesso: 27 ottobre 2021).

Molinari, Maurizio. 2011. *Gli Italiani di New York*. Roma-Bari: Editori Laterza.

Naujoks, Daniel. 2013. *Migrazione, cittadinanza e sviluppo: Diasporic Membership Policies and Overseas Indians in the United States*. New Delhi: Oxford University Press. Nava, Sergio. 2009. *La fuga dei talenti. Storie di professionisti che l'Italia si è lasciata scappare*. Cinisello Balsamo (Milano, Italia): Edizioni San Paolo.

Naujoks, Daniel. 2011. "Dalla fuga alla circolazione dei talenti. Sfide per l'Italia del futuro." *Le nuove mobilità*. Numero speciale di *Altreitalie: Rivista internazionale di studi sulle migrazioni italiane nel mondo* 43: 73-77.

Naujoks, Daniel. 2013. "Oltre la metà dei giovani all'estero ha la laurea". *Il Sole 24 Ore*, 18 febbraio, 14. Norelli, Gianfranco. 2010. "Alla ricerca di una nuova vita. Gli italiani che hanno fatto la California". i-Italy.org, 10 febbraio. http://www.i-italy.org/12768/search-new-life-italians-who-made-california (ultimo accesso: 27 ottobre 2021).

Norelli, Gianfranco, e Suma Kurien. 2014. *Trovare la Mother Lode: Immigrati italiani in California*. 104 minuti. Eurus Productions, Inc.

"Open Doors 2012 Report on International Educational Exchange Briefing Presentation". 2014. http://www.iie.org/Research-and-Publications/Open-Doors (ultimo accesso: 27 ottobre 2021).

Palombini, Augusto. (a cura di). 2001. *Cervelli in fuga. Storie di menti italiane fuggite all'estero*. Roma: Avverbi Edizioni.

Ragazzi, Francesco. 2009. "Governare le diaspore". *Sociologia politica internazionale* 3: 378-397.

Rapporto Italiani nel mondo. 2020. "Scheda di sintesi, https://www.migrantes.it/wp-content/uploads/sites/50/2020/10/Sintesi_RIM2020.pdf (ultimo accesso: 27 ottobre 2021).

Rapporto Italiani nel mondo. 2012. "Scheda di sintesi https://www.museoemigrazioneitaliana.org/assets/Uploads/Rapporto-Italiani-nel-Mondo-2012-scheda-di-sintesi.pdf (ultimo accesso: 27 ottobre 2021).

Riboni, Enzo. 2013. *Addio per sempre? Storie di giovani all'estero*. Milano: Ide.

Rinauro, Sandro. 2009. *Il cammino della speranza. L'emigrazione clandestina degli italiani nel secondo dopoguerra*. Torino: Einaudi.

Russo, Giovanni. 2003. *I cugini di New York. Da Brooklyn a Ground Zero*. Milano: Schwiller. Severgnini, Beppe. 2008. *Italiani: Il giro del mondo in 80 pizze*. Milano: Rizzoli.

Sontag, Deborah. 1993. "Uno studio vede gli stranieri illegali sotto una nuova luce." *New York Times*, 2 settembre. http://www.nytimes.com/1993/09/02/nyregion/study-sees-illegal-aliens-in-new-light.html(ultimo accesso: 27 ottobre 2021).

"The Italians Are Coming". https://www.youtube.com/watch?v=l2KFMD5xZVE (ultimo accesso: 27 ottobre 2021).

Tintori, Guido, ed. 2012. *Il voto degli altri. Rappresentanza e scelte elettorali degli italiani all'estero*. Torino: Rosenberg e Sellier.

Tirabassi, Maddalena, e Alvise Del Pra'. 2014. *La meglio Italia. Le mobilità italiane nel XXI secolo*. Torino: Centro Altreitalie/aAccademia University Press.

Vulpi, Daniele. 2011. "Italiani di Silicon Valley". Servizio speciale di Federico Rampini, Flavio Bini e Paolo Pontoniere. *Repubblica*, 4 dicembre. http://inchieste.repubblica.it/it/repubblica/rep-it/2011/12/06/news/cartoline_dal_nuovo_mondo-26166088 (ultimo accesso: 27 ottobre 2021).

Gli oggetti e il quotidiano:
Uno studio della cultura materiale della diaspora italiana negli Stati Uniti

Laura E. Ruberto e Joseph Sciorra

> … ho pensato a mia madre
> che ha cucito tutte quelle giacche per anni, montagne di fili
> da imbastitura che le coprivano i piedi, e cosa possiamo trasmettere
> e cosa non possiamo, e la biancheria che ho messo da parte
> per mia figlia e quante altre cose diamo
> quando cerchiamo di tramandarle.
> —"*Biancheria* e mia Madre," Maria Mazziotti Gillan[1]

> "Ehi, sono Italiano—noi sappiamo usare mattoni e pomodori."
> —Mario Calmi[2]

Nel 1942, vicino al suo studio d'arte a Manhattan, la scultrice Louise Nevelson incontrò Giovanni Indelicato (1887-1960) e fu colpita dal suo kit da lustrascarpe riccamente decorato. Mentre era ferma ad ammirare il composito bricolage, Indelicato la informò che ne aveva un altro a casa, che non lo usava mai e che, secondo lui, era "il più bel kit da lustrascarpe al mondo" (Sciorra 2008a). Nevelson visitò la casa di Indelicato e ammirò un kit copiosamente ornato, costituito da una scatola da lustrascarpe, uno sgabello, una sedia per il cliente e due appoggi per i piedi.

Indelicato, emigrato nel 1910 all'età di ventitré anni da Sciacca, aveva abbellito i suoi strumenti di lavoro con un'abbagliante composizione di coloratissimi bottoni, bigiotteria, borchie di metallo, figurine di ceramica, palline arabescate, campanellini e pomelli di porte. I sedili erano tappezzati con stoffe fantasia e festoni di gingilli. La decorazione comprendeva fiori di metallo dipinti. Nevelson descrisse la creazione di Indelicato ad Alfred H. Barr, Jr., Direttore del Museum of Modern Art (MoMA), che decise di esibire ciò che definì "un santuario barocco" nell'atrio del museo, per qualche settimana, a cavallo tra il dicembre del 1942 e il gennaio del 1943. La stampa recensì l'esposizione della capacità creativa di questo lavoratore, che Nevelson aveva osannato come forma di "arte surrealista subconscia … epica della cultura mediterranea" (Sciorra 2008a). Malgrado questo proclama, il museo ribattezzò Giovanni Indelicato con il nome Joe Milone nei suoi comunicati stampa e nel testo esplicativo della mostra esposto sulla parete dell'atrio. Nel 2014, la nipote di Indelicato, Cherylann Indelicato, dichiarò che secondo alcuni parenti Nevelson aveva considerato il suo cognome "troppo etnico, troppo italiano" (Indelicato 2014).

Il MoMA non acquisì né acquistò il kit da lustrascarpe personalizzato da Indelicato e per settant'anni si pensò che fosse andato perduto ai posteri. Nel 2014, riapparve in una piccola casa d'aste nel sud del New Jersey e attraverso l'interessamento di uno degli autori di questo articolo, Joseph Sciorra, e di altre persone, fu acquistata dal Fenimore Art Museum a Cooperstown, in New York. Ora è esibito con il massimo risalto nella collezione permanente di arte popolare del museo (Sciorra 2014; Kahn 2014; Di Stefano 2015, 42-49).

La creazione *picassiette* di Indelicato,[3] uscita una quantità di domande e di questioni che ci aiutano a esaminare il ruolo della cultura materiale nella descrizione e interpretazione della storia e della cultura italoamericana. Per esempio, quali informazioni sono necessarie per comprendere le motivazioni dell'artefice di un oggetto? Finora non è stata trovata alcuna documentazione di interviste formali a Indelicato sulla sua ispirazione e/o sui motivi che l'hanno spinto a creare opere di arricchimento di semplici oggetti. Quel poco che si sa della sua biografia proviene da un'intervista fatta nel 2014 a sua nipote (Sciorra 2014). Cosa avremmo potuto scoprire durante una conversazione approfondita con l'artista? Dato che non esistono precedenti italiani del lavoro di Indelicato nell'ambito della cultura popolare tradizionale, da che cosa è stato influenzato? Ora che la sua creazione è stata ricontestualizzata in un nuovo ambiente espositivo, come potrà essere stimolata a parlarci in futuro e quali storie potrà essere spinta a raccontarci?

La fotografia pubblicitaria del kit di lustrascarpe di Giovanni Indelicato (1887-1965) del Fenimore Art Museum, acquisita nel 2014. Per gentile concessione del Fenimore Art Museum. Fotografia di Richard Walker.

Usiamo la storia di Indelicato e del suo ornato kit da lustrascarpe come punto di partenza, perché mette in luce una serie di temi focali di questo nostro saggio, ivi inclusi l'intersecarsi della migrazione e della cultura materiale, il ruolo che la cultura materiale ha nel dar forma e definire le culture etniche italiane e la collocazione della materialità all'interno del lavoro della memoria e delle esposizioni al pubblico. In questo articolo offriamo un'analisi critica di alcuni approcci agli studi sulla cultura materiale nel contesto della mobilità italiana, con un preciso riferimento alla storia degli italiani negli Stati Uniti. Il nostro obiettivo è quello di illustrare l'utilità e la rilevanza crescente dello studio della cultura materiale, specificamente da un punto di vista italoamericano, ivi inclusi i modelli digitali emergenti. Posizioniamo la nostra ricerca dando risalto ad alcuni temi nel vasto campo degli Studi sulla cultura materiale e suggerendo alcune indicazioni su altre possibilità, non ancora considerate e specifiche nell'ambiente italoamericano.

Perché studiare la migrazione italiana attraverso la cultura materiale?

L'approccio attraverso la cultura materiale è stato applicato a una quantità di studi umanistici. Sebbene ciò sia apparente prima di tutto nel lavoro di archeologi, storici culturali, storici dell'arte, folcloristi, etnografi e antropologi, un approccio attraverso la cultura materiale viene adottato sempre più spesso nell'ambito delle arti liberali, ivi inclusi gli studi sulla letteratura e sul cinema. In ognuno di questi casi, gli studiosi di cultura materiale comprendono l'obiettivo della propria ricerca—gli oggetti concreti in sé—come definiti in senso lato. Ricadono entro questo elenco cose quali gli oggetti fatti a mano o prodotti in fabbrica, i manufatti della vita quotidiana, le opera d'arte, di architettura e paesaggistica, insieme a libri, fotografie, film e altri articoli di produzione di massa. In tutti questi casi, le ricerche svelano le relazioni tra individui e oggetti fisici e, così facendo, aprono una porta ad altre discipline, comprese le revisioni storiche, che rimettono in luce comunità marginalizzate o narrative personali e analisi culturali reindirizzate che evidenziano come spazio e luogo formino le stesse identità personali e delle collettività.

Riconosciamo il fatto che la materialità, la fisicità stessa nello spazio, può operare simbolicamente per esprimere i sentimenti umani, fragilità ed energia, illuminando allo stesso tempo le modalità di produzione, le forze politiche e le dinamiche socio-culturali.[4] Dare respiro ai ruoli e alle relazioni che persone e comunità hanno nei confronti di cose fisiche permette anche di focalizzarsi utilmente sul quotidiano e sul vernacolare, un taglio analitico a volte ignorato negli approcci più convenzionali alla storia e alla cultura.[5]

Ai fini della nostra ricerca—e del nostro interesse verso le esperienze migratorie italiane e italoamericane—queste connessioni materiali diventano strategie di recupero di storie che, in altri casi, non sarebbero pienamente documentate oppure apparirebbero sminuite all'interno dell'abituale narrativa sulle migrazioni. Inoltre, questo approccio offre anche nuove strategie interpretative dei testi consueti di cultura etnica italiana e delle realtà storiche sulla migrazione italiana, gli italoamericani e la diaspora italiana in generale.

Gli obiettivi di questo nostro saggio ricadono interamente nell'ambito del quotidiano e del vernacolare. Ciò che Antonio Gramsci avrebbe potuto considerare parte del folclore del subalterno è quanto Barbara Kirshenblatt-Gimblett chiama "le arti della vita quotidiana", che hanno il potenziale di rivelare strati di significato profondamente impressi e a volte sconnessi:

> Le arti della vita quotidiana sono altamente utilitaristiche: danno forma al valore.... [...]...non si tratta di scoprire che quello che normalmente consideriamo arte nei musei e nelle gallerie avviene anche nel mondo di tutti i giorni.... [...]...Riguarda le arti del vivere, che per me significano dare valida forma rilevante.... Ma se si accetta il mio approccio, che ha a che fare con il dare valore alla forma, quella forma può essere o non essere bella; può essere o non essere virtuosistica; può essere o meno un oggetto artigianale. Ma per me forma significativa e valore sono il cuore di quello che è l'arte. (Kirshenblatt-Gimblett, 1997, 421)

Nel definire alcuni confini dell'arte, la Kirshenblatt-Gimblett richiama l'attenzione sulla rilevanza di ciò che è sottovalutato e scarsamente visto negli spazi quotidiani e sostiene che l'estetica emerge nella foggia, lo stile e l'uso di un oggetto. Questa interpretazione "altamente utilitaristica" delle "arti"—che collega il quotidiano alle azioni di una persona—è una componente chiave del nostro approccio alla cultura materiale, che si addice in modo speciale ai nostri interessi sull'etnicità e la migrazione, perché rafforza i percorsi della conoscenza al di fuori di gerarchie e sistemi intellettuali standardizzati.

L'approccio attraverso la cultura materiale è valido anche per gli studiosi delle migrazioni, perché consente di concentrarsi sull'individuo attraverso una cognizione personale, addirittura intima, mentre dà risalto alla continuità tra passato e presente. Gli studiosi delle migrazioni che si dedicano alla cultura materiale trovano collegamenti a questioni che spesso non vengono confrontate fra loro come il consumismo, il trauma, la capacità artistica e il gioco. Un settore rilevante della ricerca contemporanea sulla cultura materiale nelle migrazioni si sovrappone agli studi di frontiera e all'interesse nel valutare la materialità della mobilità e dell'atto in sé dell'emigrare. I "Border Studies" prendono spesso in considerazione le cose che le persone portano con sé, acquisiscono o perdono durante i loro percorsi attraverso l'America centrale per entrare negli Stati Uniti, attraverso l'Africa e il Mediterraneo per arrivare in Italia o in Spagna o in altri itinerari di valico per mare e per terra (Vedi Basu e Coleman 2008; De Leon 2013; Trabert 2020; e Horsti 2019).[6] Questi approcci richiamano anche l'attenzione sugli aspetti fisici degli stessi confini, "quali barriere e posti di frontiera", che "sono fondamentali quando si pensa ai confini" e aiutano a spiegare non soltanto il processo dell'immigrazione in sé, ma anche gli ulteriori effetti e il rapporto che i migranti e le loro famiglie hanno rispetto a quei confini perfino molto tempo dopo essersi insediati in nuovi paesi (Horsti 2019, 3).

Le esperienze migratorie e le vite etniche diventano quindi accessibili attraverso gli oggetti e le storie connesse con tale cultura. La cultura materiale insieme alle idee a essa collegate sono trasportate, create, riprodotte e narrate per costruire le storie delle migrazioni di individui, famiglie e comunità. Gli oggetti emigrano insieme alle persone e con quel trasferimento quelle cose diventano punti di riferimento nelle narrazioni di dislocazione e perdita, ma anche di reinvenzione e appartenenza. Le singole cose che gli immigrati portano con sé o si lasciano dietro le spalle—dagli oggetti personali fatti a mano a quelli prodotti per il consumo di massa—ci rivelano molto sulla maniera in cui hanno dato forma alla propria esperienza. Come abbiamo scritto in altra occasione: "Gli oggetti possiedono un'agentività intrinseca, ma è la nostra azione—da studiosi, curatori, educatori, oltreché persone qualsiasi—che li attiva quali palinsesti dotati di diversi livelli di significato passato, presente e futuro" (Ruberto e Sciorra 2019, 768).

Prendendo in considerazione il caso degli italoamericani, sappiamo che gli oggetti seguono percorsi diversi durante la loro trasformazione in oggetti dei migranti italoamericani e che "non esiste alcun singolo oggetto che possa connotare ognuna delle variegate identità italoamericane" (Ruberto e Sciorra 2018). Gli oggetti sono trasportati dall'Italia agli Stati Uniti (talvolta passando prima per altri paesi) poi in ambienti diversi (per esempio dai casamenti degli immigranti alle ville nei sobborghi delle terze generazioni), spesso sono ricevuti in eredità e diventano tesori di famiglia. In aggiunta a questi, altri oggetti creati negli Stati Uniti in nuove condizioni e realtà affermano il proprio significato con lo stile, la forma e l'uso.[7] Allo stesso tempo, oggetti creati e acquistati negli Stati Uniti ripercorrono la strada verso l'Italia perché vengono spediti o portati in viaggio. In certi casi, oggetti codificati come etnici sono spostati dalla loro collocazione originaria per essere messi in mostra e custoditi gelosamente in luoghi dedicati alle esposizioni come i musei. Gli oggetti sviluppati, rimodellati o in altro modo presenti nelle comunità etniche italoamericane riflettono o plasmano valori, convinzioni ed esperienze di quella comunità.

Gli esperti che studiano la diaspora italiana e più specificamente gli Studi italoamericani, hanno adottato l'approccio attraverso la cultura materiale per prendere in considerazione una molteplicità di esperienze, convinzioni e pratiche: dalla vita domestica alle arti, dalla religione alla cultura popolare del consumo.[8] Quando è applicata in questi modi, la cultura materiale diviene lo snodo centrale di una narrativa fittamente intessuta sulle varietà di esperienze italoamericane, mettendo spesso in luce le ideologie che informano il modo in cui particolari tipi di pratiche estetiche locali sono valorizzate o, più verosimilmente, deprezzate nell'ambito sia dell'egemonia culturale USA sia delle prospettive dominanti delle comunità etniche italoamericane. Allo stesso tempo, l'approccio agli Studi italoamericani attraverso la cultura materiale porta a una comprensione ricca di maggiori sfumature su come sono stati sfruttati gli oggetti per sviluppare e sostenere le immagini pubbliche e i ricordi della storia culturale italoamericana e, in questo modo, hanno creato magistrali narrazioni dell'etnicità italoamericana.

Gli storici contemporanei di emigrazione italiana, transnazionalismo e diaspora, che si basano sulla cultura materiale, l'hanno fatto da diversi punti di vista accademici (vale a dire la storia, il folclore, la geografia) e, per quanto non presentino un fronte unificato, si sono collettivamente impegnati nell'ampliare la nostra conoscenza e la nostra comprensione di questo gruppo etnico.⁹ L'attuale interesse nella cultura materiale registra spesso un taglio teorico che ne accentua la dimensione transnazionale e politica. Vale anche la pena di notare alcune delle prime analisi concernenti la cultura materiale italoamericana anche se l'illustrazione di questo argomento non è sempre l'obiettivo principale oppure se si tratta di una ricerca più diretta, priva dello sviluppo di una struttura analitica. Come minimo, questi studi offrono l'opportunità di disporre dell'introduzione preliminare a un tema, mentre presentano una varietà di punti di interesse potenzialmente approfondibili. Gran parte della ricerca sulla cultura materiale si collega a una serie di aree di studio diverse come strumenti per affinarne l'interpretazione. Per esempio, Evan Casey e Deidre Clemente evidenziano che: "[l]a fusione della storia orale con la cultura materiale... è particolarmente efficace perché ci racconta il modo in cui le singole persone percepivano le proprie cose—gli oggetti che avevano creato, comprato e usato" (2017, 18). Un simile approccio, che collega gli oggetti con la narrazione di esperienze vissute e fattori emotivi, è utile alla nostra esplorazione e lo mettiamo in luce nel nostro saggio.

Una delle prime pubblicazioni che si occupano della cultura materiale degli immigranti e in particolare dei cambiamenti che avvengono a seguito del loro consumo, uso e messa in mostra è *South Italian Folkways in Europe and America* di Phyllis H. Williams (1938). Secondo gli standard attuali, non si tratta di uno studio erudito e rigoroso né di un'analisi focalizzata sulla cultura materiale di per sé, ma è, come chiaramente indicato nel sottotitolo: *Un manuale per operatori sociali, infermieri a domicilio, insegnanti di scuola e medici*. Basato in parte su ciò che l'autrice definisce informazioni raccolte di persona da "oltre cinquecento famiglie italiane e italoamericane" nel corso di undici anni, il libro esamina oggetti di tutti i giorni legati alla casa, ai riti di passaggio, alla pratica religiosa e ad altri aspetti della vita sociale (1969, xvi). In questo modo il lettore scopre frammenti della cultura materiale italoamericana nel periodo dell'emigrazione di massa (1880-1924), spesso narrati dal punto di vista prevenuto di una donna americana bianca (non etnica) della classe media.¹⁰ Di fatto, questa angolazione entra in gioco in altri esempi, datati nel primo decennio del ventesimo secolo, rispetto alla maniera in cui la cultura materiale dei migranti italiani è percepita dagli outsider, perfino da chi era ben disposto e impegnato a migliorare le difficili condizioni di sopravvivenza di molti immigranti italiani di prima generazione (Vedi le fotografie di Jacob Riis, le interpretazioni fatte da Mary Ets dell'immigrante, Rosa, nella sua testimonianza[11]).

Circa quarant'anni dopo la pubblicazione di Williams, Margaret Hobbie compila *Italian American Material Culture: A Directory of Collections, Sites, and Festivals in the United States and Canada*, parte della serie edita dalla Greenwood Press per documentare etnicità e cultura materiale in un momento storico che stava vivendo un crescente interesse per ambedue i temi. Scrivendo nel 1992, Hobbie commentava che: "molti italoamericani continuano a diffidare dei locali musei storici che hanno ignorato per tanto tempo la loro esperienza" e, in base a questo, sia il libro sia la serie editoriale si proponevano di registrare: "ciò che è stato preservato, da chi, dove e perché" e si ripromettevano di "promuovere ulteriori indagini sul ruolo che la cultura materiale riveste nelle vite delle comunità etniche nordamericane" (1991, 1, vi). Il libro, che comprende informazioni raccolte in trentuno fra Stati USA e Province canadesi, è diviso in tre sezioni che presentano, rispettivamente, oggetti situati in musei o citati in testi d'archivio; architettura, monumenti e siti; e infine festival sacri e popolari. Ogni voce contiene essenziali informazioni istituzionali e di riferimento insieme a una breve descrizione delle collezioni, dei luoghi o degli eventi annuali. Nell'era digitale, questa pubblicazione è più utile come artefatto storico in sé e per sé che come strumento per localizzare esempi di cultura materiale italoamericana, ma le premesse della pubblicazione sono in linea con il lavoro di ricerca che ne è scaturito anche al di fuori e al di là dei circoli della migrazione italiana.

Frank Sinatra e i membri italoamericani della "Franco's Italian Army" che indossano caschi decorati a sostegno del fullback dei Pittsburgh Steelers, Franco Harris, 1972. Harris era il figlio di un G.I. afroamericano e della sua sposa di guerra italiana. Per gentile concessione della Detre Library and Archives, Heinz History Center.

Sin dagli anni '90, una quantità crescente di ricerche ha esaminato la cultura materiale italoamericana. Ha osservato e documentato cose fatte a mano e oggetti di consumo di massa, insieme a realtà di maggiore grandezza, come opere architettoniche e paesaggistiche. Una parte di questo lavoro è stata portata a termine con un'angolatura maggiormente transnazionale e diasporica, proponendo modelli alternativi di dialogo ai settori tradizionalmente più verticalizzati dell'Italianistica e degli Studi italoamericani.[12] Ai fini di questo volume, specificamente dedicato a un solo paese, concentriamo il nostro capitolo sugli Stati Uniti, pur mantenendo il principio della necessità di non confinare entro le frontiere nazionali la ricerca sulla cultura materiale insieme ad altre forme di cultura espressiva, ma di considerarle invece come facenti parte di reti transnazionali e di flussi multidirezionali (per esempio, le case costruite dai migranti rimpatriati in Italia e i memoriali italiani della I Guerra mondiale sponsorizzati dagli emigrati).

Abbiamo organizzato e limitato il nostro resoconto a cinque aspetti, che a tratti si accavallano, della cultura materiale italoamericana, includendo nella nostra analisi una sintesi della ricerca su questi temi. I seguenti cinque aspetti sono sviluppati e discussi in prosieguo: la casa e la vita domestica; l'architettura e le strutture locali;[13] la paesaggistica; le sculture e i monumenti pubblici; e infine gli ambienti per le esposizioni e i musei. Invece di esaminare esaustivamente ognuno di essi, abbiamo optato per una visione ampia. Per esempio, per quanto riguarda la vita domestica non riportiamo alcun dettaglio della cultura materiale del cibo e della sua preparazione. Analogamente, non discutiamo le vite, le opere e le mostre di artisti professionisti che hanno adottato uno stile modernista o contemporaneo, anche se ce ne occupiamo indirettamente nello scrivere sul lavoro dei costruttori di monumenti. Ancora, benché libri, fotografie e film ricadano pienamente nel campo degli studi sulla cultura materiale, ci occupiamo soltanto marginalmente di questi esempi culturali.

Non abbiamo inteso che le aree su cui abbiamo scelto di concentrarci si trasformino nella sola o ultima parola su questi argomenti e riconosciamo che nella nostra enunciazione in materia esistono alcuni punti oscuri.[14] Il più evidente è il modo in cui le nostre stesse divisioni rafforzano le convenzioni che altrimenti o altrove abbiamo cercato di screditare. Vale a dire come i pregiudizi sulla razza e sul genere sono congiunti alle supposizioni sull'etnicità e la classe sociale spesso in maniere convenzionali, rafforzando, per esempio, la storica enfasi sulle esperienze vissute dagli uomini in mancanza della nostra enfasi sui regni di attività maschili quali la costruzione di palazzi e monumenti. In altre parole, le categorie che abbiamo scelto pongono domande alle quali non abbiamo risposte facili. Come includiamo la lettura di genere dei monumenti pubblici, al di là del mero riferimento alla rappresentazione in pietra o bronzo di corpi maschili e femminili? Come facciamo a comprendere le politiche razzializzate della vita domestica quando ci concentriamo sul modellare le vite private e tradizionalmente circoscritte delle donne? Anche se abbiamo suggerito alcune risposte a queste e a simili domande, speriamo che questo articolo stimoli l'attenzione alle possibilità che una seria analisi della cultura materiale degli italoamericani potrebbe offrire.

LA CASA E LA VITA DOMESTICA

Da lungo tempo esiste il convincimento che l'etnicità è visibile e praticata fra le mura domestiche e che, nella maggior parte dei casi, è opera delle donne (di Leonardo 1984, 191-229; Orsi 1985,129-149; 204-217). Agli oggetti di tutti i giorni—dalla tazzina da caffè al comò—è attribuita un'importanza simbolica che echeggia gruppo collettivo che si estende fuori dalle mura casalinghe. La casa è un "ambiente materiale [che] diventa il segnale più potente di sé" e del gruppo familiare. Gli studiosi di cultura materiale sono intensamente sensibili nell'investigare in quale modo a banali oggetti di casa venga impresso un valore e un significato e come gli oggetti stessi esercitino un'influenza psicologica e sociologica sulle persone.

Gli italiani della grande ondata di immigrazione provenivano da una cultura della scarsità, perciò la gamma degli oggetti che possedevano era limitata. Gli immigranti subivano restrizioni a quanto avevano il permesso di trasportare durante il viaggio transatlantico (Tirabassi 2014, 265n26). I pochi oggetti che portavano con sé negli Stati Uniti, in sacchi, valige e bauli, includevano vestiario, utensili da cucina, arnesi da lavoro e, in alcuni casi, uno strumento musicale (Hobbie 1992, xvi; Tirabassi 2014, 60). Le donne italiane spesso portavano con sé il corredo matrimoniale di salviette, tovaglie, lenzuola, coperte e biancheria intima ricamate e altre cose. Per queste donne migranti, tali pezzi di corredo fatti a mano rappresentavano, come hanno sostenuto Edvige Giunta e Joseph Sciorra: "bellissimi oggetti, esempi della loro maestria e ingegnosità, una fonte potenziale di ricchezza e l'epitome dell'essere donna" (Giunta e Sciorra 2014, 3). Casey e Clemente, nel loro studio sull'abbigliamento dei primi emigranti enfatizzano i molteplici significati degli oggetti materiali di tutti i giorni. La loro ricerca, che intreccia l'analisi della cultura materiale alle storie orali, riconosce il complicato ruolo esercitato da abiti cuciti a mano: "il vestiario era un ricordo, una sensazione fisica, e una fonte di tensioni culturali fra le generazioni" (2017, 15).[15] Attraverso l'analisi di questi oggetti intimi e domestici, maturiamo una più ricca comprensione della visione estetica e delle abitudini di lavoro delle donne e riconsideriamo l'attività femminile all'interno e fuori dalle sfere domestiche (V anche Merish 2016, 204-206).

A cavallo del ventesimo secolo gli immigranti italiani facevano fatica a costruire e mantenere un ambiente domestico sicuro alla luce del dislocamento generale creato dal flusso migratorio, della loro situazione economica precaria e dell'accoglienza razzista da parte della società USA. Trovare un equilibrio era particolarmente difficoltoso per quegli immigranti italiani che avevano deciso di rimanere soltanto temporaneamente negli Stati Uniti, guadagnare e risparmiare fondi sufficienti a tornare nel paese d'origine e comprare una proprietà oppure mantenere altrimenti la famiglia. In questo modo, i primi immigranti italiani avevano creato delle identità transnazionali che spesso comportavano una "sfera diasporica o domestica privata" di "intimità al di là dalle frontiere" (Baldassar e Gabaccia 2011, 2). In qualunque epoca, la maniera in cui gli immigranti generano un senso di casa—quello che Sara Ahmed et al. chiamano "homing", vale a dire un ritorno all'ambiente di casa—in un mondo strano ed estraniante implica la capacità di mediare creativamente tra l'ambiente del passato con tutti suoi significati e il nuovo luogo che prende continuamente forza (Ahmed et al 2003, 8-9).[16]

Una fonte degna di nota per spigolare informazioni sulla cultura materiale domestica dei primi immigranti italiani è costituita dal materiale fotografico e dagli scritti del riformatore sociale Jacob Riis. Le sue foto ormai classiche delle abitazioni degli immigrati a New York alla fine del diciannovesimo secolo—a loro volta un esempio di cultura materiale—ritraggono ambienti crudi e squallidi. I pochi oggetti visibili sono funzionali, necessari alla sopravvivenza: utensili da cucina, fagotti presumibilmente di vestiario, pochi mobili. E tuttavia, nella sua pubblicazione *The Children of the Poor*, Riis descrive "la composizione artistica di mozziconi di candela conficcati in colli di bottiglie accanto a un ritaglio di giornale con l'immagine di un santo sulla mensola nell'angolo", che si trova negli alloggi dei casamenti dove vivevano gli italiani (Riis 1905, 12). Da altre fonti abbiamo saputo che le cromolitografie poco costose, che rappresentavano personaggi sacri o membri della monarchia, erano appese ai muri, accanto ai calendari, come espressione di affiliazioni religiose o politiche e anche di propensioni artistiche (Tirabassi 2014, 66-69). Inoltre, balze di stoffa ricamate venivano applicate ai ripiani degli stipi o alle mensole dei camini, e si appendevano tende ai vani delle porte che separavano le stanze sovraffollate degli alloggi nei casamenti (Gabaccia 1984, 82-83).

Man mano che le famiglie italiane si radicavano, cominciavano ad acquisire nuovi elementi domestici. Il fondamentale lavoro di Lizabeth Cohen sulla cultura materiale delle abitazioni degli immigrati, fra cui gli italiani, mostra che le loro scelte riflettevano sia le preferenze basate su rustici valori europei sia il senso estetico dello stile vittoriano favorito dalla classe media americana (Cohen 1982, 302-303; vedi anche Fitts 2002, 1-17). Lo sfarzoso letto matrimoniale, ampiamente decorato (molto apprezzato in regioni come la Sicilia) era l'ideale da realizzare nelle loro nuove case e questa predilezione veniva estesa ad altri arredi, fra cui le sedie imbottite. Malgrado esistesse ancora, questo stile domestico preferito era stato ormai superato dalla classe media americana che si era aggiornata, al di là dell'arredamento ingombrante e del mobilio vittoriano, per abbracciare lo stile revival coloniale e il movimento Arts and Crafts. Mentre gli immigrati italiani (e anche altri europei) compravano carte da parati, tende e mobili imbottiti per riempire le loro case con simboli del proprio successo economico, i riformatori dell'Era progressista condannavano questo tipo di consumismo non solo come uno spreco in sé, ma anche come contributo allo sviluppo di un ambiente sporco e malsano (Cohen 1982, 295). Il rigetto, da parte dei lavoratori immigrati, degli interventi dei riformatori nella definizione degli spazi domestici e dei beni di consumo contribuì a rafforzare i valori sociali emergenti degli italoamericani (Tirabassi 2014, 68-69).

La cucina, come luogo di preparazione del cibo, della sua presentazione e consumo, è cruciale nel processo di costruzione dell'ambiente di casa per i primi immigrati, e la sua analisi è una componente chiave degli studi sulla cultura materiale degli italiani da un punto di vista etnico. Le famiglie siciliane, immigrate nella Little Italy di Manhattan all'inizio del ventesimo secolo, ripropongono la cucina dell'alloggio nei casamenti, come combinazione fra soggiorno e salotto, basata sugli agognati modelli di abitazione delle classi alte italiane e non come configurazione spaziale domestica dei contadini (Gabaccia 1984, 82-83). Simone Cinotto descrive "la magia della tavola di famiglia come luogo in cui le espressioni di solidarietà, i legami d'affetto, i racconti spontanei, l'umorismo, la cultura materiale e il gusto del cibo hanno prodotto un'identità italoamericana originale" (Cinotto 2013, 20). Il consumo costituisce un aspetto importante nella creazione della casa degli immigrati e diventa sempre più accentuato man mano che il lavoro diventa sicuro, il reddito cresce, e le famiglie immigrate si riuniscono e diventano più stabili. Gli anni successivi alla fine della I Guerra mondiale testimoniano "una femminilizzazione del consumo di cibo da parte dei migranti" (Zanoni 2018, 191-120) con l'aumento degli arrivi di donne immigrate e ricongiungimenti familiari. In ultima analisi, il cibo è stato il fattore vitale nel consolidare e perpetuare il concetto italoamericano di ciò che Robert Orsi definisce la *domus*, vale a dire la famiglia e la sua "effettiva casa in senso fisico" come nucleo centrale della vita morale (Orsi 1985, xx). Quale "religione degli italoamericani" la *domus* cresce nell'accendere l'immaginazione che sta alla base della stesura di una narrazione culturale, quasi mitica (Ibid., 77).

La *domus* comprende anche la relazione degli italoamericani con la proprietà della casa. Come ideale primario degli immigrati italiani del Sud, la proprietà della casa era considerata "la ragione fondamentale dell'autonomia, della legittimazione e della sicurezza" (Cinotto 2014, 9) e il mezzo attraverso il quale la famiglia poteva costituire e controllare il suo spazio di vita. A loro volta, gli italoamericani avrebbero dato nuova forma fisica alla casa di stile americano per modellarla al servizio della famiglia in armonia con la loro visione e le loro esigenze. Probabilmente, il migliore esempio di questa trasformazione è quello del seminterrato abitabile ("finished basement"). Lo studio etnografico, condotto da Lara Pascali nelle città di New York, Montreal e Toronto, documenta come gli immigrati dopo la II Guerra mondiale completavano il seminterrato dell'abitazione privata con la costruzione di una seconda cucina, uno spazio che sarebbe diventato "il centro sociale della casa" (Pascali 2014, 49). Perché quello è il luogo dove le donne preparano i pasti quotidiani e le cene delle festività, dove le famiglie mangiano insieme, dove i vicini e i *paesani* si incontrano per socializzare informalmente e dove si sbrigano le faccende domestiche, come lavare i panni e conservare in scatola i prodotti di stagione. Secondo Pascali, quest'area multiuso è uno "spazio liberatorio", in cui le donne immigrate "possono semplificare le incombenze quotidiane ed esercitare il proprio controllo sull'ambiente che le circonda" (2014, 61).

Anche i prodotti di consumo che non sono importati dall'Italia o specificamente italoamericani possono aprire un portale all'esplorazione delle identità etniche attraverso un'esaminazione di usi e pratiche a essi correlate. Considerate il ruolo della televisione nella formazione creativa di Martin Scorsese, un regista chiaramente inserito nella tradizione cinematografica italoamericana. La televisione come prodotto di consumo, nella maniera in cui la famiglia di Scorsese la usava e Scorsese stesso ricorda, è divenuto punto centrale della sua successiva trasformazione e carriera di regista etnico (Ruberto 2015, 63-66). Nell'epoca che va dal secondo dopoguerra fino a tutto il revival etnico dei bianchi ("white etnnic revival") negli anni '70, gli italoamericani cominciarono ad adottare in maniera crescente una positiva immagine di gruppo, che sostenevano in parte avvalendosi del "Made in Italy", i prodotti di consumo, dalla gastronomia alla moda, importati dall'Italia. In questo modo si formarono e rafforzarono le identità etniche di una classe media e di un ceto superiore attraverso la simbolica messa in mostra di uno stile di beni italiani promosso dal consumo (Tricarico 1989, 24-46; Ruberto e Sciorra 2017a, 9-10; Ruberto e Sciorra 2017b, 6-8).

Francesca e Giuseppe Stallone davanti al loro altare domestico annuale di San Giuseppe, nel quartiere di Brighton Beach a Brooklyn, nel 1948 circa. Per gentile concessione di Angela Valeria.

Ancora, la cultura materiale religiosa gioca un ruolo di alto livello nel sacralizzare e potenziare la *domus*. Probabilmente, l'oggetto della cultura materiale religiosa con la maggiore influenza di immagine è l'altare domestico, regno pressoché esclusivo delle donne. Kay Turner scrive dell'antica tradizione dell'altare di casa, sottolineando che questa "matrifocale eredità di abitudini religiose" è un luogo mediante il quale le donne creano legami visivi e materiali" tra persone, cose e regni di conoscenza" in un insieme di relazioni del passato e del presente, del cielo e della terra (Turner 1999, 44, 79). Tra gli italoamericani, questo ruolo degli altari domestici delle donne è visto e studiato al suo drammatico apice negli altari annuali o *tavole* assemblate in onore di San Giuseppe, che si trovano nelle comunità siculo-americane di California, Texas, Louisiana e Massachusetts.[17] Un'altra tradizione domestica di arte popolare religiosa, ugualmente intensa, anche se non strettamente collegata alle donne, è quella del presepio, che Sciorra definisce un'effimera "fuga della fantasia ... animata da narrazioni e rappresentazioni al servizio della pedagogia cristiana, dell'autobiografia e della storia familiare, e la generazione e rafforzamento delle affiliazioni comunitarie" (Sciorra 2015, 63). In questi modi, all'interno delle case cattoliche italoamericane, il sacro è costituito, attuato e interpretato dai laici attraverso la collocazione artistica e l'assiduo coinvolgimento di una molteplicità di oggetti investiti di potere santificante e di nuovo significato.

Architettura e Strutture Vernacolari

La forza lavoro degli immigrati italiani ha contribuito in maniera notevole alla costruzione delle infrastrutture degli USA e in particolare di opere architettoniche su larga scala. Come afferma Donna Gabaccia "gli uomini italiani erano sterratori, muratori e manovali edili, veri e propri escavatori a vapore umani, che hanno edificato le infrastrutture urbane e dei trasporti del capitalismo moderno" (Gabaccia 2000, 74-75). Malgrado questa forza lavoro, gli italiani sono immigrati troppo tardi nelle fasi di sviluppo degli Stati Uniti per riuscire a promuovere in modo evidente tipi e stili architettonici, etnicamente definiti, che influenzassero significativamente la società di accoglienza in senso lato (Gabaccia 2000, 74-77; Upton 1986, 14; Hobbie 1992, 69).[18] E tuttavia hanno lasciato la loro impronta nel mondo delle costruzioni in innumerevoli forme personali ed etnicamente definite.

Sparsi nelle comunità rurali di tutto il paese, dalla Louisiana a Washington, da New York alla California, gli uomini italiani hanno costruito forni di pietra e di mattoni per cuocere il pane. Fin dal decennio del 1860, i minatori italiani che cercavano oro nelle colline pedemontane della Sierra Nevada (spesso chiamata la regione Mother Lode, cioè la zona più ricca d'oro) hanno costruito con le pietre locali dei forni a cupola usati come forni comuni (Costello 1981, 18-26). I lavoratori italiani che costruivano le ferrovie furono fra i principali creatori di forni di roccia che venivano abbandonati quando gli operai si spostavano lungo le linee dei binari. Questo avvenne nel 1891 circa, a Little Falls, nello Stato di New York, dove gli operai delle ferrovie costruirono un forno che poteva cuocere fino a cento forme di pane contemporaneamente. Oggi, le rovine di quel forno con i muri intatti e la cupola crollata sono protette da una copertura di legno con un'iscrizione che celebra la storia del lavoro degli immigrati (Millo 2020). Una fotografia scattata vicino ad Anaconda, in Montana, ritrae quattordici operai intorno a un forno a cupola di roccia con un uomo che mostra una forma rotonda di pane su una pala di legno e un altro che regge un cartello con la scritta in italiano: "Questo è il nostro forno 9 Marzo 1906" (Wegars 1991, 50).

Le sorelle Antoinette Becce (a sinistra) e Vittoria Becce (a destra) affiancano la madre Lucia Santorsa Becce (seconda da destra) e la zia Antoinette Becce (seconda da sinistra) mentre posano prima di inserire la pasta lievitata nel forno di famiglia di Lucia, Waterbury, Connecticut, 1930 circa. Per gentile concessione di Joanna Clapps Herman.

Man mano che le famiglie si insediavano, in particolare in Louisiana e California, costruivano forni per l'uso domestico (Angelo 1939, 94-97; Kniffen 1960, 28-29, 34; Costello 1998, 66-73). Nel memoir sulla sua adolescenza in Waterbury, Connecticut, Joanna Clapps Herman descrive le figlie "che venivano allevate in America, ma con usi e costumi del XV secolo", ivi incluso cuocere il pane una volta alla settimana nel grande forno di mattoni che il padre immigrato aveva costruito sul terreno della casa di famiglia (2011, 134-135). A Denver, Lena Ingram, nata Polluconi, vendeva pane fatto nel suo forno situato nel giardino di casa, per guadagnare qualcosa dopo la morte del marito in un incidente minerario (Rudolph 2020). Gli italoamericani continuano a costruire forni in cortile, ma li usano per ragioni molto diverse da quelle originarie, come quando Vincenzo Cutrone di Dyker Heights, a Brooklyn, immigrato nel secondo dopoguerra, ingaggiò nel 2007 gli amici immigrati e muratori Nicola Costabile e Biagio D'Aquino per costruire un forno di mattoni con la copertura di tegole di terracotta per cuocere le pizze in occasione di grandi riunioni familiari (Cutrone 2021).

Gli Stati nell'Ovest degli USA hanno offerto ai primi immigrati italiani grandi spazi per la costruzione di edifici di vario genere, che mostrano caratteristici elementi architettonici italiani. Questo tipo di architettura popolare dimostra l'adattabilità ai luoghi e alle condizioni sociali, l'ingegnosità nell'uso di materiali e strumenti disponibili e la continuità nelle pratiche lavorative e culturali che valorizzano le arti decorative, la comunità e l'espressione della cultura. Un esempio ancora esistente è la Romaggi Adobe nella Contea di Calaveras, in California, la casa costruita con schisto e adobe (mattoni cotti al sole), nel 1850 circa, da Giovanni Romaggi, alla quale ha successivamente aggiunto un negozio e un bar. Abbandonata negli anni '30, la fondazione non a scopo di lucro "Save the Romaggi Adobe Foundation", (la Fondazione per Salvare la Romaggi Adobe), istituita nel 2002, ha operato attivamente per quasi vent'anni per salvare la proprietà e restaurare questo esempio di architettura popolare italiana, realizzata nel periodo della corsa all'oro (Marvin 2012). All'atto di scrittura di questo saggio, non è ancora stato raggiunto l'obiettivo finale della Fondazione, che consiste nel completare il restauro della costruzione e creare il Gold Country Family Museum. Questo esempio costituisce un utile monito a tener presenti le difficoltà di preservare e raccontare le storie degli italoamericani fuori dai normali spazi istituzionali, spesso urbani (Nestor 2015).[19]

Un'altra località degli Stati dell'Ovest in cui gli immigrati hanno inserito uno stile architettonico identificato come italiano si trova nella Paradise Valley del Nevada, in cui gli italiani di origine piemontese hanno disegnato e realizzato edifici che, secondo Howard Wight Marshall, "si distinguono per il loro procedimento di costruzione, la particolare bellezza paragonata alle altre strutture delle fattorie locali, la durevolezza e la resistenza alla rimozione o alterazione, e per il fatto che gli abitanti della Paradise Valley considerano importanti questi vecchi fabbricati di pietra" (1995, 4; vedi anche Carter 1992, 95-111). Questi immigrati che provenivano dai paesi nelle valli alpine della provincia di Biella avevano costruito magazzini, stalle per i cavalli, abitazioni per i proprietari delle fattorie e baracche di pietra arenaria e granito, che contribuivano a un senso del luogo unico (Ibid., 63-100).

Nel 1884 Joseph Cavagnaro costruì un santuario di pietra a San Giuseppe per Giuseppe Ferretti in una zona rurale vicino a Moccasin, California. Fotografia di Laura E. Ruberto, 2020.

L'architettura degli edifici religiosi è un ulteriore esempio dell'unicità di un'impronta etnicamente identificata sugli ambienti. Le edicole sacre italiane, poste ai lati delle strade, sono state adattate al paesaggio in tutte le zone degli USA. Nel 1884, su commissione di Giuseppe Ferretti, Joseph Cavagnaro costruì un'edicola di pietra in onore di San Giuseppe nella Mother Lode. In tutto il nordest, gli italoamericani erigono, nei giardini davanti alle loro case, sacelli alla Madonna e ai santi, basati sull'espressione di ciò che Sciorra definisce "princìpi religiosi, voti e responsabilità familiari e affiliazioni etniche, comunicati mediante forme, collocazioni e comportamenti rituali" (Sciorra 2015, 3; vedi anche Marchi 2019, 133-142.). Mentre il clero cattolico si affidava ai lavoratori e agli artigiani italiani per edificare le chiese di quartiere e altre strutture di devozione avviate dagli ecclesiastici, gli immigrati italiani erano noti per la costruzione di cappelle e altre strutture non sottoposte al controllo clericale. A Willamsbridge, nel Bronx, il fornaio lucano Francesco Lisanti commissionò nel 1905 una cappella familiare di granito, dopo che un prete italiano, latitante, fu accusato di essersi appropriato delle donazioni raccolte per erigere una parrocchia nazionale italiana nel quartiere. Questa struttura religiosa fu usata dalla famiglia e dal vicinato per i riti sacramentali di battesimi e matrimoni, cerimonie funebri e messe settimanali e festive fino agli anni '60 (Sciorra 2001, 26-30). Nel frattempo, nel 1937, un gruppo di italoamericani iniziò a costruire la Grotta della Madonna di Monte Carmelo nella zona di Rosebank a Staten Island. Al giorno d'oggi, i membri laici di un'associazione di volontari si occupano della manutenzione del luogo sacro e celebrano la festa della Madonna il 16 luglio con l'annuale processione per le vie del quartiere, mentre i devoti visitano quotidianamente il santuario (Sciorra 2015, 121-152). Tali spazi sacri testimoniano le capacità edilizie degli immigrati e il loro cattolicesimo pervaso da un'identità etnica.

Una particolare aggiunta alla creazione sia di luoghi consacrati sia di spazi laici ebbe luogo durante la II Guerra mondiale a opera dei prigionieri di guerra italiani, rinchiusi in campi di prigione attraverso tutti gli Stati Uniti, fra cui Hereford in Texas; Douglas in Wyoming; Chambersburg in Pennsylvania; San Luis Obispo in California e O'ahu in Hawaii. Insieme costruirono cappelle, edicole e altari, alcuni dei quali esistono ancora, come l'altare di pietra locale vicino a Taunton, in Massachusetts. I prigionieri di guerra realizzarono anche elementi edili e architettonici non religiosi, legati ai luoghi ove ancora si ergono, ivi compresi muri di sostegno, murali, fontane e statue (Ruberto 2021). Queste strutture hanno finito per pervadere e dare forma al panorama culturale americano in modo permanente.

Dettaglio del Wooden Sculpture Garden di Romano Gabriel, Eureka, California. Fotografia di Laura E. Ruberto, 2017.

Gli italoamericani hanno anche contribuito in misura significativa alle meraviglie di ciò che D. Dorst definisce "ambienti di esposizione vernacolare […] in cui vari oggetti sono raccolti formalmente per essere visti, principalmente come risultati di un lavoro personale, non istituzionale né professionistico" (Dorst 1999, 120). Questi idiosincratici ambienti d'arte, molti dei quali si trovano in California, sono stati inclusi nei canoni di ambienti d'arte specifici alla realtà locale, riconosciuti come i precedenti di quanto Laura E. Ruberto ha definito "processi estetici di una California italiana":

le Watts Towers di Sabato "Sam" Rodia a Los Angeles; gli Underground Gardens di Baldassare Forestiere a Fresno; Hubcap Ranch di Emanuele "Litto" Damonte a Pope Valley; il Wooden Sculpture Garden di Romano Gabriel in Eureka (Ruberto 2016, 58). Il più recente lavoro di ricerca su questi siti tende a spostare il dibattito sui rispettivi creatori da previe loro descrizioni come naif o folli verso l'analisi degli elementi italoamericani.[20]

Paesaggistica

Gli studi sulla cultura materiale prendono in considerazione come parte della ricerca anche i paesaggi trasformati dagli esseri umani – da un umile giardino dietro la casa a uno spazio grande in un quartiere urbano. Come scrive D.W. Meinig: "Osserviamo tutti gli scenari come simboli, come espressioni di valori culturali, di comportamenti sociali e di azioni individuali apportate a specifiche località nel corso di un certo periodo di tempo. [. . .] E ogni immagine è un codice, di cui si può intraprendere lo studio come se si trattasse di decifrarne il significato e l'importanza culturale e sociale dei suoi aspetti ordinari e al contempo diagnostici" (Meinig 1979, 6).[21] Le prassi comprese nel risiedere, muoversi e correlarsi agli spazi creati attivano l'ambiente costruito.

Joseph Inguanti, scrivendo a proposito degli orti nei quartieri suburbani delle città in Connecticut, osserva che gli immigrati italiani del secondo dopoguerra hanno usato le proprie abilità orticolturali, imparate nei rispettivi paesi, per creare "paesaggi della memoria" e così facendo instaurare un "paesaggio italoamericano" attraverso "l'innesto delle abitudini estetiche e orticolturali nei modelli residenziali americani già esistenti" (Inguanti 2011, 89). Il progetto multimediale, intitolato *The Italian Garden Project*, collega le proiezioni contemporanee di una cultura locàvora sostenibile con "l'orto italoamericano tradizionale, preservando questo patrimonio e dimostrando la sua rilevanza per riconnettersi al nostro cibo, alle nostre famiglie e alla terra" (*The Italian Garden Project*). Questo approccio revisionista agli aspetti dell'orticoltura tradizionale presenta profili video di orti e di orticoltori, nella maggior parte immigrati dopo la II Guerra mondiale, insieme a un archivio in rete di individui e delle loro pratiche familiari in continuo sviluppo.

L'attività ricreativa del gioco delle bocce, tradizionalmente maschile, ha creato momenti di convivialità ludica di genere in tutti gli Stati Uniti e i cambiamenti che questi spazi hanno vissuto nel corso di 130 anni servono a illustrare diverse esperienze e concezioni degli italoamericani nel loro tempo libero. I primi immigranti giocavano all'aperto, a volte usando pietre rotonde quando le bocce di legno non erano disponibili ("An Italian Summer Resort" 1892, 762). Nel corso del ventesimo secolo i campi di bocce su terreno argilloso cominciarono a moltiplicarsi e diventare sempre più visibili come strutture etniche facilmente riconoscibili, nate per soddisfare un interesse della comunità, teso alla costruzione di luoghi specifici e diretto al tempo libero. Alla metà degli anni '30, l'amministrazione guidata dal Sindaco Fiorello La Guardia fece costruire campi di bocce nei parchi di New York City situati nei quartieri di maggiore residenza degli italoamericani. Durante gli anni '70, a Philadelphia, i campi di bocce diventarono lo spazio condiviso da italiani di diverse generazioni, immigrati prima e dopo la II Guerra mondiale, che si riunivano per giocare, socializzare e comunicare in un ambiente familiare aperto a italofoni giovani e anziani (Mathias 1974, 22–30; vedi anche Ruberto e Sciorra 2017b, 13). Verso la fine del secolo scorso le donne italoamericane cominciarono a sfidare in maniera crescente l'esclusiva attribuzione agli uomini degli spazi del gioco delle bocce per ottenere di accedervi. Nel 2013, Nancy Coletti da Brooklyn commentava a proposito degli uomini che si opponevano ai cambiamenti: "Loro vogliono chiuderci in cucina, occupate soltanto a cucire, cucinare e fare abiti per la famiglia. Siamo troppo anziane perché possano continuare a metterci incinte. In casa comandano le donne, perciò vogliono dimostrare di essere macho qui" (Berger 2013). E il cambiamento si è manifestato in altre forme, quando uomini di origine latinoamericana o asiatica hanno cominciato a impegnarsi in questo sport affiancando gli uomini italoamericani più anziani, come è successo nel caso del Crocker-Amazon Bocce Ball Club di San Francisco e del William F. Moore Park soprannominato "Spaghetti Park" in Queens (Chiang 2016; Boo 2013). Ma i mutamenti demografici hanno portato in alcuni casi alla scelta delle bocce da parte di gruppi di giocatori più giovani, mentre d'altro canto venivano smantellati i campi di bocce nei parchi cittadini man mano che esponenti di livelli sociali più elevati diventavano la maggioranza dei residenti in quartieri un tempo abitati soltanto da lavoratori immigrati e loro discendenti (Greenwalt 2013; Frost 2020).

Piastrelle a mosaico multicolori e ritratti in fotoceramica dei defunti sono una caratteristica nota delle lapidi del cimitero L'Unione Italiana a Tampa, Florida. Fotografia di Joseph Sciorra, 2020.

Le configurazioni dei cimiteri costituiscono anch'esse realtà importanti per la cultura materiale, quando l'esposizione di espressioni etniche diventa parte delle geografie della tanatologia. Le società di mutuo soccorso degli immigrati si occupavano spesso di acquistare e gestire terreni di proprietà per costruirvi luoghi di sepoltura per i propri membri, come nel caso del San Francisco Italian Cemetery situato a Colma, inaugurato nel 1899 dalla Società Italiana di Mutua Beneficenza, fondata nel 1858. Il suo aspetto italianizzante fatto di tombe scolpite in pietra e marmo, separate da sentieri lastricati in pietra, riflette l'opera degli artigiani italiani, incluse le famiglie Bocci e Fontana, che dettero forma al camposanto fin dai primi anni di apertura (Fredricks, 2014). In uso ininterrotto dal 1910 in poi, L'Unione Italiana Cemetery di Tampa, in Florida, con i suoi ritratti fotografici in ceramica degli estinti, si distingue per le pietre tombali decorate da tasselli musivi policromi (Estabrook 2006, 62-63, 116-117). Anche Hope Cemetery di Barre, in Vermont, pur non essendo uno specifico luogo di sepoltura etnica, è famoso per le raffinate pietre tombali in granito e le statue realizzate da scalpellini e scultori italiani immigrati per la clientela un tempo in prevalenza anarchica e socialista (Allen 1997; Croce 2007). La ricerca approfondita da Inguanti sul Calvary Cemetery di New York City, un terreno di sepoltura privo di specifica affiliazione o identità etnica, dimostra che gli italoamericani trasformano le tombe dei loro familiari con decorazioni e vegetazione "per infondervi la propria versione di una cura eterna etnicamente ispirata" (Inguanti 2000, 24).[22]

La trasformazione di grandi appezzamenti di terreno e l'impronta di segni etnici hanno destato crescente interesse fra i ricercatori nel campo degli Studi italoamericani. Jerome Krase ha scritto ampiamente sulla "sociologia visiva nella cultura etnica delle Little Italy" ovvero quanto egli definisce "semiotica spaziale" per identificare e descrivere pratiche materiali nella spazialità (Krase 2004, 20, 33). In una vena differente, Cinotto sfata il mito popolare che gli immigranti dal norditalia abbiano creato dei "winescape" in California semplicemente a causa di comuni caratteristiche degli ecosistemi italiani e californiani. È vero invece che il grande lavoro di deforestazione, scavo di canali, messa in posa di sistemi di fognature, costruzione di dighe, fatto dai braccianti italiani a bassa paga, ha trasformato terreni poco fertili in vigne e vinerie produttive (Cinotto 2012, 47-59). E nel nordest, gli immigranti dalla regione settentrionale del Friuli hanno usato lavoro murario, costruzioni e piastrelle per trasformare il paesaggio materiale del quartiere di Chestnut Hill a Philadelphia in modi che dimostrano, secondo Joan Saverino: "quanto il rapporto fra etnicità e luoghi sia complicato, stratificato, pesantemente emotivo e intensamente personale" (2010, 54). Un tale rimodellamento di paesaggi si allinea anche ad altre convinzioni e pratiche (perfino alcune tanto diverse quanto quelle del tempo libero e della religione). Gli italoamericani di Oakland, in California, hanno trasfuso un senso di identità etnica partecipando alla costruzione del parco di divertimenti a tema Children's Fairyland, negli anni '50, e in particolare della parte dedicata alla favola di Pinocchio nel 1953. Un tale supporto pubblico ha contribuito al riconoscimento degli italoamericani residenti in quella zona. (Ruberto 2008b). Allo stesso tempo, paesaggi urbani etnici possono anche avere aspetti profondamente personali e basati sulla fede, come nel caso della cultura materiale religiosa, l'urbanistica e i comportamenti rituali di New York City, in cui, secondo Sciorra: "Queste espressioni costituiscono modi vividi e creativi di rappresentare e trattare pubblicamente la devozione personale come parte antica e integrale del tessuto religioso della città" (Sciorra 2015, xviii).

Senza alcun dubbio, l'approccio attraverso la cultura materiale serve a comprendere il tessuto dei quartieri italoamericani, le cosiddette Little Italy, in particolare perché molte di esse si sono trasformate da comunità di immigrati in accoglienti luoghi turistici da visitare. Attraverso tutti gli Stati Uniti è possibile apprezzare la rivitalizzazione di questi quartieri come centri turistici e commerciali in cui "il mercato riproduce l'etnicità" mediante "la costruzione di versioni fruibili del passato etnico per l'utilizzo da parte di una clientela variegata in un contesto di consumo e heritage" (Kosta 2014, 226). Per Kirshenblatt-Gimblett, la produzione di heritage include "la trasvalutazione dell'obsoleto, dell'errato, dell'antiquato, del morto e del defunto… Quando i luoghi, gli edifici, gli oggetti, le tecnologie o i modi di vivere non sono più in grado di sostenersi come un tempo, essi 'sopravvivono', vengono resi economicamente validi quali rappresentazioni di se stessi" (Kirshenblatt-Gimblett 1998, 149, 151). Nel caso delle Little Italy, tale trasvalutazione è ripetutamente visibile e suggerisce molteplici modi in cui i beni culturali vengono riallineati e intrecciati ai sistemi economici. Attraverso gli Stati Uniti costruttori e società d'affari hanno trasformato le vecchie Little Italy in autocoscienti e deliberate "Disneylands etniche" (Krase 1990, 28), fra cui India Street a San Diego, Little Italy a San Jose, Federal Hill in Providence, Bloomfield a Pittsburgh e Little Italy a New York City: destinazioni turistiche per la trasformazione in prodotti commerciali di un heritage etnico pesante-mente infuso di nostalgia.[23] La topografia di questi quartieri è in continua evoluzione: "un'esposizione performante di memorie", come la caratterizza Steven Hoelscher (2003, 662), per mezzo della quale costruttori, società sia d'affari che non a scopo di lucro (generalmente guidate da italoamericani) adoperano manufatti codificati come appartenenti all'etnia italiana (e infusi di nostalgia) per dare forma alla ristrutturazione commerciale del quartiere.[24]

STATUE E MONUMENTI PUBBLICI

Pellegrino D'Acierno scrive che storicamente gli italoamericani hanno valorizzato una "cultura di scene di grande intensità visiva e la teatralizzazione degli individui" (1999, 754). Questa attenzione alla forma umana è legata ai modelli scultorei dall'antichità che hanno dominato le tradizioni artistiche dell'Occidente. Un tale approccio teatrale al corpo umano riprodotto artisticamente — plasmato in gesso, fuso in bronzo e scolpito in marmo e granito — è ulteriormente valorizzato dal coinvolgimento e il predominio di artisti e artigiani italiani di alto livello al lavoro in Italia e negli Stati Uniti nel tardo Ottocento e primo Novecento, per produrre sia piccoli esemplari da esporre in casa sia opere monumentali da esibire negli spazi pubblici. Nel ventunesimo secolo questo impegno secolare nella produzione artistica di immagini di personaggi celebri e figure allegoriche non consiste più soltanto nella narrativa lineare dei successi e dei contributi da parte di artigiani immigrati e dell'intera comunità etnica. Il rapporto degli italoamericani con figure eroiche innalzate su piedistalli negli spazi commemorativi è sempre più coinvolto in questioni di storia, potere e razza negli Stati Uniti. Statue di personaggi che gli italoamericani hanno commissionato o creato, da Cristoforo Colombo ai combattenti confederati americani, sono state considerate immeritevoli di questo tipo di glorificazione. Di conseguenza, quella che un tempo era considerata una normale narrativa italoamericana di risultati artistici e assimilazione etnica si è trasformata in storie più complicate, che rivelano il ruolo assunto dalla cultura materiale nel rielaborare le identità etniche e razziali all'interno di una società civile in costante evoluzione.

Fra i primi artigiani emigrati vi erano i figurinai (o figuristi), uomini che creavano statuine di gesso poco costose alla portata dei salari di operai e classe media, contribuendo a diffondere l'apprezzamento per la scultura negli Stati Uniti (Sensi-Isolani 1990, 99; Soria 1997, 65-75).[25] I figurinai (che provenivano principalmente dalle zone intorno a Lucca) offrivano un'eclettica miscellanea di riproduzioni, che includevano statuine religiose, politiche, classiche, allegoriche e di animali per soddisfare i diversi gusti di una clientela eterogenea. Oltre a questo, le immagini di gesso erano diventate fonti importanti di conoscenza per gli studenti di scuole d'arte e gli artisti già riconosciuti, che desideravano imparare dalle copie di modelli classici. Il fatto che molti bambini, spesso apprendisti, vendessero la loro mercanzia per le strade delle città attirò l'attenzione della stampa e delle agenzie per la protezione dell'infanzia, che si interessarono alle loro condizioni di lavoro e, in aggiunta, aggravarono la percezione che gli italiani fossero vagabondi, mendicanti e una pubblica molestia (Sensi-Isolani 1990, 103-104).

Col passar del tempo, furono aperti in tutto il Nord Est, nel Midwest e a San Francisco, laboratori artigianali che producevano statuine di attualità e ornamentazione architettonica finemente dettagliata (Noyes 1989, 34-37; Soria 1997, 68-75; Balodimas-Bartolomei 2019), nonché pezzi unici fra cui il modello a grandezza naturale di un diplodoco, commissionato nel 1900 circa da Andrew Carnegie a Pittsburgh, in Pennsylvania, ancora esibito in tutto il mondo; e un presepio sponsorizzato nel 1938 dalla Works Progress Administration per Hartford in Connecticut (Rea 2001, 249-250; "Rossi" n.d.).[26]

Cast *chalkware* esposto al Museum of International Folk Art, Santa Fe. Fotografia di Joseph Sciorra, 2019.

Gli scultori americani, che creavano piccoli oggetti d'arte oppure opere monumentali, finirono per dipendere dagli artigiani italiani immigrati che realizzavano le loro visioni artistiche. Fra gli altri, anche August Saint-Gaudens e Frederic Remington si avvalsero della Roman Bronze Works di New York City, fondata e gestita da due immigrati: l'ingegnere Riccardo Bertelli e lo scultore Giuseppe Moretti, che introdussero negli Stati Uniti il procedimento di fusione a cera persa, per la perfezione dei dettagli prodotti dalla fonderia (Boulton 2021, 77-84). Scalpellini e scultori italiani prestarono eccezionali contributi a progetti di costruzione arricchiti da ornamenti architettonici e scultorei su larga scala, a partire dal lavoro dei sei fratelli

Piccirilli[27] sul gigantesco Lincoln Memorial disegnato da Daniel Chester French per arrivare a quello di Luigi del Bianco su Mount Rushmore, ispirato da Gutzon Borglum (Koffler e Koffler 2006; Gladstone 2014). Come nota Marjorie Hunt nella sua ricerca sugli artigiani italiani che hanno lavorato alla National Cathedral di Washington, D.C.: "Scolpire la pietra li legava al passato, a una ricca tradizione di artigianato artistico che risaliva a più generazioni di famiglie e comunità, e li collegava al futuro attraverso un lascito duraturo, scolpito nella pietra" (1999, 37).[28] Questo ricco retaggio culturale di maestria e artigianato ha informato l'arte di scultori italoamericani che hanno lavorato entro tradizioni artistiche maggiormente moderniste, come Beniamino Bufano e Concetta Scaravaglione (Parkman 2007, 43-60; Kushner 2011, 271-283).

Il coinvolgimento artistico degli italiani nel boom di monumenti durante l'Ottocento e la prima metà del Novecento faceva parte degli ideali non contestati della società borghese. Un buon numero di italiani e di scultori italiani immigrati furono creatori di monumenti alla Causa Persa della Confederazione dei sudisti, che diffondeva la falsa narrativa mitologica della storia della Guerra Civile americana. Questa ideologia revisionista non solo cancellò la schiavitù come causa della secessione, ma alimentò anche le politiche suprematiste bianche di Jim Crow. Il monumento di Achille Perelli a Thomas "Stonewall" Jackson a New Orleans (1881); lo Sterling Price Monument di Gaetano Trentanove a Springfield, Missouri (1901); lo Spirit of the Confederacy di Louis Amateis a Houston (1908); e il monumento di Leo Lentelli a Robert E. Lee a Charlottesville, Virginia (1922)[29] sono soltanto alcuni esempi di monumenti alla Causa Persa disegnati o realizzati da scultori italiani immigrati. Pompeo Coppini è probabilmente uno degli artisti italoamericani più prolifici impegnati nella glorificazione della causa e delle forze armate dei confederati, ottenuta popolando il territorio del Texas con opere quali il Confederate Monument (1903) a Paris; Hood's Texas Brigade Monument (1910) a Austin; Last Stand (1912) a Victoria, e la statua di Jefferson Davis (1919) a Austin, fra le altre (Heyman 2018). Alexandra de Luise scrive che: "Coppini ha contribuito a legittimare la pratica della costruzione di memoriali che, di fatto, onoravano i suprematisti bianchi" (2019). Così facendo gli scultori italiani immigrati e la loro produzione artistica risultano implicati nei dibattiti sulla preservazione delle opere d'arte e dei manufatti storici, che sono stati usati come arte propagandistica al servizio dell'ideologia suprematista della razza bianca e, in ultima analisi della corrispondente legislazione.

In maniera simile, le statue di Cristoforo Colombo, scolpite o fuse, nella maggior parte finanziate, create e donate dagli italoamericani, sono diventate oggetto di un crescente scrutinio da parte di attivisti indigeni e anticolonialisti. Nello strascico delle proteste che hanno fatto seguito all'uccisione, perpetrata dalla polizia, dell'afroamericano George Floyd in Minneapolis nel 2020, gli attivisti hanno abbattuto, e alcune municipalità hanno rimosso, parecchi monumenti pubblici al navigatore e colonizzatore genovese del quindicesimo secolo (Ruberto e Sciorra 2020b). Come simboli di etnicità che derivano da momenti storici, queste opere d'arte esposte al pubblico non rimangono oggetti statici e sono passibili di reinterpretazioni da parte di membri di una società pluralistica. Altrove abbiamo discusso delle radici storiche che legano gli italoamericani a Colombo, cui hanno dato inizio i "prominenti", il piccolo gruppo di élite economica, politica e culturale di immigrati, che ambivano a legare il riconosciuto eroe americano agli immigrati italiani allora discriminati, forgiando al contempo una identità nazionale italiana nella diaspora (Ruberto e Sciorra 2017c; 2020a, 69-71). Col passar del tempo, la loro iniziativa ebbe successo e un mitologico e malleabile Colombo fu accettato come icona particolarmente italoamericana. Dopo la II Guerra mondiale e specificamente in preparazione al cinquecentenario del 1992, il ceto medio italoamericano commissionò e donò un numero strabiliante di monumenti e statue di Colombo a municipalità sparse in tutto il Paese. Durante questo periodo

> il significato dei monumenti e delle celebrazioni di Colombo fu collegato senza alcuna ambiguità all'americanizzazione dei discendenti degli immigrati europei e al loro abbraccio di quello status privilegiato insieme a un senso altamente americanizzato dell'etnicità italiana. Quella retorica passò dalla concezione di Colombo come immigrante in difficoltà al rafforzamento dei simboli che lo associavano al patriottismo americano e all'orgoglio etnico bianco italoamericano. (Ruberto e Sciorra 2020a, 72-73)

Nel ventunesimo secolo la difesa italoamericana della reputazione dei monumenti a Colombo come indicatori fisici dell'etnicità italiana rivela in quale maniera la cultura materiale serve a interpretare e dare forma all'identità in particolare con i suoi luoghi critici, che riguardano la storia, la politica culturale e, forse con un peso ancora maggiore, l'appartenenza alla razza bianca.³⁰

La statua di bronzo di Frank Vitale del 1990, The Fisherman, Pittsburg, California. L'iscrizione (non mostrata) recita "In memoria dei pionieri italiani della pesca che si insediarono e svilupparono la Pittsburg antica". Fotografia di Laura E. Ruberto, 2018.

Le commemorazioni pubbliche di icone italoamericane hanno da tempo superato Colombo e negli ultimi decenni sono diventate più visibili come possibili alternative a quella figura problematica. Esse includono sculture, monumenti e altri luoghi pubblici dedicati ad anonimi immigranti italiani a St. Louis (1972) e a New Orleans (1995), a individui quali il pescatore Pietro Ferrante a Monterey (1969), il giocatore di baseball Joseph DiMaggio a San Francisco (1981), l'inventore Antonio Meucci a Brooklyn (1989), il pugile Joey Giardello (nato Carmine Orlando Tilelli) a Philadelphia (2011), e a Manhattan (2020) la suora Frances Xavier "Madre" Cabrini proclamata santa. Questi tributi suggeriscono un modo alternativo di onorare pubblicamente la storia italoamericana che elude il modello monolitico colombiano. Inoltre, in questo secolo sono stati eretti memoriali alla storia della classe operaia e all'attivismo nel mondo del lavoro che si riferiscono agli italoamericani e includono fra l'altro il disastro minerario del 1907 a Monongah in West Virginia (2007); l'incendio nel 1911 della Triangle Shirtwaist

Factory a New York (in corso di costruzione) e lo sciopero nel 1912 dei lavoratori dell'industria tessile a Lawrence in Massachusetts (2012). Nonostante gli elenchi di cognomi italiani incisi in alcuni di questi memoriali, essi non sono specificamente intesi come monumenti etnici né sono necessariamente recepiti come italoamericani dai visitatori, sebbene possano essere considerati tali da certi tipi di persone. Questi ultimi esempi fanno nascere la domanda sul perché alcuni particolari attivisti nel mondo del lavoro e dei diritti civili (per esempio, Nicola Sacco e Bartolomeo Vanzetti, Pietro "Pete" Panto, Angela Bambace) non siano stati onorati in bronzo o in pietra in luoghi pubblici.[31] Le scelte fatte dagli italoamericani con riferimento a chi commemorare pubblicamente oppure no sono cariche dei pesi ideologici che improntano la costruzione di identità e l'interpretazione della storia.

Ambienti espositivi e Musei

Oggetti di uso quotidiano o speciali sono messi in evidenza e assurgono a uno status di privilegio quando sono collocati in ambienti espositivi, non soltanto negli ovvi spazi museali e di gallerie d'arte, ma anche in altri siti quali abitazioni familiari, associazioni e sedi di affari. A volte, alcuni oggetti vengono sottratti all'uso domestico e messi in mostra (una vecchia caffettiera Moka o un taglierino per ravioli si trasformano in ninnoli posati su uno scaffale) mentre altri possono essere fatti o acquistati con l'intenzione di esibirli (ricami, cornici per fotografie, stendardi). Questo tipo di accessori, segni della cultura degli immigranti, causava costernazione nei figli nati negli Stati Uniti. Tali ansie delle seconde generazioni sono ben definite dallo scrittore John Fante in un saggio autobiografico:

> Divento nervoso quando porto un amico a casa mia; la mia abitazione ha un aspetto così italiano. Da una parte è appeso un ritratto di Vittorio Emanuele, dall'altra la riproduzione del Duomo di Milano accanto a quella di San Pietro a Roma, mentre sulla credenza è appoggiata una caraffa da vino di stile medievale, per sempre piena sino all'orlo, per sempre rossa e brillante di vino. (Fante 1933, 92)

In ogni caso, queste diverse esposizioni evidenziano il modo in cui gli oggetti possono servire da potenti ricettacoli di ricordi, emozioni, individuali filosofie di vita e sensibilità collettive.

Le abitazioni contemporanee—siano esse appartamenti in affitto o case di proprietà—e gli oggetti casalinghi che ne fanno parte costituiscono siti visibili per la volontaria messa in mostra della cultura materiale che evoca collegamenti marcatamente etnici, storie e associazioni di vita. Tali ambienti espositivi domestici possono essere intesi come siti amplificati in cui: "cari oggetti domestici... forniscono segni tangibili, permanenti e vitali in grado di comunicare la continuità delle esperienze, relazioni e valori personali" (Csikszentmihalyi e Rochberg-Halton 1987, 224). Dimostrazioni dell'identità italoamericana incentrata sulla famiglia sono evidenti nelle foto di famiglia,[32] in cartoline, souvenir e oggetti d'arte che rappresentano luoghi e monumenti italiani[33] o ricordi di famiglia quali tessuti ricamati o tovaglie lavorate all'uncinetto. Questi oggetti non sono un mero retaggio che si riconnette direttamente agli antenati, ma la dimostrazione di quanto viene salvato, valorizzato e tesaurizzato attraverso le vicissitudini e le precarietà della vita, in modo speciale per gli immigrati e i loro discendenti (Ibid. 1987, 83).

Questo è il caso dell'appartamento in Little Italy dell'ottantacinquenne Adele Sarno, uno spazio che divenne il focus del dibattito sull'esposizione dell'etnicità italoamericana e del risanamento economico urbano a Manhattan quando Sarno fu sfrattata per costruire un edificio a 6 piani, che avrebbe ospitato l'Italian American Museum (Ruberto e Sciorra 2019, 755, 767-768). Gli oggetti domestici messi in mostra da Sarno illustravano meravigliosamente gli interessi degli italoamericani della sua generazione, forse meglio di qualsiasi esposizione curata da esperti in una struttura museale: "l'enorme foto a colori che la raffigurava in posa regale mentre, a sedici anni, veniva incoronata «Regina della festa di San Gennaro», e che un tempo era appesa alla parete di legno dell'appartamento ... i soprammobili di ceramica disposti nella vetrinetta, il tavolo da caffè in stile veneziano col piano di marmo e la lampada in stile anni Settanta che aveva in salotto" (Ruberto e Sciorra 2019, 767-768). In questo modo, ciò che è domestico diviene *musealizzato* e chi vive in quella casa diventa curatore e docente della propria vita e dei propri spazi. La nozione del valore (di solito personale e famigliare) è ulteriormente complicata dalla pratica contemporanea della digitalizzazione delle immagini e dalla scansione di foto, documenti e retaggi di famiglia: imponendo ordine a oggetti digitalizzati con strumenti tecnici (vale a dire *apps* e servizi che mostrano immagini in base alla data, il luogo o il riconoscimento dei volti); esposizioni domestiche digitali (cioè fotogrammi digitali che mostrano oggetti a caso o in sequela sincronizzata); oppure componendo storie e postandole sui social media.

Oltre all'abitazione, mostre di origine nazionale sono anche assemblate nelle locazioni super etniche dei club sociali semiprivati e negli spazi commerciali di ristoranti e mercati specializzati, che documentano storie locali creando spesso rappresentazioni sentimentali e mitiche dell'italoamericanicità. Nel Castel del Golfo Social Club a Brooklyn, fondato da immigrati siciliani dopo la II Guerra mondiale, c'è una galleria nella quale vengono montate a rotazione opere di artisti locali nell'ambito di una Serata Culturale, che include la recitazione di poesie in siciliano (Sciorra 2011, 127-130; Sciorra 2007). I quadri, le sculture e gli oggetti di artigianato esibiti spesso rappresentano panorami di paese o lavori agricoli che riflettono i ricordi di un passato vero o immaginario, documentando al contempo le attività e la storia del club. Per esempio, nella "Isabella Room" del Colombo Club, fondato nel 1920 a Oakland, molte bacheche, manifesti ed effemeridi documentano la storia del club e degli italoamericani del quartiere Temescal di quella città. Fotografie incorniciate di maschi italoamericani divenuti icone pop (come Sylvester Stallone in *Rocky*) adornano il Brooklyn Giglio Boys Club, fondato nel 1995 nel quartiere di Williamsburg e si affiancano a oggetti che descrivono la *festa dei gigli* come viene celebrata a Nola e a Brooklyn. Questi club fungono anche da archivi della storia italoamericana, a volte con risultati sorprendenti. Per esempio, un membro dell'Italian Athletic Club, fondato nel 1917 a San Francisco, riconobbe il nome di (Frank) Capra su una bobina cinematografica conservata nel deposito del club. Ne risultò il restauro di quello che viene generalmente considerato il primo film documentario diretto dal regista: *La visita dell'Incrociatore Italiano Libia a San Francisco, Calif., 6-29 Novembre* 1921 (Vedi Ruberto 2010).

A Redford, in Michigan, l'immigrante Silvio Barile trasformò la sua panetteria/pizzeria e la sua proprietà in un ambiente artistico *site-specific*, decorandolo dapprima con collage di immagini giornalistiche, poster, segnalazioni fatte a mano e successivamente con sculture in cemento, che esaltano le glorie della storia e della cultura italiana in mostre didattiche che egli stesso, cosciente di sé, battezzò Italian American Historical Artistic Museum (Cicala 2017, 93-116).[34] L'aspetto pedagogico è meno importante per quanto riguarda l'Italian Market di Mazzaro a St. Petersburg in Florida, dove chiunque può trovare un'abbondantissima offerta di prodotti alimentari italiani al centro di un assemblaggio carnevalesco di oggetti che trasmettono un'identità etnica posta a servizio del consumo. Le pareti esterne del negozio sono decorate con murali di scene italiane (come i canali di Venezia e le fontane di Piazza Navona) e l'ingresso consiste in una facciata di pietra e mattoni, con una serie di archi sovrastati da un tetto di tegole di terracotta. Lo spazio commerciale interno offre una miscellanea di significative referenze culturali: l'Italia Rinascimentale (attraverso riproduzioni di statue), un quartiere urbano italoamericano (con foto di famiglia, statue cattoliche di gesso, ecc.), un Made in Italy cinematografico (con una collezione di Vespe vintage) e un serie di icone della cultura popolare da Frank Sinatra a Robert De Niro. Visto nel suo insieme, questo trionfo visuale vernacolare offre ai clienti una versione altamente commercializzata del qualsiasi senso di identità italiana vogliano scegliere.

Il sacro e il commerciale giustapposti in uno dei vari ambienti espositivi del Mazzaro's Italian Market, St. Petersburg, Florida. Fotografia di Joseph Sciorra, 2020.

Oltre a questi ambienti vernacolari espositivi, domestici, sociali e commerciali, vengono espressamente creati musei e società storiche, come spazi istituzionali che forniscono l'ufficiale imprimatur a collezionare, archiviare, presentare e interpretare storia e cultura italoamericane. La cultura materiale è al centro di queste iniziative, come osserva Melissa Marinaro, Direttrice dell'Italian American Program presso il Senator John Heinz History Center a Pittsburgh, parlando dei 1.000 oggetti relativi agli italoamericani: "Quando un manufatto entra a far parte della collezione permanente del museo... non è più isolato, ma diventa invece un punto di riferimento nel quadro di una storia molto più ampia" (2020, 11). Queste realtà autodefinitesi educative sono spesso organizzazioni non a scopo di lucro, hanno un consiglio di amministrazione e ricevono contributi da fondazioni private e agenzie pubbliche. Come tali, si impadroniscono profondamente e intessono pratiche estetiche e prospettive ideologiche per dar forma e sostenere la conoscenza dell'emigrazione e dell'etnicità italiane. Riteniamo particolarmente rilevante la considerazione del contesto in cui sono collezionati, esibiti e narrati da queste istituzioni gli oggetti materiali che mettono a fuoco l'identità etnica e il retaggio culturale italiano. In altri scritti abbiamo analizzato il procedimento con cui oggetti personali e comunitari sono stati ricontestualizzati nei musei italoamericani di tutti gli Stati Uniti, concentrandoci su otto di questi spazi (creati tra il 1978 e il 2016) e sul modo "di privilegiare certe esperienze vissute e di costruire narrazioni autoriali dell'identità" attraverso le loro esposizioni e raccolte (Ruberto e Sciorra 2019, 757). In quello studio abbiamo distinto i musei "amatoriali" da quelli "professionali", definiti in gran parte dal fatto che i primi sono basati sulla comunità e gli altri sono improntati a un livello di competenza che deriva dal campo degli studi museali.[35]

Tutti i musei etnici e gli spazi quasi museali sono impegnati in diverso grado nella "cospicua costruzione" dell'etnicità (Hoelscher 1998, 373) anche nel caso in cui le pratiche di raccolta ed esibizione sono profondamente diverse. Tali differenze—dal modello basato sul mero recupero adottato dall'History of Italian Immigration Museum di Philadelphia alle lucenti mostre high-tech dell'Italian American Museum di Los Angeles—evidenziano una varietà di fattori quali le risorse finanziarie e le decisioni dei curatori. Allo stesso tempo le scelte strutturali ed estetiche nei musei italoamericani rafforzano a diversi livelli "narrazioni egemoniche di «lotta e successo» e di assimilazione etnica... [musei in questo senso servono] a dare forma a una storia dominante in cui le esperienze etniche vissute dagli italoamericani diventano centrali per l'esperienza statunitense, spesso a discapito dell'attenzione ad aspetti della storia quali la razza, la classe o il genere (Ruberto e Sciorra 2019, 767).

Conclusioni

Abbiamo offerto un'ampia panoramica dei modi in cui l'approccio agli Studi italoamericani attraverso la cultura materiale è stato e può essere usato per supportare un'elaborazione del campo del sapere. In maniera simile all'analisi d'Italianistica fatta da Rhiannon Daniels, Anne O'Connor e Katherine Tycz, abbiamo tentato di descrivere in dettaglio "la natura permeabile degli Studi italiani [americani] e di investigare in che modo la cultura materiale si inserisce nella sua interdisciplinarietà in divenire" (2020, 154). Nell'organizzare alcune tesi della storia culturale italoamericana a fronte della cultura materiale abbiamo dato forma alla profondità del lavoro che si sta già facendo, ad argomenti che stanno ancora evolvendosi e a temi che, secondo noi, possono diventare l'indirizzo del lavoro futuro.

Siamo entusiasti per l'uso crescente della cultura materiale in molte aree di studio della diaspora italoamericana e italiana. È evidente che gli studiosi hanno scelto in misura sempre maggiore l'approccio basato sugli Studi di cultura materiale nel campo della letteratura e del cinema nei contesti dell'emigrazione italiana. Questo lavoro emergente include l'attenta lettura di testi letterari attraverso la lente della cultura materiale (Bona 2015; Merish 2016, 200-211; Caronia 2019, 208-233; Pelayo Sañudo 2020, 125-146) e decifrare i film mediante lo studio degli oggetti (Tamburri 2019, 70-75). Questo tipo di lavoro lascia intendere alcune possibilità di espandere la nostra comprensione di testi culturali già ben noti rivisitandoli attraverso lo studio degli oggetti e le analisi tematiche. Allo stesso tempo, queste linee di percorso ci mostrano come gli studi di cultura materiale possono essere resi maggiormente inclusivi attraverso specifiche letture etniche. Mentre completiamo questo saggio—scritto in collaborazione da due lati degli Stati Uniti (California e New York) e sotto il velo del COVID-19—non possiamo impedirci di pensare anche al ruolo della cultura digitale e di mondi virtuali sia nell'atto di elaborare questa analisi sia dal punto di vista dell'argomento affrontato. Proprio a causa del nostro interesse nell'emigrazione e nella mobilità, il pensare a un tipo di movimento digitale o virtuale all'interno della nostra specializzazione nella cultura materiale costituisce logicamente il prossimo passo. Come hanno affermato Douglas Davis e altri, l'opera d'arte nell'epoca digitale è, provocatoriamente, "camaleontica" (Davis 1995, 381), definizione corretta per tutti gli aspetti della cultura in rete e che indica la necessità di prendere coscienza, nella nostra ricerca, del modo in cui parliamo e analizziamo oggetti materiali che si trovano sui nostri schermi. Paolo Bartolini ci ricorda che "[l]a dematerializzazione degli oggetti avvenuta in tempi postmoderni ha introdotto una diversa forma di interazione fra gli oggetti e gli esseri umani…. Oggi virtualmente qualunque cosa nel mondo chiede di essere mostrata" (Bartolini 2016, 15). Come creano e rafforzano il heritage virtuale le mostre in rete o le storie di oggetti materiali associati alla cultura italoamericana su Instagram? Illustrano sfumature di cambiamenti etnici? Evidenziano realtà storiche? Oppure supportano perfino nozioni acritiche di comunità o quartieri italoamericani?

Mostre digitali, piattaforme di social media ed eventi sincroni in rete puntano tutti verso nuove forme di esposizione e distribuzione. Puntano anche alla maniera in cui le comunità possono funzionare attraverso grandi distanze, suggerendo modelli emergenti per sperimentare e comprendere il senso della cultura materiale. Le meraviglie italoamericane che scaturiscono da interazioni disgiunte e scintille digitali saranno potenzialmente nuovi modi di immaginare e praticare l'etnicità italiana. Vediamo già modelli di queste esperienze dinamiche: per esempio il progetto di collaborazione tra la Florida Atlantic University e il John D. Calandra Italian American Institute di Queens College, The City University of New York, sulla Vivo-Fruttauro Collection (*itamm: Italian American Memories*, n.d.). Il progetto online, prodotto da un gruppo di studenti di Master e Ph.D., presenta un fascio di lettere di famiglia inviate nel 1947 tra New York e l'Italia, gettate via e trovate su un marciapiede a Brooklyn e trasformate in una raccolta online.[36] Progetti di questo genere aprono la strada alla possibilità di narrativizzare, visualizzare e analizzare le storie etniche dei migranti italiani in un approccio ampiamente accessibile.

Queste opportunità in rete suggeriscono anche nuovi modi di trattare i materiali digitali che le persone trovano online.[37] Tali opere digitali non sono soltanto legate alle nostre esperienze visive su uno schermo pixelato, ma anche alle informazioni nascoste che gli oggetti digitali contengono e portano con sé. Robert Wellington (e altri) hanno discusso la distinzione fra il "digitale" e il "digitalizzato" rispetto alla storia dell'arte e al pensiero critico sulla mobilità di un oggetto digitale, senza concentrarsi troppo su quali oggetti siano ospitati o mostrati da un particolare network, ma piuttosto su come i metadati di un oggetto virtuale offrono molteplici livelli di interpretazioni e usi (2020). Metadati, che includono elementi quali pubblico (hash-)tagging oppure il più nascosto HTML coding, forniscono agli oggetti la possibilità di raccontare storie da un lato in maniera più strutturata, ma dall'altro in modi culturalmente più ambigui. Man mano che gli studiosi investono nel potere del materiale, comprendere il ruolo della tecnologia dell'informazione sul trattamento delle *cose* acquisterà sempre più valore nel lavoro che facciamo. È ancora un po' difficile da afferrare come queste e altre questioni digitali negli studi umanistici si applichino al campo degli studi sulla diaspora italiana o italoamericana. E tuttavia la loro rilevanza per noi è tangibile, specialmente quando prendiamo in considerazione le ramificazioni più ampie per la diffusione educativa e culturale del lavoro accademico che facciamo.

Il nostro lavoro sulle storie culturali italoamericane si allaccia alle maggiori questioni di accademici e attivisti relative ai migranti e ai rifugiati, ai diritti umani e alle polizie di frontiera, alle lotte per il mondo del lavoro e pratiche antirazziali. Gli oggetti che le persone portano con sé, le cose della vita quotidiana, i luoghi che costruiscono, gli spazi che occupano, ogni singolo aspetto e tutti gli elementi partecipano e trattano estetiche politicizzate e politiche. Come educatori e sostenitori della cultura, speriamo che il nostro lavoro sulla cultura materiale italoamericana offra strumenti e occasioni atte a comprendere le modifiche strutturali degli ambienti in cui viviamo, illustrando come le espressioni culturali e le scelte di consumo dei migranti e dei loro discendenti dal passato storico e recente siano utili a capire meglio le dinamiche del nostro presente e, ancor più importante, suggerimenti pratici per il mondo educativo e i cambiamenti del futuro.

Note

[1] Mazziotti Gillan (2014, 337).

[2] Kilgannon (2015).

[3] Come intesa nell'ambito dell'arte del mosaico e della trasformazione (N.d.C).

[4] Per alcuni studiosi che hanno ispirato i nostri punti di vista, ma che non affrontano temi etnici italiani, vedi: Arjun Appadurai (1986), David Miller (1987) e Henry Glassie (1999).

[5] Berger e Del Negro (2004) esaminano il concetto di *vita quotidiana* nel campo della ricerca contemporanea.

[6] Ci rendiamo conto di quanto siano applicabili alle migrazioni italiane e alla cultura materiale le osservazioni di Basu e Coleman: "Siamo ambiziosi nel nostro campo di analisi in quanto adottiamo

un'interpretazione inclusiva sia del migrare che della materialità. Facciamo riferimento a 'mondi in migrazione' piuttosto che alla 'migrazione' *per se*, dato che non siamo interessati soltanto alla materialità dell'emigrazione in sé, ma anche agli effetti materiali dell'essersi trasferiti in un luogo nuovo, magari molti anni prima, e all'intrinseca relazione tra gli spostamenti delle persone e delle cose. Inoltre, vogliamo trasmettere il senso che un "mondo" – un insieme spesso frammentato e fragile di presupposti e risorse materiali e immateriali – può essere reso mobile esso stesso, apparentemente tradotto da una località geografica a un'altra, anche se viene trasformato in questa operazione" (Basu e Coleman 2008, 1).

[7] Per esempio, *Golden Gate*, il libro per bambini di Valenti Angelo, descrive un pescatore italiano immigrato, che adatta in California la sua barca a nuovi materiali e risorse. "Ma il nonno non era ancora convinto che questo fosse il modo di costruire una barca. Magari questo era il modo in America, ma non in Italia, dove l'aveva vista fare diversamente. E poi, non aveva costruito lui stesso, là, parecchie barche per navigare nei canali delle paludi?" (Angelo 1939, 119).

[8] Nel 2016, il John D. Calandra Italian American Institute (Queens College, The City University of New York) ha sponsorizzato un convegno con il titolo: "Migrating Objects: Material Culture and Italian Identities".

[9] Vedi anche Bartoloni (2016) e Daniel, O'Connor e Tycz (2020) per una ricerca sullo studio della cultura materiale nell'ambito dell'Italianistica con una sezione diretta alle mobilità italiane.

[10] Questo punto di vista è evidente, per esempio, in discussioni sull'arredamento di casa e sull'abbigliamento, che sono etichettati come "spese competitive e perfino sprechi competitivi" (Williams, 1969, 71) piuttosto che maniere creative ed etnicamente ispirate di dare forma al valore.

[11] Vedi Cosco (2003, 21-60) su Riis; vedi Merish (2016, 200-211) e Bona (2010, 73-94) su *Rosa*.

[12] Bartolini descrive questo mutamento di indirizzo: "La materialità e la cultura materiale appaiono nel 2010 nel contesto italiano, sul primo numero della rivista *Italian Studies* dedicata agli Studi culturali. Come spiegazione, nella sua introduzione al volume, il Direttore, Derek Duncan, scriveva che: "Il terzo elemento che caratterizza i saggi contenuti in questa edizione è l'impegno a comprendere la cultura in termini della sua materialità e di concentrarsi sulle condizioni della sua ricezione o meglio del suo consumo e della sua produzione" (2016, 13).

[13] Adottiamo il termine vernacolare con riferimento a costruzioni, ambienti edificati, paesaggistica e molti altri tipi di oggetti che possono essere collegati a una particolare comunità, ma non fanno parte di un sistema istituzionale di formazione e pratiche di lavoro, anche se alcuni dei loro aspetti potrebbero esserlo (vale a dire l'arte del cucito e del ferro battuto). Fondamentale per capire questo termine è, come sostiene Glassie, che si tratta di un'idea che abbiamo "predisposto all'analisi" (in Vellinga 2011, 184).

[14] Bartolini ci ricorda che "Qualunque sia l'angolatura che si preferisce adottare, sia quella materiale, simbolica, virtuale, psicoanalitica, economica e politica oppure fenomenologica, le cose e gli oggetti continuano a tenerci occupati e a pretendere la nostra attenzione" (2016, 16).

[15] Per ulteriori analisi sul vestiario delle donne italiane immigrate, vedi anche Caratozzolo (2014, 35-56) e Sautman (2018, 143-174).

[16] Ahmed, Castaña, Fortier e Sheller descrivono l'*homing* come "il recupero e la rivisitazione di abitudini, oggetti, nomi e storie sradicati nel corso di migrazioni, dislocamenti o colonizzazioni" (2003, 9). Vedi anche l'adattamento di questo concetto al rapporto e all'uso del cucito da parte delle donne immigrate, descritto da Vanni (2014, 121-135).

[17] Sugli altari siculo-americani a San Giuseppe, vedi anche Estes (1987, 35-43); Turner e Seriff (1987, 446-460); Manini (1992, 161-173); Primiano (2007, 113–25); Sturm e Lewis (2007); e Del Giudice (2010, 1-30).

[18] Come stili di grande influenza, ci riferiamo a tipi di architettura USA quali le capanne scandinave di tronchi d'albero, le case shotgun e le missioni cattoliche spagnole.

[19] Ringraziamo Kenneth Borrelli per averci fornito informazioni aggiornate sullo status dell'iniziativa.

[20] Vedi anche Scambray (2011) e Del Giudice (2014).

[21] Vedi anche Jackson (1984).

[22] Per ulteriori informazioni sui cimiteri italoamericani vedi McGrath (1987, 107-113); Matturi (1993, 14-35); e Ruberto (2013).

[23] Per ulteriori informazioni sulla Little Italy di San Diego, vedi Fiore (1999, 89-110); Verdicchio (2003, 10-24); Ruberto (2007, 109-122).

[24] Il sito turistico italianizzato negli Stati Uniti, seppure sempre ispirato dall'utilizzo di manufatti artistici etichettati come italiani o italoamericani, non è sempre legato agli immigranti o addirittura alla storia culturale degli italoamericani. Alcune delle maggiori espressioni di italianità attraverso paesaggistica, architettura e tempo libero si trova in luoghi come i canali di Venice Beach, i casinò di Las Vegas o lo stile italianizzante del Museo Getty a Los Angeles e lo Hearst Castle a San Simeon, California.

[25] Questa migrazione artistica fu incredibilmente diffusa con la presenza di venditori in tutte le più grandi città europee, nelle Americhe e in Australia.

[26] Grazie a Marie Corrado, archivista al Carnegie Museum of Natural History di Pittsburgh, che, su nostra richiesta ha scoperto alcuni nomi degli oltre 85 artigiani italiani che hanno lavorato alle esposizioni del museo: Serafino Agostini, Manno Fabri e Emil Poli.

[27] I fratelli Piccirilli si chiamavano Attilio, Ferruccio, Furio, Getulio, Masaniello e Orazio.

[28] Molto è stato scritto sugli scalpellini e gli scultori immigrati, vedi Audenino (1996, 779-795); Ayala (1980); Sciorra e Vellon (2004); Bochicchio (2012, 70-82); Giorio (2012, 145-168).

[29] Quest'opera è stata fatta in collaborazione con lo scultore Henry Shrady.

[30] Vedi i nostri scritti su Colombo e gli italoamericani (2017, 2020a, e 2020b). Vedi anche il documento crowd-sourced Google Doc, "Italian Americans Speak Out Against Columbus" per una lista aggiornata di fonti correlate, accademiche e varie.

[31] Alcune commemorazioni del Free Speech Movement a Berkeley negli anni '60 sono correlate per i sentimenti espressi e gli intenti politici: i Mario Savio Steps (1997) e la statua intitolata Berkeley Big People (2008, rimossa nel 2020) (Vedi Ruberto 2008a).

[32] Vedi Zeitlin, Kotkin, e Cutting Baker 1982, 182-192; Csikszentmihalyi e Rochberg-Halton 1987, 66-69; e Halle 1993, 87-118 per un'ulteriore analisi di fotografie familiari messe in mostra.

[33] Vedi Del Negro (2004, 75-76) e Sciorra (2008b) per la trattazione di souvenir e cartoline dall'Italia, nelle case degli immigranti.

[34] Il Museo Barile e i suoi dintorni furono distrutti un anno dopo la sua morte nel 2019.

[35] Mentre quello studio riguardava un piccolo gruppo di Musei dedicati alla storia italoamericana, riconosciamo anche l'esistenza di un numero molto più ampio di esempi che rientrano in quest'ampia categoria museale, ivi inclusi spazi permanenti di esposizione dedicati agli italoamericani all'interno di istituzioni pubbliche più generiche (Es., l'Italian American Program nel Senator John Heinz History Center); edifici di valore storico con riferimenti alla storia italoamericana (la Socialist Labor Party Hall), secondo Ruberto e Sciorra (2017b, 128, 137).

[36] In sintonia con questa iniziativa c'è il "Digitizing Immigrant Letters Project" dell'Immigration History Research Center, attraverso il quale gli epistolari anche di immigranti italiani, estratti dall'archivio del Centro, che si trova nell'Università del Minnesota, sono stati resi disponibili online, (http://ihrca.umn.edu/immigrant-letters/letters/category/italian-language/).

[37] Vedi anche Wagner (2017, 72-83).

Opere citate

Angelo, Valenti. 1939. *Golden Gate*. New York: Viking Press.

Ahmed, Sara, Claudia Castaña, Anna-Marie Fortier, e Mimi Sheller. 2003. In "Introduction: Uprootings/Regroundings: Questions of Home and Migration." In *Uprootings/Regroundings: Questions of Home and Migration*, a cura di Sara Ahmed, Claudia Castaña, Anna-Marie Fortier, e Mimi Sheller, 1-19. New York: Berg.

Allen, Donald G. 1997. *Barre Granite Heritage with Guide to the Cemeteries*. Barre, VT: The Friends of the Aldrich Public Library.

Appadurai, Arjun, ed. 1986. *The Social Life of Things: Commodities in Cultural Perspective*. New York: Cambridge University Press.

Audenino, Patrizia. 1996. "The Paths of the Trade: Italian Stone Carvers in the United States," *International Migration Review* 20.4: 779-795.

Ayala, Flavia, ed. 1980. *Gaetano Federici: The Artists as Historian*. Patterson, New Jersey: The Passaic County Historical Society.

Baldassar, Loretta e Donna R. Gabaccia. 2011. "Home, Family, and the Italian Nation in a Mobile World: The Domestic and the National among Italy's Migrants." In *Intimacy and Italian Migration: Gender and Domestic Lives in a Mobile World*, A cura di Loretta Baldassar e Donna R. Gabaccia, 1-22. New York: Fordham University Press.

Balodimas-Bartolomei, Angelyn. 2019. *The Plaster Migration: From Italy to the USA Unearthing Stories of the Italian Plaster Statue Makers*.

Bartolini, Paolo. 2016. *Objects in Italian Life and Culture Fiction, Migration, and Artificiality*. New York: Palgrave.

Basu, Paul and Simon Coleman. 2008. "Introduction: Migrant Worlds, Material Cultures," *Mobilities* 3:3: 313-330.

Berger, Harris M. e Giovanna P. Del Negro. 2004. *Identity and Everyday Life: Essays in the Study of Folklore, Music and Popular Culture*. Middletown, Connecticut: Wesleyan University Press.

Berger, Joseph. 2013. "Latest Front for Equality of Women: Bocce Club" *New York Times*. 8 luglio. https://www.nytimes.com/2013/07/09/nyregion/latest-front-for-equality-of-women-bocce-club.html. Consultato 23 aprile 2021.

Bona, Mary Jo. 2010. *By the Breath of Their Mouths: Narratives of Resistance in Italian America*. Albany: State University of New York Press.

Bona, Mary Jo. 2015. *Women Writing Cloth: Migratory Fictions in the American Imaginary*. Lanham, Massachusetts: Lexington Books.

Boo, James. 2013. "The Bocce Boys of Corona." *Narratively*. July 1. https://narratively.com/the-bocce-boys-of-corona/. Consultato 23 aprile 2021.

Boulton, Ann. 2021. "A Tale of Two Foundries: Art Bronze Casting Comes of Age in America." In *Finding Lost Wax: The Disappearance and Recovery of an Ancient Casting Technique and the Experiments of Medardo Rosso*, a cura di Sharon Hecker, 66-92. Boston: Brill.

Caratozzolo, Vittoria Caterina. 2014. "Visibly Fashionable: The Changing Role of Clothes in the Everyday Life of Italian American Immigrant Women." In *Making Italian American: Consumer Culture and the Production of Ethnic Identities*, a cura di Simone Cinotto, 35-56. New York: Fordham University Press.

Caronia, Nancy. 2019. "The Criminal Body: Italian Racialization and Erasure in the Dime Novel." *Italian American Review* 9.2: 208-233.

Carter, Thomas. 1992. "The Architecture of Immigration: Documenting Italian-American Vernacular Buildings in Utah and Nevada." In *Old Ties, New Attachments: Italian-American Folklife in the West*, a cura di David A. Taylor e John Alexander Williams, 94-111. Washington, D.C.: Library of Congress.

Casey, Evan e Deidre Clemente. 2017. "Clothing the Contadini: Migration and Material Culture, 1890-1925." *Journal of American Ethnic History* 36(4): 5-24.

Chiang, Emma Marie. 2016. "San Francisco Explored: An Afternoon Bocce Ball at Crocker Amazon Park," https://vimeo.com/192750221. Consultato 22 febbrrio 2021.

Cicala, John. 2017. "A Moralizing Landscape as Scenography: Silvio Barile's 'Italian American Historical Artistic Museum'." In *New Italian Migrations to the United States: Art and Culture since 1945*, a cura di Laura E. Ruberto e Joseph Sciorra, 93-116. Urbana: University of Illinois Press.

Cinotto, Simone. 2012. *Soft Soil, Black Grapes: The Birth of Italian Winemaking in California*. New York: New York University Press.

Cinotto, Simone, 2013. *The Italian American Table*. New York: New York University Press.

Cinotto, Simone. 2014. "Introduction: All Things Italian: Italian American Consumers, the Transnational Formation of Taste, and the Commodifcation of Difference." In *Making Italian America: Consumer Culture and the Production of Ethnic Identities*, a cura di Simone Cinotto, 1-31. New York: Fordham University Press.

Cohen, Lizabeth A. 1982. "Embellishing a Life of Labor: An Interpretation of the Material Culture of American Working-Class Homes." In *Material Culture Studies in America*, a cura di Thomas J. Schlereth, 289-305. Nashville: American Association for State and Local History.

Cosco, Joseph P. 2003. *Imagining Italians: The Clash of Romance and Race in American Perceptions, 1880-1910*. Albany: State University of New York Press.

Costello, Julia A. 1981. "Gold Rush Archaeology: Excavating the Mother Lode." *Archaeology* 34(2): 18-26.

Costello, Julia A. 1998. "Bread Fresh from the Oven: Memories of Italian Breadbaking in the California Mother Lode." *Historical Archeology* 32(1): 66-73.

Croce. Randy. 2007. *If Stone Could Speak (Se la pietra sapesse parlare). Labor Education Service*, University of Minnesota. DVD.

Csikszentmihalyi, Mihaly, e Eugen Rochberg-Halton. 1987. *The Meaning of Things: Domestic Symbols and the Self*. Cambridge: Cambridge University Press.

Cutrone, Giuseppina. 2021. Intervista con Joseph Sciorra. 9 maggio.

D'Acierno, Pellegrino. 1999. "Cultural Lexicon: Italian American Key Terms." In *The Italian American Hertitage; A Companion to Literature and Arts*, a cura di Pellegrino D'Acierno, 703-766. New York: Gardland Publishing.

Daniels, Rhiannon, Anne O' Connor, e Katherine Tycz. 2020. "Italian Material Cultures," *Italian Studies* 75(2): 155-175.

Davis, Douglas.1995. "The Work of Art in the Age of Digital Reproduction (An Evolving Thesis: 1991-1995)." *Leonardo* 28 (5): 381-86.

De León Jason. 2013. "Undocumented Migration, Use Wear, and the Materiality of Habitual Suffering in the Sonoran Desert." *Journal of Material Culture*.18(4): 321-345.

de Luise, Alexandra. 2019. "(Re-)Considering Italian Sculptor for the Southern Cause: Pompeo Coppini," inedito, Italian American Studies Association conference, Houston, Texas.

Del Giudice, Luisa. 2010. "Rituals of Charity and Abundance: Sicilian St. Joseph's Tables and Feeding the Poor in Los Angeles." *California Italian Studies* 1(2), https://escholarship.org/uc/item/56h4b2s2. Consultato 12 maggio 2021.

Del Giudice, Luisa. 2014. *Sabato Rodia's Towers in Watts: Art, Migrations, Development*. New York: Fordham University Press.

Del Negro, Giovanna. 2004. *The Passeggiata and Popular Culture in an Italian Town: Folklore and the Performance of Modernity*. Montreal: McGill-Queens's University Press.

di Leonardo, Micaela. 1984. *The Varieties of Ethnic Experience: Kinship, Class, and Gender among California Italian-Americans*. Ithaca, NY: Cornell University Press.

Di Stefano, Eva. 2015. "L'opera ritrovata e la vera storia del lustrascarpe-artista." *O.O.A.* 9: 42-49.

Dorst, John D. 1999. *Looking West*. Philadelphia: University of Pennsylvania Press

Estabrook, Desiree. 2006. "Three Cultures in One City: A Study of Three Mutual-Aid Society Cemeteries in Ybor City as Traditional Cultural Properties," tesi di dottorato, University of Georgia, 2006.

Estes, David. 1987. "Saint Joseph's Day in New Orleans: Contemporary Urban Varieties of an Ethnic Festival." *Louisiana Folkore Miscellany* 6(2): 35-43.

Fante, John. 1933. "The Odyssey of a Wop." *American Mercury* 30, settembre. 89-97.

Fiore, Teresa, 1999. "Reconfiguring Urban Space as Third Space: The Case of Little Italy, San Diego," in *Adjusting Sites: New Essays in Italian American Studies*, a cura di William Boelhower e Rocco Pallone 89-110. New York: Forum Italicum.

Fitts, Robert K. 2002. "Becoming American: The Archaeology of an Italian Immigrant." *Historical Archaeology* 36(2): 1-17.

Fredricks, Darold. 2014. "Italian Cemetery of Colma," *The Daily Journal*, July 21. https://www.smdailyjournal.com/news/local/italian-cemetery-of-colma/article_d5146d77-09d9-578d-ba89-e92f740bb722.html. Consultato May 12, 2021.

Frost, Mary. 2020. "Preliminary Carroll Park Redesign Would Expand Playgrounds, Nix Old-school Bocce Court." *Brooklyn Daily Eagle*. 22 gennaio. https://brooklyneagle.com/articles/2020/01/22/preliminary-carroll-park-redesign-plan-would-expand-playgrounds-nix-old-school-bocce-court/. Consultato 23 aprile 2021.

Gabaccia, Donna R. 1984. *From Sicily to Elizabeth Street: Housing and Social Change Among Italian Immigrants, 1880-1930*. Albany: State University of New York Press.

Gabaccia, Donna R. 2000. *Italy's Many Diaspora*. Seattle: University of Washington Press.

Giorio, Maria Beatrice. 2012. "Scultori Italiani e Italo-Americani negli States: Attori di un'Identità Nazionale (1920-1930)." *Arte in Friuli Arte a Trieste* 30: 145-68.

Giunta, Edvige e Joseph Sciorra. 2014. "Introduction." In *Embroidered Stories: Interpreting Women's Domestic Needlework from the Italian Diaspora*, a cura di Edvige Giunta e Joseph Sciorra, 3-24. Jackson, Mississippi: University Press of Mississippi.

Gladstone, Douglas J. 2014. *Carving a Niche for Himself: The Untold Story of Luigi Del Bianco*. New York: Bordighera Press.

Glassie, Henry. 1999. *Material Culture*. Indianapolis, Indiana: Indiana University Press.

Greenwalt, Tyler. 2013. "Bocce Ball: From Old-World Sport to New-School Phenomenon." *National Public Radio*. August 10. https://www.npr.org/2013/08/10/209572670/bocce-ball-from-old-world-sport-to-new-school-phenomenon. Consultato 23 aprile 2021.

Halle, David. 1993. *Inside Culture: Art and Class in the American Home*. Chicago: The University of Chicago Press.

Herman, Joanna Clapps. 2011. *The Anarchist Bastard: Growing Up Italian in America*. Albany: State University of New York Press.

Heyman, Rich. 2018. "On Statues, History, and Historians," *Process History*, March 8, https://www.processhistory.org/heyman-ut-statues/. Consultato April 28, 2021.

Hobbie, Margaret. 1992. *Italian American Material Culture: A Directory of Collections, Sites, and Festivals in the United States and Canada*. New York: Greenwood Press, 1992

Hoelscher, Steven. 1998. "Tourism, Ethnic Memory and the Other-directed Place" *Cultural Geographies* 5(4): 369-398.

Hoelscher, Steven. 2003. "Making Place, Making Race: Performances of Whiteness in the Jim Crow South." *Annals of the Association of American Geographers* 93(3): 657–86

Horsti, Karina. 2019. "Curating Objects from the European Border Zone: The 'Lampedusa Refugee Boat'" In *The Politics of Public Memories of Forced Migration and Bordering in Europe*, a cura di Karina Horsti, 53-70. Palgrave Macmillan Memory Studies. Cham, Switzerland: Palgrave Pivot.

Hunt, Marjorie. 1999. *The Stone Carvers: Master Craftsmen of Washington National Cathedral*. Washington, D.C.: Smithsonian Institution Press.

Indelicato, Cherylann. 2014. Intervista con Joseph Sciorra. 7 giugno.

Inguanti, Joseph J. 2000. "Domesticating the Grave: Italian American Memorial Practices at New York's Calvary Cemetery." *Markers: Annual Journal of the Association for Gravestone Studies* 17: 8-31.

Inguanti, Joseph. J. 2011. "Landscapes of Order, Landscapes of Memory: Italian-American Residential Landscapes of the New York Metropolitan Region." In *Italian Folk: Vernacular Culture in Italian-American Lives*, a cura di Joseph Sciorra, 83-106. New York: Fordham University Press.

"Italian Americans speak out against Columbus: Articles by or about Italian American opposition celebrations of Christopher Columbus," Google Doc, https://docs.google.com/document/d/19r6EcATmdyJqM9OaTKr79V3Zo-0bEuFelXmAGZa1Rxc/edit. Consultato 3 giugno 2021.

The Italian Garden Project. n.d. http://www.theeitalianproject.com. Consultato January 10, 2021.

"An Italian Summer Resort." 1892. *Harper's Weekly* August 6: 762.

Jackson, John Brinckerhoff. 1984. *Discovering the Vernacular Landscape*. New Haven: Yale University Press.

Kahn, Eva M. 2014. "A Shoeshine Box, With a Luster All Its Own, Emerges From the Shadows." June 8. https://www.nytimes.com/2014/06/09/arts/design/a-shoeshine-box-with-a-luster-all-its-own-emerges-from-the-shadows.html?module=Search&mabReward=relbias%3Ar. Consultato April 23, 2021.

itamm: Italian American Memories. n.d. https://itamm.omeka.net/collections/show/4?fbclid=IwAR1Eo3kJHVCjzuD9pL0W-a_g2pIMwXODPE6QrZsyKGtJYHLW_Cj99OfxL0o. Consultato 27 aprile 2021.

Kilgannon, Corey. 2015. "Mario Calmi, a Teaching Golf Pro, Makes Time to Fish and Eat Well." *New York Times*. May 2. https://www.nytimes.com/2015/05/03/nyregion/mario-calmi-a-teaching-golf-pro-makes-time-to-fish-and-eat-well.html?_r=0. Consultato 22 maggio 2021.

Kirshenblatt-Gimblett, Barbara. 1997. "The Aesthetics Everyday Life." In *Conversations Before the End of Time*, a cura di Suzi Gablik, 410-433. London: Thames and Hudson.

Kirshenblatt-Gimblett, Barbara. 1998. *Destination Culture: Tourism, Museums, and Heritage*. Berkeley: University of California Press.

Koffler, Jerry, e Eleanor Koffler. 2006. *Freeing the Angel from the Stone: A Guide to Piccirilli Sculpture in New York City*. New York: John D. Calandra Italian American Institute.

Kniffen, Fred. 1960. "The Outdoor Oven in Louisiana." *Louisiana History* 1: 25-35.

Kosta, Ervin. 2014. "The Immigrant Enclave as Theme Park: Culture, Capital, and Urban Change In New York's Little Italies." In *Making Italian America: Consumer Culture and the Production of Ethnic Identities*, a cura di Simone Cinotto, 225-243. New York: Fordham University Press.

Krase, Jerome. 1990. "America's Little Italies: Past, Present and Future." *Italian Journal* 4(5): 24-30.

Krase, Jerome. 2004. "Italian American Urban Landscapes: Images of Social and Cultural Capital." *Italian Americana* 22(1): 17-44.

Kushner, Carol Scarvalone. 2011. "Concetta Scaravaglione, Italian-American Sculptor." In *American Woman, Italian Style: Italian-Americana's Best Writings on Women,* a cura di Carol Bonomo Albright e Christine Palamidessi Moore, 271-283. New York: Fordham University Press.

Manini, Paula. 1992. "Shaping Tradition: The Saint's Day Table Ritual." In *Old Ties, New Attachments: Italian-American Folklife in the West,* a cura di David A. Taylor e John Alexander Williams,) 161-173. Washington, D.C.: Library of Congress.

Marchi, Regina. 2019. "Changing Landscapes: Bathtub Madonnas in an Italian-American Community in Transition." In *Oltreoceano: Geografie e letterature: luoghi dell'emigrazione*, a cura di Silvana Serafin, Alessandra Ferraro, Anna Pia De Luca, e Daniela Ciani Forza, 133-142. Udine: Forum.

Marinaro, Melissa. 2020. *Highlights from the Italian American Collection: Western Pennsylvania Stories*. Pittsburgh: Senator John Heinz History Center.

Marshall, Howard Wight. 1995. *Paradise Valley, Nevada: The People and Buildings of an American Place*. Tucson: The University of Arizona Press.

Marvin, Judith. 2012. "Romaggi Store," CalvaresHistory.Org, https://www.calaverashistory.org/romaggi-store. Consultato May 13, 2021.

Mathias, Elizabeth. 1974. "The Game as Creator of the Group in an Italian-American Community." *Pennsylvania Folklife* 23(4): 22–30.

Matturi, John. 1993. "Windows in the Garden: Italian-American Memorialization and the American City." In *Ethnicity and the American Cemetery*, a cura di Richard E. Meyer, 14-35. Bowling Green, Ohio: Bowling Green State University Popular Press.

Mazziotti Gillan, Maria. 2014. "*Biancheria* and My Mother." In *Embroidered Stories: Interpreting Women's Domestic Needlework from the Italian Diaspora*, a cura di Edvige Giunta e Joseph Sciorra, 336-337. Jackson, Mississippi: University Press of Mississippi, 2014.

McGrath, Robert L. 1987. "Death Italo-American Style: Reflections on Modern Martyrdom." *Markers: Annual Journal of the Association for Gravestone Studies* 9: 107-113.

Meinig, D. W. 1979. "Introduction." In *The Interpretation of Ordinary Landscapes: Geographical Essays*, a cura di D. W. Meinig, 1-7. New York: Oxford University Press.

Merish, Lori. 2016. "Reading 'things' in Italian-America." *Journal of Transatlantic Studies* 14: 200-211.

Miller, David. 1987. *Material Culture and Mass Consumption*. Basil Blackwell: Oxford.

Millo, Tennille-Lynn. 2020. "A bread oven rests in Little Falls." *Observer-Dispatch*. October 8. https://www.uticaod.com/story/lifestyle/2020/10/08/bread-oven-rests-little-falls/5913659002/. Consultato April 23, 2021.

Nestor, Adrian. 2015. Intervista con Laura E. Ruberto. 5 giugno.

Noyes, Dorothy. 1989. *Uses of Tradition: Arts of Italian Americans in Philadelphia*. Philadelphia Folklore Project and the Samuel S. Fleisher Art Memorial.

Orsi, Robert A. 1985. *The Madonna of 115th Street: Faith and Community in Italian Harlem, 1880-1950*. New Haven: Yale University Press.

Parkman, E. Breck. 2007. "Missiles of Peace: Benny Bufano's Message to the World." *California History* 84(3): 43-60.

Pascali, Lara. 2011. "The Italian Immigrant Basement Kitchen in North America." In *Italian Folk: Vernacular Culture in Italian-American Lives*, a cura di Joseph Sciorra, 49-61. New York: Fordham University Press.

Pelayo Sañudo, Eva. 2020. "Elegies and Genealogies of Place: Spatial Belonging in the Italian/American Culture and Literature." *Miscelánea: A Journal of English and American Studies* 62: 125-146

Primiano, Leonard Norman. 2007. "The Vow as Visual Feast: Honoring St. Joseph in Sicilian American Homes." *Traditiones* 36.1: 113-125.

Rea, Tom. 2001. *Bone Wars: The Excavation and Celebrity of Andrew Carnegie's Dinosaur*. Pittsburgh: University of Pittsburgh Press.

Riis, Jacob. 1905. *The Children of the Poor*. New York: Charles Scribner and Sons.

"Rossi, Vincent and Girard." Connecticut State Library. https://ctstatelibrary.org/rossi-vincent-and-girard/. Consultato 8 maggio 2021.

Ruberto, Laura E. 2007. *Gramsci, Migration, and the Representation of Women's Work in Italy and the U.S.* Lanham, Maryland: Lexington/Rowman and Littlefield.

Ruberto, Laura E. 2008a. "Radical Espresso: Mario Savio and Berkeley's Free Speech Movement. *I-Italy*. October 26, http://www.i-italy.org/bloggers/4982/radical-espresso-mario-savio-and-berkeley-s-free-speech-movement. Consultato May 12, 2021

Ruberto, Laura E. 2008b. "Gepetto (sic), Fairyland, and Oakland's Lost Italian Americans." *I-Italy*. May 3, http://bloggers.iitaly.org/bloggers/1823/gepetto-sic-fairyland-and-oakland-s-lost-italian-americans. Consultato May 12, 2021.

Ruberto, Laura E. 2010 "Frank Capra Films Italian-San Francisco." *I-Italy*. February 3. http://bloggers.iitaly.org/bloggers/13025/frank-capra-films-italian-san-francisco. Consultato 10 aprile, 2021.

Ruberto, Laura E. 2013. "An Italian Topography within a California Cemetery." *I-Italy*. January. 10, http://www.i-italy.org/bloggers/35112/85talian-topography-within-california-cemetery. Consultato February 20, 2021.

Ruberto, Laura E. 2015. "Italian Films, New York City Television, and the Work of Martin Scorsese." In *A Companion to Martin Scorsese*, a cura di Aaron Baker, 53-70. New York: Wiley-Blackwell Press.

Ruberto, Laura E. 2016. "Al di la di Sabato Rodia: Qualche appunto sugli ambienti Italo-Californiani." *Osservatorio Outsider Art Palermo* 12: 56-79.

Ruberto, Laura E. 2021. "Creative Expression and the Material Culture of Italian POWs in the United States During World War II" *Material Culture Review/Revue de la culture matérielle*.

Ruberto, Laura E., e Joseph Sciorra 2017°. "Introduction: Real Italians, New Immigrants." In *New Italian Migrations to the United States, Vol. 1: Politics and History Since 1945*, a cura di Laura E. Ruberto e Joseph Sciorra, 1-58. Urbana, Illinois: University of Illinois Press.

Ruberto, Laura E., e Joseph Sciorra 2017b. "Introduction: Rebooting Italian America." In *New Italian Migrations to the United States, Vol. 2: Art and Culture Since 1945*, a cura di Laura E. Ruberto e Joseph Sciorra, 1-31. Urbana, Illinois: University of Illinois Press.

Ruberto, Laura E., e Joseph Sciorra 2017c. "New Italian Migrations to California." *Studi Emigrazione* 54(207): 485-510.

Ruberto, Laura E., e Joseph Sciorra. 2018. "Migration and Material Culture: Legacy, Ethnicity, Hybridity." *Diaspora* 32: 125-129.

Ruberto, Laura E., e Joseph Sciorra. 2019. "Oggetti migranti: I musei italoamericani e la creazione dell'identità collettiva." In *Storia degli italoamericani*, a cura di William J. Connell, Stanislao G. Pugliese, e Maddalena Tirabassi, 755-772. Firenze: Le Monnier Università/Mondadori Education.

Ruberto, Laura E., e Joseph Sciorra. 2020a. "'Columbus Might be Dwarfed to Obscurity': Italian Americans' Engagement with Columbus Monuments in a Time of Decolonization. In *Public Memory in the Context of Transnational Migration and Displacement: Migrants and Monuments*, a cura di Sabine Marschall, 61-93. Palgrave Macmillan Memory Studies. Cham, Switzerland: Springer Nature.

Ruberto, Laura E., e Joseph Sciorra. 2020b. "Toppling Columbus, Recasting Italian Americans" "Process History," The blog of the Organization of American Historians, *The Journal of American History*, and *The American Historian*. July 23, http://www.processhistory.org/rubertosciorra-toppling-columbus/. Consultato 9 maggio 2021.

Rudolph, Katie. 2020. "Uncovering North Denver's Outdoor Bread Ovens." *Denver Public Library*. April 28, https://history.denverlibrary.org/news/outdoor-bread-ovens. Consultato April 23, 2021.

Sautman, Francesca Canadé. 2018. "Between Divestment and Migration: Clothing Artifacts and Identity among Italian Immigrant Women, 1880s–1920s." *Italian American Review* 8 (2): 143-174.

Saverino, Joan. 2010. "Mapping Memories in Stone: Italians and the Transformation of a Philadelphia Landscape." In *Global Philadelphia: Immigrant Communities Old and New*, a cura di Ayumi Takenaka e Mary Osirim, 52-76. Philadelphia: Temple University Press.

Sensi-Isolani. Paola A. 1990. 'Italian Image Makers' in: Sensi-Isolani, Paola A. e Tamburri, Anthony Julian (a cura di). *Italian Americans Celebrate Life: The Arts and Popular Culture. Selected Essays from the 22nd annual conference of the American Italian Historical Association*, 95-113. Staten Island: American Italian Historical Association.

Scambray, Kenneth. 2011. "Creative Responses to the Italian Immigrant Experience in California: Baldassare Forestiere's Underground Garden and Simon Rodia's Watts Towers." In *Italian Folk: Vernacular Culture in Italian-American Lives*, a cura di Joseph Sciorra, 63-106. New York: Fordham University Press.

Sciorra, Joseph. 2001. "The Lisanti Family Chapel in Williamsbridge, the Bronx." *Voices: the Journal of New York Folklore* 27 (3-4): 26–30.

Sciorra, Joseph, ed. 2003. *Sacred Emblems, Community Signs: Historic Flags and Religious Banners from Italian Williamsburg, Brooklyn*. New York: Casa Italiana Zerilli-Marimò.

Sciorra, Joseph. 2007. "Ottava Rima in Bensonhurst." *I-Italy*. 26 dicembre. http://bloggers.iitaly.org/node/988. Consultato April 23, 2021.

Sciorra, Joseph. 2008a. "An Epic of Mediterranean Culture." *I-Italy*. 22 dicembre. http://bloggers.Iitaly.org/node/5832. Consultato April 23, 2021.

Sciorra, Joseph. 2008b. "Sending a Telegram to the Pope." *I-Italy*. 21 agosto. http://bloggers.Iitaly.org/node/3951. Consultato May 14, 2021.

Sciorra, Joseph. 2011. "Locating Memory: Longing, Place, and Autobiography in Vincenzo Ancona's Sicilian Poetry." In *Italian Folk: Vernacular Culture in Italian-American Lives*, a cura di Joseph Sciorra, 107-131. New York: Fordham University Press.

Sciorra, Joseph. 2014. "Giovanni Indelicato, Bootblack Artist, Rediscovered and Reclaimed." *I-Italy*. 9 giugno. http://bloggers.iitaly.org/node/38171. Consultato April 23, 2021.

Sciorra, Joseph. 2015. *Built with Faith: Italian American Imagination and Catholic Material Culture in New York City*. Knoxville: The University of Tennessee Press.

Sciorra, Joseph, e Peter Vellon, eds. 2004. *The Art of Freedom: Onorio Ruotolo and the Leonardo Da Vinci Art School*. New York: Italian American Museum.

Soria, Regina. 1997. *Fratelli Lontani: Il contributo degli artisti italiani all'identità degli Stati Uniti (1776-1945)*. Napoli: Liguori Editore.

Sturm, Circe, e Randolph Lewis, dir., 2007. *Texas Tavola: A Taste of Sicily in the Lone Star State*.

Tamburri, Anthony Julian. 2019. "Michael Corleone's Tie: Francis Ford Coppola's *The Godfather*." In *Mafia Movies: A Reader*, a cura di Dana Regna, 70-75. Toronto. University of Toronto Press.

Tirabassi, Maddalena. 2014. "Making Space for Domesticity: Household Goods in Working-Class Italian American Homes, 1900-1940." In *Making Italian America: Consumer Culture and the Production of Ethnic Identities*, a cura di Simone Cinotto, 57-70. New York: Fordham University Press.

Trabert Sarah. 2020. "Understanding the Significance of Migrants' Material Culture." *Journal of Social Archaeology* 20(1): 95-115.

Tricarico, Donald. 1989. "In a New Light: Italian-American Ethnicity in the Mainstream." In *The Ethnic Enigma: The Salience of Ethnicity for European-Origin Groups*, a cura di Peter Kivisto, 24–46. Philadelphia: The Balch Institute Press.

Turner, Kay. 1999. *Beautiful Necessity: The Art e Meaning of Women's Altars*. New York: Thames & Hudson.

Turner, Kay, e Suzanne Seriff, 1987. "Giving an Altar: The Ideology of Reproduction in a St. Joseph's Day Feast." *The Journal of American Folklore* 100 (398): 446-460.

Upton, Dell. 1986. *America's Architectural Roots: Ethnic Groups that Built America*. New York: John Wiley & Sons, Inc.

Vanni, Ilaria 2014. "From Domestic Craft to Contemporary Arts: Needlework and Belonging in Two Generations of Italian Australian Artists." In *Embroidered Stories: Interpreting Women's Domestic Needlework from the Italian Diaspora*, a cura di Edvige Giunta e Joseph Sciorra, 121-135. Jackson, Mississippi: University Press of Mississippi, 2014.

Vellinga, Marcel. 2011. "The End of the Vernacular: Anthropology and the Architecture of the Other Author(s)," *Etnofoor* 23 (1): 171-192.

Verdicchio, Pasquale. 2003. "The Place of Identity: San Diego's Little Italy and Community as Archive." In *Italian Immigrants Go West: The Impact of the Locale on Ethnicity*, a cura di Janet W. Worrall, Carol Bonomo Albright, e Elvira G. Di Fabio, 10-24. Cambridge, Massachusetts: American Italian Historical Association.

Wagner, Johanna Rossi. 2017. "The Digital Archive and the Italian American Classroom." *NeMLA Italian Studies* 39: 72-83.

Wegars, Priscilla. 1991." Who's Been Workin' on the Railroad?: An Examination of the Construction, Distribution, and Ethnic Origins of Domed Rock Ovens on Railroad-Related Sites." *Historical Archaeology* 25(1): 37-65.

Wellington, Robert. 2020. "Metadata, Material Culture, and Global Art History." In *The Routledge Companion to Digital Humanities and Art History*, a cura di Kathryn Brown. United States: Taylor & Francis, eBook. Consultato May 23, 2021.

Williams, Phyllis H. 1969. *South Italian Folkways in Europe and America: A Handbook for Social Workers, Visiting Nurses, School Teachers, and Physicians*. New York: Russell & Russell.

Zanoni, Elizabeth. 2018. *Migrant Marketplaces: Food and Italians in North and South America*. Urbana, Illinois: University of Illinois Press.

Zeitlin, Steven J., Amy J. Kotkin, e Holly Cutting Baker. 1982. "Family Photographs." In *A Celebration of American Family Folklore: Tales and Traditions from the Smithsonian Collection*," a cura di Steven J. Zeitlin, Amy J. Kotkin, e Holly Cutting Baker, 182-192. New York: Pantheon Books.

I molteplici trattini del cinema italoamericano

Ilaria Serra

Molto si è scritto sull'identità italoamericana nel cinema. Questo intervento vuole prendere una piega diversa e illustrare il cambiamento dell'italiano cinematografico attraverso una metafora ormai comune in questo campo di studi. Immaginiamo di vedere una striscia di celluloide spezzettata in tanti piccoli ritagli. Ognuno di loro lungo quanto un trattino, il trattino che s'interpone tra italo *e* americano. Questo saggio si focalizza su quel piccolo, ma immensamente stratificato spazio di interpunzione che è diventato caro alla critica, laddove si gioca, bilanciandosi a volte dolorosamente, la definizione dell'identità italoamericana.

Il trattino, breve tratto d'unione ma anche di separazione, è oggetto di discussione fondamentale, tanto che non si può capire la complessità degli studi italoamericani senza partire dalla discussione sull'*hyphen*. C'è così tanto in quel minimo segno grafico che qualsiasi discorso sull'identità deve partire da lì oppure tornare lì. In inglese, il suo uso è obbligatorio in un aggettivo con parole composte, ma in qualsiasi accezione grammaticale è ormai diventato il simbolo dell'identità divisa. Ai tempi dell'emigrazione di massa, nei primi anni del ventesimo secolo, il trattino era un segno di vergogna. Nell'epoca del "melting pot", quel trattino significava l'impossibilità a sciogliersi, a *melting* appunto, nel calderone dell'identità. Nel 1915, il presidente Roosevelt dichiarava nel suo discorso ai Knights of Columbus alla Carnegie Hall: "Non esiste un buon americano che abbia il trattino. L'unico buon americano è un americano e basta" (Link and Link, 166). Lo stesso affermava Woodrow Wilson nel 1919: "Voglio dire e non posso dirlo abbastanza, che quasiasi persona porti un trattino porta un pugnale che è pronto ad affondare negli organi vitali di questa Repubblica non appena lo voglia" (Vought, 147). Benché il presidente parlasse in generale, con la scelta della parola *dagger*, pugnale, sembra riferirsi direttamente al gruppo italoamericano. *Dagger* viene spesso associato agli italiani e, anzi, è uno dei possibili significati etimologici del soprannome derogatorio *dago*, assegnato agli emigranti italiani in quel periodo e usato senza remore perfino nelle didascalie di un film muto: Dago Pete è il protagonista di *The Skyscrapers of New York* (*I grattacieli di New York*, 1906). La metafora del "melting pot" viene poi sostituita dall'immagine, sempre culinaria ma più rispettosa, del "salad bowl", dove ogni ingrediente mantiene la sua identità. Non si chiede di sciogliersi nel calderone, ma di comporsi in un'insalata multicolore.

A grandi linee, è possibile distinguere in tre fasi principali la presenza italiana nel cinema americano corrispondenti a tre declinazioni identitarie. Nel primo periodo l'italiano è principalmente lo straniero, non decide i modi di produzione del cinema, ma li subisce. È personaggio ed è oggetto della narrazione, un piccolo dettaglio del quadro. Questa è l'epoca del trattino divisore, all'incirca l'epoca del cinema muto fino agli anni Trenta. La seconda fase coincide con le decadi a metà del 1900, in cui l'italiano comincia a occupare più spazio e ad assumere un'identità più sfumata. Non è semplicemente straniero, ma viene considerato un tipo di americano, italo-americano appunto, e dipinto come tale, diviso in due, assimilato e assimilabile, coloratissimo nella sua accezione etnica, ma ancora soprattutto argilla malleabile nelle mani di registi americani di diversa provenienza. È l'epoca del trattino flessibile, che include anche i registi italiani che nascondono la loro origine e la riducono a "sintomo" come afferma Pellegrino D'Acierno (569). In questi film l'italianità è da ricercare per vie indirette, attraverso personaggi secondari come Mr. Martini di *It's a Wonderful Life* (*La vita è meravigliosa,* Frank Capra, 1946) o attraverso tratti italianeggianti conferiti ai personaggi. Infine, dagli anni Sessanta e Settanta, inizia la terza fase in cui l'italoamericano diventa finalmente narrazione e autore della propria storia, in cui si inizia a sentire una voce distinta, accentata ma chiara, padrona delle proprie corde vocali. Questa fase è la più variegata, perché una volta che a filmare è un regista italoamericano, le modulazioni dell'identità sono infinite, fino a diventare autoreferenziali e postmoderne. Si crea una vera e propria vena d'ispirazione, una "scuola" di cinema italoamericano, con una sua grammatica visiva e linguistica: è un cinema insegnato (principalmente nelle università), diffuso (nei circuiti e nei festival), difeso (attraverso finanziamenti mirati), promosso (da gruppi, enti e associazioni) e discusso (da critici ma anche dal grande pubblico e dagli attivisti). Questa è l'epoca in cui il trattino si complica, muta di forma, si inclina, si frammenta e, a volte, perfino scompare.

Il trattino allungato

Alla nascita del cinema, gli italiani entrano sulla scena a trattino sfoderato, come se fosse un pugnale o un bastone. I primi film che li ritraggono sono brevi filmati (3-5 minuti) prodotti dai pionieri del cinema, Thomas Alva Edison e Edwin Porter. Essi dipingono l'italiano come nuovo arrivato e spina nel fianco della società per bene. Le due estremità del trattino pesano e si contrappongono chiaramente — con due identità opposte moralmente e fisicamente come il bianco e il nero delle pellicole. In *The Skyscrapers of New York* (Edison, 1906) il protagonista Dago Pete è un manovale facinoroso e vendicativo. Attacca briga con i compagni sulla cima di un grattacielo in scene mozzafiato. Quando viene licenziato, cerca di vendicarsi contro il caposquadra. Ruba l'orologio da taschino dalla giacca del boss e con un sotterfugio lo nasconde sopra il caminetto di casa del caposquadra, accusandolo. Al processo viene però smascherato: la figlioletta del caposquadra lo riconosce. Interessante il gesto teatrale che la bimba compie in tribunale: allunga il braccio per indicare il colpevole con dignità e forza. Quel braccio teso è la misura della distanza del trattino come la descrive il critico Daniel Aaron. Nel 1964 Aaron apre il discorso sul trattino, prevedendone (erroneamente) la sparizione. Per Aaron il trattino è una metafora: è il tentativo del nord americano di tenere il nuovo arrivato "a lunghezza di braccio", un gesto di allontanamento ad arto esteso. Proprio il gesto della bambina davanti alla macchina cinematografica fissa di Edison. Il contrasto cromatico tra la bambina vestita di bianco e l'italiano torvo e ricurvo, vestito di nero, è un evidente messaggio visivo. Il trattino è un segno di divisione e distanziamento.

Il contrasto tra bianco e nero, dove nero è l'elemento etnico e bianca la purezza americana, si trova anche in altri due film delle origini. Nero-sangue è il segno terrificante della Mano nera che appare gocciolante nel primo piano di *The Black Hand* (Edison, 1906). La Mano nera era il marchio criminale che impauriva la New York d'inizio secolo, accompagnando rapimenti, intimidazioni, minacce ed estorsioni. È la prima versione della più famosa Mafia protagonista di tanti film successivi. *The Black Hand* racconta una di queste storie, tratta da uno dei tanti articoli di cronaca: il rapimento della figlia di un macellaio, anche lei caratterizzata da un grembiulone bianco. Come è biancovestita la bambina rapita dai due italiani girovaghi in *Her First Adventure* (Edison, 1904). In questo breve filmato, una bimba siede sugli scalini di casa e viene attratta dalla musica di due suonatori di organetto che se la portano via. La coppia è caratterizzata come italiana, con costumi etnici e un fiasco di Chianti in borsa. A capo dell'inseguimento che salva la bambina c'è un collie, che si guadagna *l'iris* finale del film: il primo cane eroe cinematografico. La dicotomia bianco-nero, innocenza infantile-cattiveria criminale è così chiara che non fa che appesantire i due lati del trattino, separati di netto, nel periodo di prima fase della presenza italoamericana sullo schermo cinematografico.

Bisogna aspettare dieci anni e lo spostamento della produzione cinematografica da New York, primo porto di sbarco degli italiani, luogo di rifiuto e paura dello straniero, a Los Angeles, per vedere ingrigire la dicotomia bianco-nero. Il film *The Italian* (Reginald Barker, 1915) mostra un italoamericano leggermente più positivo. Si deve forse allo spostamento in California, dove gli italiani appartenevano a una generazione precedente, maggiormente assimilata, o forse alla richiesta stessa dell'attore George Beban, preoccupato di macchiare la sua immagine con un personaggio troppo negativo. Fatto sta che Beban appare nel film in due ruoli: come l'emigrante Beppo Donnetti, ma anche come un assorto lettore in veste da camera e interno borghese nella cornice narrativa. E fatto sta che l'italiano Beppo giunge a un finale di redenzione. L'attrito tra le due parti del trattino è presente fin dal primo titolo in lavorazione: l'insulto *The Dago*. Nel lungometraggio un improbabile gondoliere Beppo parte per l'America per far fortuna e poter sposare la fidanzata, Annette. Riesce a spedirle i soldi per il viaggio e lei lo raggiunge in una New York anche troppo soleggiata (infatti è Los Angeles). Beppo si guadagna la vita facendo il lustrascarpe, mentre Annette accudisce il bimbo. Il figlioletto in culla dorme proprio come il padre, con la mano sotto il mento. Giunge una giornata torrida d'estate, una di quelle che trasformano i palazzi sovraffollati in inferni, come li descrive Jacob Riis in *How the Other Half Lives* (124-25) Il bambino si ammala, il latte marcisce e Beppo viene derubato prima di potergliene portare di fresco. Il padre disperato provoca una rissa e viene portato in prigione, ma non prima di essere cacciato in malo modo anche dal boss Corrigan che lo aveva avvicinato in precedenza per chiedere il voto dei suoi "wop friends" (altro termine spregiativo per gli emigranti italiani) e che, nel momento del bisogno, gli rifiuta ogni aiuto. Il bimbo muore e Beppo inizia a meditare vendetta contro il boss. Si introduce di soppiatto nella sua casa signorile (ben diversa dal buco nel *tenement* dove vivono gli immigrati Annette e Beppo, con stanze divise da tendaggi) e giunge alla stanza dove dorme il figlioletto di Corrigan. Anche lui è ammalato e ogni piccolo disturbo potrebbe ammazzarlo, dice il medico. Beppo è pronto a svegliarlo, godendo della vendetta, ma si blocca con la mano a mezz'aria: quando il bimbo si muove nel sonno, mette la manina sotto il mento, proprio come suo figlio. Il cuore di Beppo non regge e egli rinuncia ai suoi piani criminali. Al povero italiano non rimane che crollare in pianto sulla tomba del figlio, mentre il libro si chiude sul suo dolore. *The Italian* è un film drammatico, ricco di colpi di scena e di suspense, anche se privo del sonoro. Un film che accorcia di un poco la distanza del trattino, misurata da quel braccio teso — simbolo di un'America che si vede innocente — verso il nuovo arrivato.

Sempre nel periodo del cinema muto, Rodolfo Valentino traccia un altro tipo di trattino: una sinuosa via d'uscita dalla realtà in cui l'affascinante attore di origine pugliese accompagna per mano gli spettatori (o meglio le spettatrici) nel suo mondo d'avventure e di esotismo. Il successo di Valentino si deve proprio alla sua attrazione esotica e erotica e alla sua bellezza fatta di zigomi alti, occhi brillanti, denti bianchi e sopracciglia espressive. La sua fisicità è esaltata anche dalla necessità del cinema muto di evidenziare la comunicazione fisica: bastano un sopracciglio alzato o un muscolo denudato ad accentuarne la carica comunicativa. Rodolfo Valentino era nato Rodolfo Guglielmi a Castellaneta in Puglia. Il suo magnetismo da ballerino di tango lo fa entrare nella leggenda anche nella vita quotidiana. A Venezia si racconta ancora di quando, allievo sedicenne della scuola nautica della Regia Marina, salvò una vedova inglese, caduta nel Canal Grande, la quale fece poi la sua fortuna. L'identità italiana di Valentino resta un'identità non assimilata. Egli stesso non richiede mai la cittadinanza americana e resta straniero in tutti i suoi ruoli: argentino in *The Four Horsemen of the Apocalypse* (*I quattro cavalieri dell'apocalisse*, Rex Ingram, 1921), spagnolo in *Blood and Sand* (*Sangue e arena*, Fred Niblo, 1922), arabo nei suoi ruoli più famosi, *The Sheik* (*Lo sceicco*, George Melford, 1921) e *The Son of the Sheik* (*Il figlio dello sceicco*, George Fitzmaurice, 1926). In quest'ultimo, si scopre che lo sceicco è in realtà europeo, dettaglio che permette di scavalcare il tabù del meticciato e consegnare Valentino al desiderio del pubblico a briglie sciolte. Valentino ricopre un ruolo italiano soltanto in *Cobra* (Joseph Henabery, 1925) dove recita la parte del conte Rodrigo Torriani, esperto di antiquariato, richiamato a New York da un amico e assalito dall'adorazione delle signore del luogo. Il cobra del titolo è proprio la bella Elisa che cerca di sedurlo. Un effetto speciale chiarisce la metafora: la figura femminile ammantata del cappuccio del cobra si sovrappone alla statuetta del serpente in posizione d'attacco di fronte alla pantera. Alla fine del film, il conte Torriani sacrifica la sua attrazione per la semplice Mary, l'unico puro amore che abbia mai conosciuto, come scrive la didascalia, per favorire l'amico Jack, e si allontana dalla scena lasciandogli via libera. Se ne torna in Italia sulla nave che passa di fronte alla statua della libertà: la distanza tra le due identità resta incolmata. Valentino rimane straniero sul suo trattino: un ideale inarrivabile, grazie anche alla sua morte precoce all'apice della carriera, a 31 anni, a New York. Il trattino di Valentino non è direttamente italoamericano, ma è essenzialmente straniero: il suo appartenere all'altrove, flessuoso come un ballerino, elegante come un aristocratico, eroico come uno spadaccino, lo rende il sogno del pubblico femminile degli anni Venti.

Il trattino non accenna a scomparire, ma si evidenzia e, anzi, diventa un solco profondo alla fine della stessa decade, con l'avvento del cinema sonoro, che coincide con il tonfo del crollo della Borsa di Wall Street nel 1929 e con lo stridore delle sgommate delle automobili nei film di gangster. Il gangster è già un vero italoamericano: appartiene alla seconda generazione, ha nomi ormai misti. Il danno all'immagine italiana compiuto da questi film è gravissimo e se ne accorge Fiorello La Guardia quando protesta contro lo stereotipo negativo diffuso da *Little Caesar* chiedendo provocatoriamente se Hollywood avrebbe avuto lo stesso coraggio a stereotipare in questo modo un ebreo (Bouchard, 74). I gangster fanno breccia nel cuore degli spettatori. I più noti sono Rico Bandello e Tony Camonte ovvero il *Little Caesar* e lo *Scarface* dei film a cui danno il titolo, che attraversano il loro trattino con sicumera, a fanali puntati su strade lucide di pioggia. Queste figure affascinano e spaventano. In fondo, sia Rico Bandello che Tony Camonte non fanno che perseguire il loro sogno americano, a cui si riferiscono direttamente: il sogno dell'*everyman* che aspira a diventare qualcuno. All'inizio di *Little Caesar* (*Piccolo Cesare*, Mervyn LeRoy, 1930) Cesare Enrico Bandello, in breve Rico (Edward G. Robison), entra in un bar con il suo complice. Lì dichiara a voce alta di volere essere qualcuno — *be somebody* — e di voler raggiungere il rispetto che si è guadagnato il mafioso Diamond Pete Montana. Non vuole che la sua banda rimanga una coppia di zeri, *a couple of nobody*. L'amico, anche lui italoamericano, Joe Massara (Douglas Fairbanks Jr.) risponde meno entusiasticamente e, infatti, nel corso del film lascia la cattiva strada. Sceglie l'amore e la danza, diventando un ballerino e giungendo alla fama. Il suo nome e quello della findanzata, Olga, appaiono nel cartellone sotto cui Rico viene ucciso. Il nome dello spettacolo sembra un messaggio per Rico: "*Topsy Turvy*" (il mondo alla rovescia). Rico muore in un vicolo, tra i bidoni, con uno sguardo di stupore, mormorando parole che la censura ritiene necessario aggiungere per evidenziare la punizione conclusiva: "Mother of mercy, is this the end of Rico?" (Madonna misericordiosa, è questa la fine di Rico?). In questo celebre finale, lo spazio del trattino coincide con la distanza tra un cartellone pubblicitario e l'asfalto insanguinato.

La stessa dinamica si osserva in *Scarface* (*Lo sfregiato*, Howard Hawks, 1932), l'altro grande protogangster italoamericano (il terzo film dell'era del gangster: *The Public Enemy—Nemico pubblico—*, William Welmann, 1931, vede invece un protagonista irlandese). Il sottotitolo denigratorio, "La vergogna di una nazione" (*Shame of a Nation*), viene aggiunto per sottolineare la distanza tra noi e loro. Vergognoso è Tony Camonte (Paul Muni), gangster solitario amante dell'opera, psicopatico appassionato della mitragliatrice e morbosamente innamorato della sorella Cesca, capo della mafia di Chicago, un diretto riferimento ad Al Capone, sfregiato come lui. Similmente a Rico Bandello, la fine di Tony Camonte suggella la distanza dal sogno americano con un movimento di macchina dal basso in alto. Mentre Tony, crivellato di colpi dalla polizia, cade sull'asfalto tra le rotaie del tram, la telecamera lo abbandona e alza lo sguardo sull'insegna neon sopra un tetto che dice "Il mondo è tuo"—commento che ironizza sulla fine del criminale. Da notare che questo finale, così simile alla morte di Rico, viene cambiato in un secondo tempo per soddisfare la censura a cui la morte in battaglia dispiace come troppo eroica. Ne viene girato un altro che vede la Polizia trionfare con i crismi della legge: Tony (una controfigura) si consegna nelle mani dei poliziotti. Evita così un destino eroicamente tragico (lo stesso Rico trionfava quando diceva al poliziotto che in fondo aveva vinto lui: gli aveva detto che non sarebbe riuscito a mettergli le manette). Tony viene condannato da un giudice che gli legge il verdetto con evidente disgusto per le sue azioni, e viene impiccato senza gloria.

È David Warshaw, in un pluricitato articolo, a puntare il dito sull'attrazione per questo trattino criminale che in realtà unisce quasi quanto divide. Egli nota come nel dialogo tra il noi (americani) e il loro (gangster italiani) non ci sia affatto una lunga distanza: il gangster è colui che vogliamo essere e colui che abbiamo paura di diventare (240-244). In quel trattino si rivelano dunque le paure dell'America: la sete di denaro, il sogno dell'uomo qualunque, il trionfo dell'individuo. A ben guardare, sono le condizioni che hanno portato al crollo della Borsa del 1929 e agli anni della Depressione. I gangster parlano di questo periodo: anzi, sono necessari come capri espiatori, per condannare i mali dell'America stessa. Come "eroi tragici", afferma Washaw, essi rivelano il senso di paura e di fallimento, sono il ritorno del represso di una società che si mostra ottimista. Tocca al personaggio italiano, dunque, portare a compimento questo importante ruolo: essere *l'altro* e placare le coscienze, permettendo loro di trasferire le proprie paure e una lucida autocritica nelle figure dei Rico e dei Tony.

Modulazioni del trattino

Un trattino modulato su note musicali unisce i cantanti/attori del cinema con il pubblico durante gli anni della seconda guerra mondiale. Sulle note di canzoni suadenti, cantate con *charme* mediterraneo, si accorciano le distanze etniche. È impossibile dimenticare le origini italiane di attori cantanti come Frank Sinatra e Dean Martin. Sinatra rifiuta la proposta di americanizzare in Satin il suo cognome. Martin invece rinuncia all'italosonante Dino Crocetti per l'americanizzato Dean Martin (passando per Dino Martin). Entrambi furoreggiano negli anni cruciali della seconda guerra mondiale, quando, fuori dagli schermi, l'italoamericano è un *enemy alien*, alleato con il paese contro cui gli Stati Uniti combattono, la Germania, e subisce una profonda discriminazione sociale che lo porta perfino a dimenticare la lingua madre per evitare di parlare nella lingua del nemico. In *From Here to Eternity* (*Da qui all'eternità*, Fred Zinnemann, 1953) Frank Sinatra è il soldato Angelo Maggio reso primariamente americano: è un soldato nell'esercito, che si trova a dover lottare per il rispetto dei commilitoni, ma anche lui viene sopraffatto dalla discriminazione. Amato dalle donne e odiato dagli uomini, il personaggio di Sinatra si fa strada nell'ambiente militare che lo punisce per la sua diversità, colpito da epiteti come *wop* e *dago* durante tutto il film. Viene ucciso fuori combattimento, pestato a sangue da un sergente Judson (Ernst Borgnine) poco prima che Pearl Harbor venga attaccata. Questo ruolo, guadagnato a fatica da Sinatra, viene premiato con l'Oscar: è il primo dato ad un italoamericano per un personaggio italoamericano (Muscio, 268).[1] Nella vita, Sinatra è un eccentrico: viene accusato di contatti mafiosi, di comunismo, additato per i suoi affari d'amore. È anche generoso e apertamente difensore dell'uguaglianza razziale in pieno segregazionismo: si esibisce a Las Vegas con il gruppo del Rat Pack, di cui fanno parte Dean Martin e l'afroamericano Sammy Davis Jr. Si gode la vita tra alcol, fumo e donne, in quello che diventa lo stile "dago cool" (Bondanella, 152). Il Rat Pack diventa protagonista del film *Ocean's 11* (*Colpo grosso*, Lewis Milestone, 1960) in cui commilitoni reduci di guerra si ritrovano per organizzare la rapina del secolo. Anche se i personaggi principali hanno nomi senza trattino (Sinatra è Danny Ocean e Martin è Sam Harmon) nessuno può avere dubbi sul loro sangue italoamericano. Anzi, John Gennari, storico della musica, afferma che esiste un'identificazione tra "la voce *come* personaggio, di Frank Sinatra e [la voce] dell'America italiana" (1) Secondo Gennari, la voce italoamericana è quella che celebra la resilienza, dichiarando in musica che ce la si può fare, dovunque ("If I can make it there, I'll make it anywhere", recita la famosa "New York New York").

Dean Martin, nato in Ohio da una famiglia abruzzese, canta un inno alla riscoperta positiva e pittoresco-romantica dell'italianità del dopoguerra con la famosissima "That's Amore." La canzone, proveniente dal film *The Caddy* con Jerry Lewis (*Occhio alla palla*, Norman Taurog, 1953), è una parodia romantica che diventa colonna sonora di quegli anni di riscossa. "When the moon hits your eye like a big pizza pie, that's amore", canta Dean Martin nei panni del bravo ragazzo italoamericano, Joe Anthony. "Joe, canta per la mamma" (*you singa for Mama*) gli ingiunge il padre. Joe inizia a ballare con la mamma dedicandole i suoi versi speziati da un romanticismo culinario e da un linguaggio etnico. Siamo arrivati al punto in cui lo stereotipo è invecchiato e smussato dei lati ruvidi, quelli che facevano più male. Tanto che ora ci si può sorridere sopra. La canzone è scritta da un cripto-italoamericano, Frank Warren, vero nome Salvatore Guaragna. Il trattino si colora di simpatia, ma resta.

In quegli anni il film *Marty* (*Marty, vita di un timido*, Delbert Mann, 1955) propone un altro bravo ragazzo italoamericano. Il film viene pluripremiato con gli Oscar al miglior film, alla regia, alla sceneggiatura e al miglior attore. Protagonista è Ernest Borgnine (lo stesso sergente "Fatso"

Judson che ammazzava di botte e insulti Angelo Maggio in *Da qui all'eternità*). Qui interpreta con grande sensibilità Marty Piletti, lo scapolone impacciato e noiosissimo che vive con la madre, intrappolato nel suo amore soffocante. Questo dramma è tutto umano e famigliare, e vi spadroneggiano le figure femminili—una boccata d'aria in mezzo ai tanti criminali italiani. Il film inizia nella macelleria dove Marty sta tagliando le braciole e dove Ms. Fusari lo assale con una tirata perché è l'unico di sei figli a non essere sposato: "Dovresti vergognarti." Si uniscono a lei la mamma Theresa (l'attrice Ester Minciotti) e la zia Caterina (Augusta Ciolli) che opprimono i figli allo stesso modo. Per queste donne la famiglia, la casa da pulire, i figli per cui cucinare sono tutto. Con Marty, povero ragazzo che si sente piccolo, brutto e grassoccio ("I am just a fat little man. A fat ugly man"), il trattino non si accorcia di troppo. L'italoamericano è ancora troppo marcatamente etnico e diverso. Non importa che abbia servito la patria come soldato: una volta uscito, non trovando moglie, perde la sua identità di uomo. La strana famiglia cui appartiene ne accentua la diversità e lo separa dal resto della società. Solo alla fine, Marty si impone con determinazione, tagliando il cordone ombelicale che lo tiene legato alla madre e agli amici inconcludenti ("Cosa ti senti di fare?" "Non so, tu cosa ti senti di fare?" ripetono interminabilmente) e trovando il coraggio di telefonare a una ragazza, Clara, segnando forse il suo ingresso in una nuova vita.

I personaggi di *Marty* si collegano a una dinastia di famiglie italoamericane protagoniste di una serie di melodrammi urbani di questi anni, come *Cry of the City* (Robert Siodmak, 1948) e *House of Strangers* (Joseph Mankiewicz, 1949). In *Cry of the City* (*L'urlo della città*) Mrs. Rome (Mimi Aguglia) vede il figlio Martin (Richard Conte) prendere una brutta strada. Martin Rome diventa un criminale per perseguire il suo sogno di successo: il lavoro è per i perdenti, dice. Invece il suo amico d'infanzia, il tenente Candella (Victor Mature), sceglie la strada della legge. Il loro confronto armato avviene sopra a una tovaglia a scacchi in casa di mamma Rome. In *House of Strangers* (*Amaro destino*) il vecchio Edward G. Robinson (il primo gangster, Rico Bandello) tiene le redini della famiglia Monetti. I suoi tre figli si scontrano per diverse scelte di vita e ataviche invidie. Per interpretare questi ruoli, così fortemente etnici in interni familiari, i produttori cercavano attori dalla scena teatrale italoamericana in modo da garantirne il sapore autentico. La distanza del trattino appare incolmabile in questo periodo in cui i personaggi italoamericani restano materiale nelle mani di registi che non condividono la stessa etnia. Le cose cambieranno quando a impugnare la macchina da presa in gran numero saranno gli italoamericani stessi.

In questi anni di metà secolo si produce una divisione culturale sempre più profonda tra Italia e Italoamerica, entità separate nella società, nella cultura culinaria, nella musica. In cucina appaiono le fettuccine Alfredo, squisitamente italoamericane. In musica si canta il blend linguistico di "That's Amore" e "Bona sera signorina." Anche nel cinema si attua una divaricazione che il critico Giorgio Bertellini descrive giocando su titoli di film famosi. Da una parte c'è l'Italia con "la visione turistica che dall'esotiche vacanze romanze continua nei tramonti toscani" – qui si riferisce al genere di film che vanno da *Roman Holidays* (*Vacanze romane*, William Wyler, 1953) a *Under the Tuscan Sun* (*Sotto il sole della Toscana*, Audrey Wells, 2003). Dall'altra ci sono gli italoamericani: "gangster volgari ma affascinanti e ballerini di periferia ... dai sabato sera alle lunghe estati del Jersey shores", con chiari riferimenti a *Saturday Night Fever* e al telefilm *Jersey Shore* (prima serie 2009-2012) (Bertellini 69).

Il periodo del dopoguerra comprende anni di cambiamenti: l'italoamericano comincia ad accorciare sempre più la distanza del trattino, perché diventa sempre meno italiano, in senso originale, e sempre più americano, o meglio, sempre più una delle tante facce dell'America. Durante la guerra fredda l'Italia è un'entità lontana che bisogna tenere legata all'occidente tramite la spedizione di pacchi e doni. Il periodo dell'Hollywood sul Tevere, con le decine di film americani girati on location, crea un'immagine del Bel Paese come terra *altra*: pittoresca, vacanziera e di *dolce vita*. Invece, negli Stati Uniti, l'italoamericano in carne e ossa comincia a diventare sempre più americano e inizia un'avanzata sociale ed economica. La seconda e la terza generazione si spostano dalle città ai sobborghi, entrano a far parte della borghesia e contemporaneamente si "danno una mano di bianco" (visto che prima il loro status era considerato fluidamente, se non *black*, nemmeno *white*). Due personaggi raccontano in modo evidente quest'avanzata alla Horatio Alger in chiave italoamericana: Rocky e Tony Manero. Sylvester Stallone è il protagonista del film *Rocky* (John Avildsen, 1976). John Travolta è Tony Manero in *Saturday Night Fever* (*La febbre del sabato sera*, John Badham, 1977) e *Staying Alive* (Sylvester Stallone, 1983). Sull'immagine fisica, la forza e l'agilità si fonda la riscossa di questi due italiani proletari: Rocky Balboa è un pugile senza palestra e senza fans, che abita nei bassifondi di Philadelphia e si allena per le strade e le scalinate della città. E' imbarazzato e timido con le donne e Adriana, la sua fidanzata, è perfino più timida di lui. La sua scalata al successo non è solo sportiva, ma soprattutto sociale. E anche per Sylvester Stallone, italoamericano, il film diventa un'ascesa che lo porta alla candidatura all'Oscar, non solo come attore ma anche come sceneggiatore (tra i pochissimi con doppia candidatura, insieme a Charlie Chaplin e Orson Welles). Similmente John Travolta intepreta Tony Manero in *Saturday Night Fever* e *Staying Alive*, dimostrando che sotto un semplice commesso di un negozio di vernici, che abita con la sua numerosa famiglia, si può nascondere una star. Senza contare che Travolta è anche il Danny Zuko di *Grease* (*Brillantina*, Randal Kleiser, 1971), altro personaggio entrato nei sogni delle ragazze di qualche generazione fa. A Manero in particolare renderà omaggio con ironia lo stesso Travolta, diretto da Quentin Tarantino in *Pulp Fiction* (Quentin Tarantino, 1994). Lo si vede saltare sul tavolo ed atteggiarsi al ballerino d'altri tempi, con uno strizzamento d'occhio postmoderno. I corpi di Stallone e di Travolta diventano l'arma per farsi strada, tra pugni o passi di danza, nella società americana, e accorciare così la distanza del trattino. Fondamentale è che, a partire da questi anni, l'italoamericano cominci a vivere di vita propria e ad essere coinvolto in prima persona nella creazione della propria immagine cinematografica: comincia Stallone, attore e regista. Lo seguiranno Martin Scorsese e Francis Ford Coppola.

La (impossibile) sparizione del trattino

Il discorso sul trattino viene ripreso da Daniel Aaron nel 1964. Egli ne resuscita l'importanza, ma ne prevede anche la cancellazione totale. Vent'anni dopo, nel 1981, ritratta tale previsione affermando che "la de-trattinizzazione" che aveva previsto è stata invece una ri-trattinizzazione. Ma intanto un giovanissimo Martin Scorsese, ancora studente a NYU, forse per mera coincidenza, intitola il suo documentario *Italianamerican* (*Italoamericani*, 1974). Il giovane regista, che diventerà un campione dell'italoamericanità, annuncia con quel titolo che il trattino è caduto. I confini culturali sono così offuscati che non si sa più veramente riconoscere dove inizi l'italianità e dove finisca l'americanità. C'è molto in quella sparizione grafica: c'è un rimpastare le lettere, che è un rimpasto identitario. Scorsese non lo spiega ma lo mostra: il suo documentario non ha un montaggio intrusivo, per minimizzare l'intervento autoriale e favorire uno stile realistico. A parlare è la telecamera, piazzata di fronte ai suoi istrionici genitori in campo medio. Il regista li lascia andare, li punzecchia il minimo indispensabile e inserisce nel prodotto finito scene "a telecamere spente", dove la madre lo tratta come se non fosse guardata. Il documentario accoglie, senza apparente selezione, con naturalezza, le fotografie degli album di famiglia, il quadro dell'antenato, la pentola dove bolle la salsa di pomodoro, la tavola imbandita e, alla fine, la ricetta stessa della salsa che si aggiunge ai titoli di coda come personaggio: tutti elementi che mischiati, non separati, creano l'identità di Scorsese come ragazzo italoamericano, cresciuto nella Little Italy di Manhattan. Non c'è soluzione di continuità tra le sue radici italiane (complete di parenti, leggende e gastronomia) e il suo presente di americano. Il ricordo della discriminazione subita, della differenza etnica, anche delle idiosincrasie familiari, è ridotto ad aneddoti da raccontare in salotto. Nello stesso modo, le domande di Martin ai genitori non indirizzano la conversazione, ma la smuovono quel poco che basta per favorire la spontanea narrazione. La sua intenzione è mostrare una realtà genuina, allertando lo spettatore sull'operazione stessa: iniziando dal conto alla rovescia della pellicola, mostrando la telecamera, le luci, la sistemazione del "set", mettendo in guardia che si tratta di una realtà filtrata. Lo scopo di tale onestà è lasciare spazio a "quel tipo di sentimento crudo e non forzato in cui gli attori abbandonano il loro artificio e rompono la barriera tra finzione e realtà", afferma il regista (Scorsese e Donato, 203). Scorsese sembra dire che il filo della realtà italoamericana si avviluppa dentro un piccolo appartamento e si annoda con la realtà esterna americana e con il passato italiano, senza interruzioni, senza tagli di montaggio (come piacerebbe al realista André Bazin) e senza trattini. Nella scena finale del documentario spicca un momento-chiave: la pellicola si blocca sul primo piano della madre, che viene invecchiato come una foto color seppia. In quell'irrigidimento del tempo, che si cristallizza e si accartoccia sul ritratto materno, è lo spazio del trattino per Scorsese: la dimensione italiana è presente e viva, ma proviene da ricordi in una scatola di latta e a breve diventerà un'altra foto ingiallita e una ricetta di salsa di pomodoro. Sono due *significanti* fondamentali che restano nelle vite degli italoamericani, più o meno riempiti del loro *significato* originale. Tale effetto speciale, minimamente intrusivo, è la visualizzazione del concetto dell'imbrunire dell'etnia, teorizzato da Richard Alba.

Nel 1985, il sociologo Richard Alba scrive *Italian Americans: Into the Twilight of Ethnicity*, dove annuncia (per poi anch'egli correggere il tiro) uno sbiadimento del colore etnico nella generazione degli italoamericani degli anni '80. Egli definisce questo mutamento con una bellissima espressione, *the twilight of ethnicity*, indicando l'indebolimento del sentimento etnico nella sfumata luce dell'imbrunire. Alba nota come un gruppo che pareva inassimilabile stia invece cominciando a sciogliersi nel famoso calderone. Non sta scomparendo, ma ormai la sua diversità non disturba più così tanto, è diventata familiare e addomesticata. La diversità non brucia più sulla pelle, ma è diventata una sfumatura del tramonto. Solo un anno più tardi, nel 1986, Werner Sollors riprende l'idea in *Beyond Ethnicity: Consent and Descent in American Culture*, sottolineando come, nella società americana e nella letteratura, l'etnia sia diventata una questione di consenso, non solo di nascita (6). I confini sono quindi più fluidi e è possibile scegliere, fluttuare, senza essere incastrati una volta per sempre dalla caratterizzazione etnica. Gli americani etnici, afferma Sollors, sono più simili tra di loro che alla loro controparte rimasta in patria. L'"ascendenza" (*descent*) diventa secondaria rispetto al "consenso" (*consent*): "Le relazioni di ascendenza sono definite dagli antropologi come relazioni sostanziali (per sangue o per natura); le relazioni consensuali descrivono quelle per 'legge' o per 'matrimonio' [e] sottolineano l'abilità di ognuno, in quanto soggetto maturo e architetto del proprio futuro, di scegliere i propri sposi, il proprio destino e il proprio credo politico" (6).[2] In teoria.

In realtà, benché da una parte i confini delle Little Italies comincino a sfaldarsi e i matrimoni misti aumentino, il cinema rimane la roccaforte di un'*imagined community* italoamericana (la comunità immaginata teorizzata da Benedict Anderson) che non ha bisogno di confini reali per imporsi all'attenzione. Il cinema italoamericano diventa una nazione e un genere a sé. Viene insegnato nelle università e antologizzato in saggi critici. Si impone all'attenzione del pubblico e della critica, a partire dagli anni Settanta-Ottanta, grazie a una straordinaria generazione di registi e attori italoamericani, capeggiata da Martin Scorsese e Francis Ford Coppola. Insieme a loro, un gran numero di professionisti dello spettacolo non nasconde le proprie origini etniche, ma le impugna, senza drammi, senza venirne sommerso e marginalizzato. Fanno parte di questo rinascimento filmico italoamericano John Turturro, Robert De Niro, Al Pacino, Stanley Tucci, John Travolta, Sylvester Stallone, Nicholas Cage, Danny DeVito, Ben Gazzarra, Danny Aiello, Joe Mantegna, Ray Liotta, Joe Pesci, Susan Sarandon, James Gandolfini, Marisa Tomei, Annabella Sciorra, Talia Shire, Chazz Palminteri, Gary Sinise, Steve Buscemi, Paul and Mira Sorvino, Michael Imperioli, Vincent Gallo, Lorraine Bracco, Edie Falco, Mark Ruffalo, Bobby Cannavale e molti altri.[3]

Nota questa discrepanza fra società e cinema anche il critico cinematografico Peter Bondanella: "Gli italiani di Hollywood continuano a fare gruppo a parte nel partenone cinematografico rimanendo molto più 'etnici' delle loro controparti reali", afferma nel suo bel libro dedicato a questa sotto-etnia degli italoamericani che lui battezza *Hollywood Italians* (12). Bondanella asserisce che i personaggi italoamericani e gli italoamericani che lavorano per Hollywood sono una succursale a parte nella comunità immaginata dell'America italiana. Secondo Bondanella gli italiani restano fondamentalmente *altri* nel cinema e, quando finalmente vi entrano come protagonisti, si volgono al mondo dei loro nonni con nostalgia, riscoprono i temi della famiglia, della comunità, della religione: tutte cose che gli americani invidiano. Il trattino cinematografico, dunque, non sparisce, ma inizia a girare, vorticosamente, come un *baton* da majorette, al ritmo della creatività di registi che sperimentano nuove angolazioni e propongono nuovi punti di vista. Ed è questo che propone il critico Anthony Tamburri: la rotazione del trattino che lo trasformi in una barra.

INCLINAZIONI DEL TRATTINO: /

In questo panorama creativo, gli studi italoamericani si riappropriano del trattino grazie allo studioso Anthony Tamburri che vi dedica un piccolo ma citatissimo libriccino nel 1991, intitolato *To Hyphenate or Not to Hyphenate* (*Scrittori italiano[-]americani. Trattino sì trattino no*, tradotto da Emanuele Pettener). Tamburri evidenzia come quel trattino sia molto di più che una convenzione grafica: "Credo, tuttavia, che vi siano casi dove le regole e l'uso della grammatica connotino un pregiudizio interno, non importa quanto leggero" (19).[4] E, vista la situazione, il critico propone una "manovra da prestigiatore" che non elimini il trattino, tutt'altro — la cosa non è possibile e nemmeno augurabile — ma lo inclini. Invece di un trattino (-), si usi una barra (/). La barretta può infatti avere significati sfumati: significa l'uno E l'altro, ma anche uno O l'altro. Allo stesso tempo, la barra accorcia la distanza della separazione e riavvicina i due termini. Questa flessibilità caratterizza la terza fase della produzione, capitanata dagli italoamericani stessi che finalmente parlano di sé e quindi scelgono di volta in volta inflessioni personali per storie che provengono dal di dentro del mondo etnico.

Parlano dall'interno i registi di documentari, intervistando i diretti interessati. La tendenza recente dei giovani registi italoamericani è di firmare documentari, suggerendo come ci sia una continua riscoperta, ma anche una forte necessità di salvare un'identità sull'orlo dello scioglimento. Finalmente è possibile chiedere apertamente cosa significhi essere italoamericani, senza imbarazzi e senza sensi di inferiorità. La "cultura negata" di memoria gramsciana, la cultura subalterna della classe emigrante, viene finalmente allo scoperto e supera con un salto la barriera del trattino. Il documentario *Little Italy* (Will Parrinello, 1996) cuce insieme una serie di interviste a italoamericani e suddivide in capitoli la narrazione: un capitolo per segno o stereotipo etnico spiegato da testimoni diretti. La scelta di questi otto capitoli rivela ciò che si vuol ricordare della propria etnia, il *consent* di Sollors. Il primo capitolo, "Uno strappo nell'anima", parla della sofferenza della partenza, sottolineando non solo la povertà, ma soprattutto il coraggio dei primi emigranti. "Non parla italiano?" focalizza sul tema della lingua che viene finalmente riconosciuta come ingrediente basilare della riscoperta etnica, strumento che permette un dialogo spesso impossibile con il passato. "La tavola come tempio" è l'immancabile trattamento della cucina e dell'esperienza del pasto comune in una famiglia italoamericana. "Il potere ma non l'autorità" descrive la posizione ambigua della madre italiana e della donna che, pur essendo forte, rimane in secondo piano, se non altro per amore del quieto vivere. "La passione ci possiede" si sofferma sulle espressioni artistiche tipiche della cultura italiana, dalla musica all'arte, dal teatro fino alla gestualità del parlare. "Cosa capiscono di noi" affronta il tema dello stereotipo e dell'incomprensione a cui sono sottoposte molte generazioni di italoamericani, la violenza di cui è macchiata l'idea esterna all'etnia. "Sarei potuto essere in quel villaggio" riprende la testimonianza di Gay Talese, scrittore di fama, che ricorda lo shock provato al tornare al paese del padre e a vederne la povertà assoluta. Questo capitolo percorre la distanza del trattino dimostrando quanto separati siano ormai i due mondi. E infine, l'ultimo capitolo, è in realtà un punto di domanda, che lascia aperta la questione: "Non sapevo cosa fossi", è la confessione di chi ha sofferto su quel trattino e di chi cerca ancora oggi di bilanciare con fatica le due identità. Il poeta recentemente scomparso Robert Viscusi trova le parole giuste per esprimere tale disagio: "Essere italoamericani è un enigma" ("Being Italian American is a riddle").

Dal di dentro, dall'interno di una porta chiusa, giunge la voce di Martin Scorsese nel suo primo lungometraggio di finzione, *Who's That Knocking at My Door? (Chi sta bussando alla mia porta?* (1967). Il titolo stesso rivela il cuore del film e il dilemma dell'italoamericano della sua generazione intrappolato dal muro invisibile dell'etnia: Chi bussa alla mia porta? Questa domanda è la domanda di J.R., un giovane italoamericano, a cui una certa chiusura mentale blocca la via d'uscita. J.R. non riesce a creare un rapporto felice con la "girl", la ragazza senza nome di cui si innamora. Non ha nome questa bella ragazza bionda, perché nella mente italoamericana di J.R. lei viene alternativamente identificata solo in due ruoli in opposizione: o brava ragazza o puttana. L'insormontabile ostacolo culturale impedisce un rapporto tra i due. Il linguaggio cinematografico rivela questa chiusura: sovrabbondano le immagini di sportelli e finestrini di macchine che si serrano, di porte di casa che sbattono (anche ripetendo la stessa scena più volte nel montaggio), di lucchetti che si sprangano. Il gruppetto di amici sembra completamente spaesato e impaurito davanti alle grandi distese del paesaggio (la scena centrale del film girata sulle montagne dello Stato di New York). Tale simbolismo visivo serve a descrivere il mondo rinchiuso della gioventù italo-newyorchese degli anni Settanta, incapace di un rapporto sereno con il mondo esterno, che bussa ma non riesce a entrare. Il linguaggio filmico corrisponde al significato, come desidera Bazin, quando afferma che un modo per comprendere cosa dice un film è capire come lo dice. Infatti, la bellezza visiva delle immagini in bianco e nero che ricorda i classici italiani e il coraggioso montaggio espressionista delle ultime scene colpiscono e rivelano l'*autuer* Scorsese.

La trilogia etnica di Martin Scorsese continua con *Mean Streets* e *Goodfellas*, che ampliano il tema accennato in modo simbolico da *Who's That Knocking at my Door*. In *Mean Streets* (*Domenica in chiesa, lunedì all'inferno*, 1973) Charlie riprende il personaggio di J.R., la cui maturazione non prevede però una liberazione da quel mondo chiuso: Charlie è misogino, omofobo, tiepido come amico e timido come gangster, anche lui prigioniero dei confini etnici. Nelle uniche scene che danno respiro al film, girate al mare con Teresa, Charlie si sente male. La parabola discendente del personaggio occupa la trama del film, che inizia dentro la sua testa (il famoso monologo "Non rimedi ai tuoi peccati in chiesa. Li sconti per le strade. Li sconti a casa. Il resto sono stronzate, e lo sai") e finisce con la sua sconfitta. La sua caduta si completa durante l'ultima giornata della festa religiosa più etnica: la festa di San Gennaro nelle strade di New York. Nella sequenza finale, la festa funge da commento e da cornice intorno al disfacimento dei tre protagonisti: Charlie, Teresa e Johnny Boy (un giovanissimo Robert De Niro). Non c'è via di scampo da questa cultura opprimente: Charlie rimane ferito all'interno della macchina che doveva portarlo in fuga. All'acqua spruzzata dall'estintore non resta che lavare, almeno esternamente, le ferite culturali di questa generazione.

Il trattino descritto in questi due film, *Who's That Knocking at my Door* e *Mean Streets*, è più che mai una divisione tra due mondi, vissuta senza serenità. L'ascendenza etnica (*ascent*) resta una trappola da cui è impossibile fuggire. Ma nel terzo film più direttamente italoamericano, *Goodfellas* (*Quei bravi ragazzi*, 1993), Scorsese tratta un'identità consensuale (*consent*) che cerca di scavalcare la barriera del trattino. Dopo aver firmato *Raging Bull (Toro scatenato)* nel 1980, film che raccontava la vita autodistruttiva e violenta del pugile Jake La Motta, Scorsese si volge al mondo criminale italoamericano dei bravi ragazzi di *Goodfellas* seguendo la parabola discendente di Henry Hill e della moglie Karen (ispirati alla coppia intervistata da Nick Pileggi nel libro *Wise Guy: Life in a Mafia Family* del 1985). Henry Hill (Ray Liotta) sceglie la vita che vuole condurre, nonostante le botte del padre e i divieti della madre. Le parole che aprono il film si riferiscono a questa libera scelta: "Che io mi ricordi, ho sempre voluto fare il gangster." Mezzo irlandese mezzo italiano, Henry decide di seguire la direzione del trattino italiano, specificamente la traiettoria mafiosa, sotto la guida del boss Paul Cicero. Anche qui Scorsese dimostra la sua idea attraverso un linguaggio cinematografico magistrale: egli fa percorrere a Henry Hill lo spazio del trattino, dalla partenza etnica all'arrivo dell'accettazione. Un arrivo in limousine, si potrebbe dire, come quello al night club Copacabana, nella celeberrima sequenza centrale. Questo è il momento in cui Henry riesce a superare la barriera e entrare nel mondo americano (con il portafoglio pieno e il tavolo in prima fila) e nel cuore di Karen (dalle origini ebree e dagli occhi sgranati di fronte al colorato mondo etnico). Si potrebbe dire che lo spazio del trattino di questo film viene percorso con la fluidità di quel piano sequenza: seguendo Henry che si insinua con agilità nel scintillante mondo americano, abbagliando chi guarda, facendo girare la testa a chi lo segue.

IL TRATTINO SINCOPATO DEL CRIMINE

The Godfather di Francis Ford Coppola fa entrare l'italoamericano nell'immaginario nazionale tracciando un trattino sanguinante. La trilogia porta la Mafia siciliana in primo piano, con tutto il suo corredo di fascino e di crudeltà. Allo stesso tempo si apre un dibattito infuocato sulla legittimità e la desiderabilità di queste descrizioni che accomunano gli italiani ai mafiosi. Gruppi agguerriti di italoamericani deplorano la luce negativa che si riversa su tutti gli italoamericani a partire da questi film. Eppure, le tre parti de *The Godfather* (*Il padrino*) del 1972, del 1974 e del 1990, cambiano la sorte degli italiani d'America. Nel male—per la loro connessione inevitabile con il crimine organizzato—ma anche nel bene: essi diventano un gruppo riconoscibile, caratterizzato, oggetto e soggetto di arte, di ammirazione e di innegabile fama. Il primo *Godfather* vince tre Academy Awards (miglior film, miglior attore, miglior adattamento). Il segreto dei padrini è racchiuso nel loro nome, etimologicamente correlato a un sentimento di riverenza sia familiare che religioso. Sta qui l'attrazione principale. Il boss è un padre, anzi, un nonno. Lo si vede ballare con la moglie al matrimonio della figlia e ordinare pareggiamenti di conti. Lo si vede comprare le arance e distribuire giustizia. Protegge i figli da loro stessi. Alla fine lo si vede morire come un nonno che gioca con il nipotino a "fare il mostro" mettendo la scorza d'arancia (semioticamente siciliana) tra le labbra. Questa polivalenza è uno dei successi del film. Don Vito è un mostro, ma solo sotto il cardigan del nonno. Il suo successore, Don Michael, è un diavolo che però gioca con l'acqua santa. La blasfema sovrapposizione tra giudizio divino e giudizio umano si esplicita nella scena finale del primo *Godfather*, nel celebre montaggio incrociato tra il battesimo e gli assassinii. L'alternarsi sincopato di immagini sacre e statiche con immagini violente e dinamiche viene avvolto dalle note d'organo della Passacaglia di Bach. In questo modo—grazie al commento musicale—il mondo del crimine viene benedetto, invece che condannato. Il corto circuito che si crea è destabilizzante per il pubblico, ma funziona. La famiglia di don Corleone (interpretato da Marlon Brando, e da Robert De Niro nei flashback), con il giovane Michael (Al Pacino) a capo, gode dell'atterrita simpatia del pubblico: orrore e attrazione convivono. Anche nella realtà, la famiglia è al centro della produzione di Coppola. Il regista coinvolge il padre musicista, Carmine, come compositore di un atto di teatro migrante e come comparsa; la sorella Talia nel ruolo di Connie Corleone, sorella di Michael; sua figlia Sofia nel ruolo del figlio di Connie e Carlo (da neonata) e poi nel ruolo della figlia di Michael, Maria, nel terzo film della serie. Il film è davvero un affare di famiglia, ma i critici lo vedono come molto di più: un commentario sulla società e sulla politica americana degli anni Settanta, una critica al capitalismo, una condanna della cultura di massa. Mai così americano, ma allo stesso tempo mai così carico di significato etnico, perché si porta dietro tutta la cultura del vecchio mondo. I tre film includono lunghe sezioni girate in Italia: il matrimonio di Michael con Apollonia in Sicilia; il flashback del giovane Vito e della sua famiglia angustiata dal boss; e la fatale conclusione sulla scalinata del Teatro Massimo di Palermo. Mai come in questo caso l'italoamericano entra a far parte della società americana, ma il trattino è qui una spina conficcata nel fianco. Di questi anni è anche il lavoro di Michael Cimino, italoamericano di terza generazione, che con il successo del *The Deer Hunter* (*Il cacciatore*, 1978) lancia una critica della società americana dal punto di vista di una stretta comunità polacca (stretta come quella italiana). John Cazale (Fredo in *Godfather*) è Stanley, Robert De Niro è Michael. Michael, il cacciatore del titolo, funge da fulcro dell'amicizia di tre ragazzi che da giovani non conoscono altro che il trinomio casa-bar-lavoro, ma che la guerra del Vietnam lascia menomati nel corpo e nello spirito. Diventano dei mostri dall'accento lievemente etnico, prima di ritrovarsi a cantare "God Bless America". Ultima ironia di un regista italoamericano che può ormai parlare per ogni americano.

La scia prorompente del *Godfather* lascia feriti lungo la strada: gli italoamericani reali si trovano etichettati e faticano a levarsi di dosso il marchio dell'infamia nella vita quotidiana. Lo mette in luce un film oscuro, ma non meno interessante, la commedia *Betsy's Wedding* (Alan Alda, 1990), la cui uscita coincide proprio con quella della terza parte de *Il padrino*. Alda è il protagonista di questo film dal tocco molto personale. Già noto come star dei telefilm *M*A*S*H* (acronimo di Mobile Army Surgical

Hospital) trasmessi dalla tv per tutti gli anni Settanta, Alan Alda riflette qui sulle sue origini etniche, apparentemente accantonate. Fa anche lui parte di quel gruppo di italoamericani che si nasconde dietro un nome americanizzato (i *criptoetnici*, come li chiama Linda Hutcheon, nata Bortolotti [314]). All'anagrafe, infatti, è Alphonse Joseph D'Abruzzo. Qui racconta una storia di Italoamerica sull'orlo del crepuscolo attraverso una commedia generazionale. Il nome nel titolo, Betsy, appartiene a un'italoamericana vivace e troppo colorata, fidanzata con un ragazzo appartenente a un'America ebrea, ricca, grigia. La contrapposizione è evidentemente sbilanciata verso la parte italiana che però rischia di scomparire. L'attenzione è volta all'annacquamento delle radici: la famiglia di Betsy ha già rinnegato le proprie origini cambiando il nome, da Scannatanuzzo a Hopper. In un'onirica sequenza rivelatrice, il fantasma del nonno ritorna a spiegare che ha dovuto rinnegare il suo nome per smettere di essere associato alla Mafia: "Odio quei figli di puttana per avermi rubato l'italianità." Eppure anche lui, a sua volta, tralascia di tramandare le tradizioni italiane. La salsa di pomodoro—significante di italianità sin da Martin Scorsese—è persa per sempre: "Mi sono portato la ricetta nella tomba". Con la leggerezza della commedia, questo film fa trapelare la sofferenza causata dagli stereotipi filmici. Il trattino, che collega l'italoamericano criminale, procura ancora dolore.

IL TRATTINO ENERGICO DEL LAVORATORE

Forse la produzione cinematografica più interessante e più fedele alla realtà sociale e storica dei nostri emigranti è quella che si concentra sull'amore dell'italiano per un lavoro dignitoso. *La jobba* è il motivo per la partenza degli emigranti e diventa la loro ragione di vita. È la strada verso l'inserimento sociale che si realizza nel momento in cui vendono le loro merci, indossano un'uniforme, timbrano un cartellino e riscuotono uno stipendio. Molto spesso finiscono per identificarsi nel proprio lavoro. Le autobiografie di emigranti non tralasciano mai di toccare questo argomento, anzi modellano il proprio *ethos* narrativo attraverso l'esperienza lavorativa, spesso molteplice e non sempre corredata da successo.[5] È naturale che anche il cinema lasci spazio alle storie di lavoratori, per i quali il mestiere è più che un mezzo per sbarcare il lunario, è una vocazione e una scelta di vita, un'arte. In *Big Night* (Stanley Tucci, 1995) i due fratelli protagonisti sono allegorie di due tipi di italoamericani. La loro relazione con il lavoro li definisce come più o meno ortodossi, più o meno vicini al cuore italiano. Primo e Secondo (non a caso i nomi) sono due fratelli che aprono un ristorante sulla costa del New Jersey, con il mare di fronte a ricordare loro l'arrivo nella nuova terra e il richiamo della vecchia patria. Proprio davanti al mare, alla fine del film, i due si azzuffano con una goffa lotta corpo a corpo, che simboleggia proprio il conflitto interiore tra generazioni e all'interno dell'emigrante stesso. Primo (Tony Shalhoub) non riesce e integrarsi, non parla inglese, vive nel suo piccolo mondo e passa le serate su una pentola di pasta scaldata dall'amico barbiere con cui chiacchiera in italiano. Non ha una mentalità affaristica, anzi, non scende a compromessi per compiacere i clienti e avverte l'autenticità in cucina come una religione ("Chi mangia bene sta molto vicino a Dio"). Al contrario, Secondo (Tucci) è più aperto al cambiamento proprio come succede alla seconda generazione. Si destreggia negli uffici, sa trattare con banche e fornitori, ha una ragazza e un'amante, ma soprattutto accetta di annacquare la sua italianità pur di inserirsi in società. Le quattro mura della cucina racchiudono il campo di battaglia per uno scontro tra due modi di intendere l'identità etnica. I due fratelli stanno su due diversi punti della linea del trattino, più o meno vicino all'origine: lottano per un piatto di risotto come se la loro vita vi dipendesse. Infatti, nel loro caso, vi dipende e, alla fine del film, il loro ristorante (chiamato Paradiso, come il sogno dell'emigrante) fallisce. Le ricette e il lavoro del cuoco—uno dei più comuni mestieri nell'America italiana—sono oggetto di discussione e di autodeterminazione. L'autenticità e la rigidità non portano benefici: per sopravvivere in una società straniera bisogna cambiare. I piatti e la grande cena per Louis Prima (il famoso cantante è simbolo di un adattamento riuscito) prendono un'importanza narrativa fondamentale, diventando didascalie e allegorie. Il risotto, la zuppa, i primi, i secondi, i dolci e, soprattutto, il timballo chiamato timpano. Questo piatto di pasta ripiena è la versione italiana della teoria etnica del "salad bowl" dove ogni ingrediente mantiene il proprio sapore, pur nella mescolanza, al contrario del "melting pot" dove gli ingredienti si annullano e scompaiono. Il timpano è la grande opera dei due fratelli, quella che, se venisse assaggiata dalle persone giuste, salverebbe il loro ristorante e la loro integrazione. E, infine, un semplice uovo è protagonista assoluto dell'ultimo piano sequenza, più di 6 minuti, dove il tempo della riconciliazione tra i fratelli coincide con il tempo della cottura di una frittata in padella. La lunga scena è muta, simbolo di una tentata rinascita che non ha bisogno di parole.

Un altro conflitto fraterno pervade il film *Mac* (John Turturro, 1992), piccolo capolavoro di *pietas* filiale italoamericana rivolta verso l'insegnamento e il lavoro dignitoso dei padri, la prima generazione di emigranti. Il film è dedicato al padre del regista, grazie a un'invenzione finale: l'inserzione della voce del signor Turturro, registrata sulla segreteria telefonica, sullo schermo nero prima dei titoli di coda: "John, figliolo, sei a casa?" Quel messaggio inascoltato è il simbolo della voce di una generazione scomparsa, la generazione silenziosa che ha lavorato e non ha lasciato traccia nella società e nei libri di storia, ma solo nel cuore dei figli. Nel film, i tre fratelli Vitelli rappresentano tre diverse declinazioni dell'etnia (come Primo e Secondo). Il rigido Mac (un Turturro dagli occhi strabuzzati) non scende a compromessi e vive per lavorare. Il pacioso Vico (Michael Badalucco) preferisce lavorare per vivere. Il giovane Bruno (Carl Capotorto) è attratto dal mondo dell'arte. Tutti e tre hanno un diverso rapporto col padre defunto, muratore e gran lavoratore. La madre invece viene disincarnata: non la si vede mai, ma si sente fuori campo. I tre fratelli condividono una ditta di costruzioni, ma gli alti e bassi del business scuotono alle fondamenta il loro rapporto, dimostrando l'alto prezzo della loro integrazione. Imparentato con il grande capolavoro della letteratura italoamericana, *Christ in Concrete* (*Cristo tra i muratori*) di Pietro di Donato (1943), il film è un atto d'amore verso una generazione che si è ammazzata di lavoro, ma che quel lavoro venerava. I titoli d'inizio scorrono su una sinfonia di grigio, che estetizza magistralmente il mestiere del muratore, trasponendolo in musica e arte astratta. In altri momenti del film, la telecamera accarezza un caminetto ben fatto, un muretto spatolato ad arte, delle case costruite solidamente: frutti di un lavoro di cui andare orgogliosi. È questa dignità, assicurata da un mestiere, che fa attraversare lo spazio del trattino a testa alta a molti italoamericani, nella società come nel cinema.

Anche *A Bronx Tale* (*Bronx*, 1993), opera prima dell'attore Robert De Niro, mostra un conflitto familiare, dove a lottare non sono fratelli, ma due padri che si contendono l'educazione del giovane Calogero. Il padre vero, Lorenzo (De Niro), è un onesto autista di autobus, tradizionalista e devoto (si fa il segno della croce ogni volta che passa davanti alla chiesa con il bus). L'altro padre è Sonny (Palminteri), il boss del quartiere, guardato con paura e ammirazione. Calogero dovrà scegliere quale versione di italoamericanità perseguire, trovando il suo personale compromesso. Il film è basato su un monologo teatrale di Chazz Palminteri, vero nome Calogero Lorenzo, ed è ispirato alla sua autobiografia. Il Bronx è visto in luce nostalgica (una favola del Bronx, infatti) ma continua ad essere uno spazio concluso e diviso dal resto del mondo. Confini invisibili lo dividono dal quartiere nero, e attraversare un sottopassaggio diventa un atto temerario. Calogero è intrappolato nella mentalità italoamericana e deve raccogliere tutta la sua determinazione per liberarsi dal pregiudizio e da quella ristrettezza di vedute. Trova la forza proprio nel cinismo del boss, che infatti è l'unico a guidare la macchina in retromarcia per la strada, andando allegoricamente contro tutte le regole. Questo amore/odio per il padre/padrino colora il difficile dibattito sull'identità, come dice De Niro: chi è il vero eroe? Chi lavora alzandosi presto per portare a casa la pagnotta o chi si arricchisce facilmente tirando il grilletto? Chi guarda oltre al colore della pelle e trova la propria strada nella vita? Non sono domande leziose per un gruppo etnico che deve confrontarsi ogni giorno con tali modelli contrastanti, offerti dal cinema, oltre che dalla strada.

Il lavoro o l'arte? La tradizione o l'innovazione? La fedeltà alle origini o il tradimento delle aspettative? Come non sprecare il talento (il motivo di *Bronx Tale*), come seguire la propria strada sfuggendo alla predeterminazione soffocante della comunità italiana, come situarsi nel rapporto tra le razze: sono i dilemmi di molti protagonisti italoamericani. Quest'ultimo è anche il tema principale di *Do the Right Thing* (*Fa' la cosa giusta*, 1989) e *Jungle Fever* (1991) di Spike Lee, entrambi con un intenso Turturro che si misura con il razzismo italoamericano. Nel primo interpreta il manesco Pino che mal sopporta i suoi clienti neri, ma nel secondo il mite Paulie che invece si ribella al razzismo del padre (Anthony Quinn). Un altro film che tocca questo tema con molta delicatezza e poesia è *Two Family House* (Raymond DeFelitta, 2000), dove il bonaccione Buddy Visalo (Michael Rispoli) rinuncia ai suoi sogni di cantante per sottostare al pugno di ferro della moglie, dei suoceri, degli amici. Vincitore del premio del pubblico al Sundance Festival e ispirato alla storia vera dello zio di DeFelitta, il film racconta la vita malinconica di un uomo buono. "Non aveva mai pensato alle persone che aveva conosciuto per tutta la sua vita come ai suoi carcerieri.

Fino a quel momento", dice il narratore, nel momento in cui Buddy si allontana dalla moglie sconvolto: si rende conto che lei accetta che lui abbia un'amante, ma non che l'amante (irlandese) abbia un figlio mulatto dal precedente matrimonio con un afroamericano. Alla fine del film si scopre che a narrare la storia è proprio lui, il figlio mulatto, causa di scandalo per la piccola comunità italoamericana, ma adottato da Buddy ed amato come un figlio.

Gli intricati rapporti tra diverse comunità etniche sono presenti anche nel recentissimo *Tango Shalom* (Gabriel Bologna, 2021). Il regista è figlio dell'attore Joseph Bologna e discendente da famiglia italiana ed ebrea. Ambientato in queste due comunità etniche di New York, il film è ispirato allo stile della commedia all'italiana: un rabbino escogita mille trovate per riuscire a ballare il tango evitando il contatto fisico che gli è vietato dalla religione. È l'ultimo film per Joseph Bologna, che interpreta Father Anthony, il parroco italiano che si offre di quietare la coscienza del rabbino. Bologna aveva iniziato la carriera scrivendo e interpretando *Lovers and Other Strangers* (Cy Howard, 1970), storia di un sofferto matrimonio italo-ebreo. Era in chemioterapia durante il film.[6]

Lo scontro tra desiderio e dovere, passione e famiglia, canzoni e lavoro, avviene anche nel bizzarro *Romance and Cigarettes* (John Turturro, 2007), un musical ambientato tra il proletariato del quartiere Queens a New York, tra muratori, operatori ecologici e sarte a domicilio. Protagonisti sono Kitti e Nick Murder con le loro tre figlie adulte. Kitti (la *criptoitaliana* Susan Sarandon) confeziona abiti da sposa; Nick—James Gandolfini, proveniente dalla serie *The Sopranos* di David Chase (1999-2007)—è un costruttore di grattacieli che si bilancia pericolosamente sulle travi sospese. Il loro matrimonio è messo in discussione dal tradimento di Nick con Tula, un'appassionata, sexy, rossissima Kate Winslet, che buca con il suo colore il grigiore della vita di periferia. I dialoghi del film sono sporchi, pieni di parolacce. Questi protagonisti hanno una fogna per bocca, ma il film riesce a vederne ugualmente la poesia. C'è un simbolo di tale contraddizione nel film: una toilette abbandonata nel cortile sul retro, in cui crescono fiori selvatici. Il medium sonoro è privilegiato in questo musical-karaoke, che comincia in una cacofonia di suoni—musica, litigi, una valanga di insulti—e finisce nel silenzio. La vitalità dell'esistenza italoamericana di periferia con le sue miserie e le sue sconfitte, i sogni tarpati e i desideri insoddisfatti, si acquieta in un duetto finale, due voci e niente musica: il simbolo acustico della riconciliazione. I protagonisti parlano con le parole delle loro canzoni, tratte dai juke box, con una playlist popolare d'anima italoamericana (Cindy Lauper, Bruce Springsteen, Connie Francis con *Scapricciatiello*) e d'anima afro-americana (cori gospel, James Brown e Moonglowers). I dialoghi, scritti sul pentagramma, parlano di amore e morte, malattia, perdono e tradimento. Queste storie verosimili, prese dalla realtà, senza sensazionalismi e senza Mafia, dove i cantanti fanno solo finta di cantare, sono quelle che suonano più vere e convincenti e entrano dirette nel cuore della comunità italoamericana.

TRATTINI AL FEMMINILE

Il tema appena descritto, la lotta per l'autodeterminazione, è ancora più sentito tra le donne italoamericane, da sempre vittime di una doppia oppressione, come gruppo etnico e come donne. La presenza femminile nel cinema italoamericano è limitata. Rare sono le registe di film di finzione, mentre invece sono numerose le documentariste. Sembra quasi che le donne abbiano una sensibilità particolare verso il passato, le tradizioni in pericolo e il mondo che sparisce. Sono le vestali della memoria. Mary Lou Bongiorno, Mariarosy Calleri, Susan Caperna Lloyd, Emelise Aleandri, Gia Marie Amella, Kim Ragusa, Veronica Diaferia, Rosanne De Luca Braun, Luisa Pretolani, Susan Morosoli e Alexandra Corbin, Camilla Calamandrei, Christine Zinni, Stephanie Foerster, Beth Harrington, Katherine Gulla: queste le donne che hanno firmato uno o più documentari con lo scopo di fermare il tempo e salvare il passato. Grazie al lavoro di questa schiera di documentariste si salvano storie di teatro emigrante, di partite a bocce, di comunità e feste popolari e religiose, di negozi che chiudono, ritratti di Little Italies sparse per gli Stati Uniti, storie di famiglia (anche molto personali). Un materiale prezioso che viene protetto e salvato prima di essere fagocitato dall'imbrunire dell'etnia.

I film di finzione firmati da registe propongono protagoniste femminili forti e tormentate. Esse devono lottare contro una società maschilista dall'interno di famiglie patriarcali. Devono liberarsi dalle aspettative del mondo e degli amici, anche a costo di sembrare pazze o disperate. Penny Marshall (cognome italiano Masciarelli) firma il film *Riding in the Car with Boys* (*I ragazzi della mia vita*, 2001) che affronta una storia italoamericana prendendola a prestito dal memoir di Beverly D'Onofrio dallo stesso titolo. Pur provenendo dal telefilm *Laverne and Shirley*, dove interpretava l'italoamericana Laverne DeFazio, fidanzata di Fonzarelli, Marshall evita di raccontare storie etniche. Quando gira *A League of Their Own* (*Ragazze vincenti*, 1992) inserisce la giocatrice Mae Mordabito, bene interpretata dalla cantante Madonna, come protagonista, ma il film, ambientato nel mondo baseball femminile, resta americano come la crostata di mele. Italoamericano invece è il mondo di Bev (Drew Barrymore), una ragazza che pensa troppo ai ragazzi, nonostante il controllo dei genitori tradizionalisti, e finisce per rimanere incinta a 15 anni. Il suo ragazzo la sposa, ma è spiantato e infantile e la lascia da sola con il figlio da crescere. Lei riuscirà comunque a studiare e a laurearsi in letteratura (e a scrivere le sue memorie), ma non prima di aver sofferto e pagato cara la sua sbandata. L'immagine rappresentativa del dramma di Bev, incastrata troppo giovane nel ruolo di madre di famiglia, è la ripresa a volo d'uccello del *cul de sac* dove abita in periferia: un circolo chiuso di case che si guardano una con l'altra, da cui è impossibile scappare.

Forse l'immagine più agghiacciante di una ragazza incastrata è quel primo piano sul bel viso di Donna (Annabella Sciorra), ripresa nel filmino del suo matrimonio, nell'enigmatico finale di *True Love* (Nancy Savoca, 1989). Le luci innaturali, blu e rosse, del locale della festa di nozze, illuminano i due giovani sposi, Donna e Mickey (Ron Eldard). Entrambi sono delusi dalla loro decisione, entrambi sono imprigionati in un ruolo per cui non si sentono pronti. La pressione della famiglia e della comunità impone che siano felici e innamorati, ma la realtà è diversa, anzi distorta. Distorta come il puré di patate blu che servono agli invitati e come il vaporoso vestito da sposa schiacciato ad occupare tutto il box del gabinetto su cui è seduta una Donna sconsolata. Nancy Savoca dipinge la realtà italoamericana del Bronx, ispirandosi alla sua stessa giovinezza: mamme che chiacchierano in cucina, salumieri che fanno battute sessiste sulle donne, ragazzi che festeggiano disperati addii al celibato bevendosi il cervello e ragazze che applaudono gli spogliarellisti. Su tutto, il senso di una condanna, espressa da Donna : "È troppo tardi. Se non lo sposo, non posso più vivere qui." E quindi via, verso una vita rovinata. Un altro film di Savoca racconta la vita di una donna diversa, che muore giovane, forse perché incapace di trovare la sua strada, tra visioni religiose e liberazione sessuale: è Teresa Santangelo, la protagonista di *Household Saints* (*Verso il paradiso*, 1993), che si spegne in odore di santità dopo essere entrata in convento. Figlia di un macellaio che ha vinto la moglie a una partita di scopa, nipote di una nonna mezza strega che mormora formule magiche mentre impasta le salsiccie, Teresa entra a sua volta nella leggenda familiare. Il film in fondo non è che una storia narrata intorno a una tovaglia a scacchi durante una festa di famiglia, una delle storie che si tramandano di generazione in generazione e uniscono chi le racconta.

Un forte senso di soffocamento intrappola anche Diana (Mira Sorvino), la protagonista del film *Tarantella* (Helen De Michiel, 1995). Diana si è allontanata da casa per non subire le pressioni della sua cultura italiana e per non soffrire il peso dei segreti del passato. Quando torna a casa, la trova piena di misteriosi cimeli e di nodi da sciogliere. L'intero quartiere sembra giudicarla con severità. La riscoperta della sua identità etnica avviene in compagnia di una comare, Pina, che le fa da traduttrice per l'italiano. È un momento privilegiato di incontro femminile che non può includere Matt (Matthew Lillard), l'americanissimo *boyfriend* di Diana, che non sa neppure pronunciare la parola "gnocchi". Il film adopera un ricco linguaggio cinematografico: flashback stile *tableau* nell'inconscio di Diana si alternano a flashback recitati da pupi siciliani, marionette espressive e inquietanti. A loro è affidata la narrazione della storia tragica della nonna, emigrata dall'Italia per sfuggire alla violenza patriarcale. La storia è scritta in un libro di famiglia, sotto forma di confessione in italiano, diventata una lingua che ha bisogno di traduzione. Diana non capisce la lingua della madre, l'ha rifiutata insieme a tutta la sua cultura. Ora vi si riavvicina grazie a Pina che le offre una seconda chance. L'ambientazione è tutta etnica, tra pentole di gnocchi, orti sul retro che proteggono i segreti curativi delle erbe e dove si tramandano le ricette delle donne, sguardi dei vicini di casa, campi di bocce e vecchietti al bar. Tra simboli, metafore (i regali del passato), marionette e ricette, segreti al femminile, pagine scritte a mano, domande non fatte e tradizioni spezzate, questo film propone una cura al male di cui soffrono le donne in una società oppressiva, tramite un tarantella liberatrice. Anche il trattino al femminile ha una declinazione tutta sua, non facile, ma delineata da un piccolo gruppo di registe con audace onestà.[7]

CONCLUSIONE

"Sedersi in cima al trattino offre un meraviglioso panorama, ma nessuna direzione", dichiarano i versi della poesia di Wendell Aycock, citata da Anthony Tamburri in apertura del suo *Trattino sì trattino no* (39). Il trattino resta un dilemma: un collegamento o una divisione? Una scelta o un'imposizione? Una consolazione o una condanna? Ci riflettono tanti italoamericani. Dorothy Calvetti Bryant si pone la domanda in un breve scritto intitolato "How Many Hyphens do you Need to Define an Italian-American Writer?" (275-286). Gioca d'addizione e non riesce a trovare la fine alla successione dei trattini e delle sfaccettature identitarie che la compongono. Lo stesso fa Sandra Mortola Gilbert che, nel saggio "Mysteries of the Hyphen", cerca di svelare i misteri di un trattino che lei ha negato (38-52). Per lei, riprendersi il nome italiano, Mortola, diventa un atto d'orgoglio, anche se il suo trattino rimane un mistero la cui origine si perde in un passato remoto e in un luogo dimenticato.

Il trattino, metafora di identità complesse e composte, ha dato la chiave di lettura per interpretare questi film. È una metafora in continua evoluzione. Solo l'anno scorso, 2020, è stato creato il primo Festival del Cinema Italoamericano, organizzato e condotto da studenti della Florida Atlantic University. Il festival (online per le prime due edizioni) offre un punto di confronto tra il pubblico e i giovani registi vincitori della competizione Russo Brothers Film Forum (in collaborazione con NIAF). Anthony e Joseph Russo, rinomati registi della serie degli *Avengers*, finanziano ogni anno nuovi film che documentino l'America italiana.[8] Visibile o invisibile, cancellato o evidenziato, orizzontale o obliquo, quel segno resta un luogo delle possibilità per ogni italiano d'America, un luogo in continua mutazione. Immaginiamo un trattino in oscillazione su un equilibrio delicato, come in quella giostrina su cui due bambini si bilanciano, al parco giochi. Anche nel cinema, quest'oscillazione scatena una miriade di possibilità e di giochi di fantasia.

Note

[1] Un eroico soldato italoamericano, il tenente Angelo Canelli (Richard Conte), subisce un processo da prigioniero di guerra in Giappone nel film *The Purple Heart* (Lewis Milestone, 1944). In un momento emozionante racconta che, prima della guerra, sognava di fare l'artista in Italia come "un nuovo Michelangelo".

[2] "Descent relations are those defined by anthropologist as relations of 'substance' (by blood or nature); consent relations describe those of 'law' or 'marriage'. Descent language emphasizes our positions as heirs, our hereditary qualities, liabilities, and entitlements; consent language stresses our abilities as mature free agents and 'architects of our fate' to choose our spouses, our destinies, and our political systems".

[3] Prendo questa lista da Giuliana Muscio (283).

[4] In italiano, *Scrittori italiano[-]americani. Trattino sì trattino no*, da cui cito.

⁵ Si veda il mio *The Value of Worthless Lives*. Questi scrittori possiedono un quieto individualismo giusto che troviamo anche in questo gruppo di film. Il successo non arride sempre ai protagonisti e l'accettazione della sconfitta fa parte di sè.

⁶ "Sono sicuro che il film gli ha allungato la vita", ha spiegato Gabriel Bologna all'autrice al Boca Raton Jewish Film Festival (May 14, 2021).

⁷ Un guizzo di femminilità alternativa e inaspettata viene dai margini del sistema produttivo, nella serie di YouTube, intitolata *Nonna Maria*. Laura Ruberto e Giovanna Del Negro danno un caloroso benvenuto a questo personaggio che non è altro che un linguacciuto pupazzo che parla in dialetto meridionale (Ruberto, "Along the Edge of Ethnicity").

⁸ Sempre alla Florida Atlantic University è intervenuto il critico cinematografico Louis Giannetti, autore del fortunatissimo libro di testo *Understanding Movies*, italoamericano che ha confessato di non aver nessun legame con la cultura del suo trattino: "Ho studiato la cultura italiana a scuola, Dante e il cinema italiano, ma ho dimenticato una lingua della mia famiglia che non mi poteva aiutare nel lavoro. Siamo stati educati ad abbandonare le nostre radici" ha ammesso (incontro con gli studenti del corso Italian American Cinema di Florida Atlantic University, 14 dicembre 2020).

Bibliografia

Aaron, Daniel. 1964. "The Hyphenate Writer and American Letters." *Smith Alumnae Quarterly* (July): 213-7.

Alba, Richard. 1985. *Italian Americans: Into the Twilight of Ethnicity*. Upper Saddle River: Prentice-Hall.

Bertellini, Giorgio. 2019. "Modern Throwbacks: Screening Italians in the USA: The first fifty years", In *Italy and the USA: Cultural Change Through Language and Narrative*, a cura di ed. Guido Bonsaver, Alessandro Carlucci, Matthew Reza, 59-71. London: Legenda.

Bondanella, Peter. 2005. *Hollywood Italians. Dagos, Palookas, Romeos, Wise Guys, and Sopranos*. New York: Bloomsbury.

Calvetti Bryant, Dorothy. 1999. "How Many Hyphens do you Need to Define an Italian-American Writer?" In *Adjusting Sites: New Essays in Italian American Studies,* 275-286. Stony Brook: Forum Italicum.

D'Acierno, Pellegrino. 1998. *The Italian American Heritage*. New York: Routledge.

di Donato, Pietro. 1993. *Christ in Concrete*. New York: Signet.

Gennari, John. 2019. "Listening to Italian America." *The Italian American Review* 9 no.1 (Winter): 1-9.

Gilbert, Sandra. 2009. "Mysteries of the Hyphen: Poetry, Pasta, and Identity Politics." In *On Burning Ground. Thirty Years of Thinking About Poetry*, 38-52. Ann Arbor: University of Michigan Press.

Hutcheon, Linda. 1998. "A Crypto-Ethnic Confession." In *The Anthology of Italian-Canadian Writing*, 314-324. Toronto: Guernica Editions.

Link, William A. and Susannah J. Link. 2012. *The Gilded Age and Progressive Era: A Documentary Reader*. Hoboken: Wiley.

Muscio, Giuliana. 2018. *Napoli/New York/Hollywood: Film between Italy and the United State*. New York: Fordham University Press.

Pileggi, Nick. 2019. *Wise Guys: Life in a Mafia Family*. New York: Simon and Shuster.

Renga, Dana (a cura di). 2001. *Mafia Movies*. Toronto: Toronto Italian Studies.

Riis, Jacob. 1997. *How the Other Half Lives*. New York: Penguin.

Ruberto, Laura. 2021. "Along the Edge of Ethnicity." In *Italian American Culture on Screen*. Julie Assouly and Kevin Dwyer (a cura di), Arras: Artois Presses Université.

Scorsese, Martin and Raffaele Donato. 2007. "Docufictions: An Interview with Martin Scorsese on Documentary Film." *Film History* 19, no. 2: 199-207.

Serra, Ilaria. 2007. *The Value of Worthless Lives. Writing Italian American Immigrant Autobiographies*. New York: Fordham University Press.

Sollors, Werner. *Beyond Ethnicity: Consent and Descent in American Culture*. Oxford: Oxford University Press, 1985.

Tamburri, Anthony Julian. 2018. *Scrittori italiano[-]americani. Trattino sì trattino no*. Traduzione di Emanuele Pettener. Poggio Rusco: MnM Print.

Vought, Hans. 2004. *The Bully Pulpit and the Melting Pot. American Presidents and the Immigrant, 1897-1933*. Macon: Mercer University Press.

Warshaw, David. 1948. "The Gangster as a Tragic Hero", *Partisan Review* (February): 240-244.

Filmografia

Alda, Alan, director. *Betsy's Wedding*. Touchstones Pictures, 1990.

Badham, John, director. *Saturday Night Fever (La febbre del sabato sera)*. Paramount, 1977.

Barker, Reginald, director. *The Italian*. New York Motion Picture Corp., 1915

Bologna, Gabriel, director. *Tango Shalom*. Convivencia Forever Films, 2021.

Capra, Frank, director. *It's a Wonderful Life (La vita è meravigliosa)*. Liberty Film, 1946

Chase, David, director. *Sopranos*. Chase Films, 1999-2007

Cimino, Michae, director. *The Deer Hunter (Il cacciatore)*. EMI, 1978.

Coppola, Francis Ford, director. *The Godfather (Il padrino)*, Paramount, 1972

De Michiel, Helen, director. *Tarantella*. Tara Releasing, 1995.

De Niro, Michael, director. *A Bronx Tale (Bronx)*. Price Entertainment-TriBeCa Productions, 1993.

DeFelitta, Raymond, director. *Two Family House*. Lions Gate, 2000.

Edison, Thomas A, director. *Her First Adventure*. American Mutoscope and Biograph Co., 1904.

Edison, Thomas A, director. *The Black Hand*. American Mutoscope and Biograph Co., 1906.

Edison, Thomas A, director. *The Skyscrapers of New York*. American Mutoscope and Biograph Co., 1906.

Fitzmaurice, George, director. *Son of the Sheik (Il figlio dello sceicco)*. United Artists, 1926.

Hawks, Howard, director. *Scarface (Lo sfregiato)*. The Caddo Company, 1932.

Henabery, Joseph, director. *Cobra*. Famous Players-Lasky / Ritz-Carlton Films, 1925.

Howard, Cy, director. *Lovers and Other Strangers*. ABC pictures, 1970.

Ingram, Rex, director. *The Four Horsemen of the Apocalypse (I quattro cavalieri dell'apocalisse)*. Rex Ingram Productions, 1921.

Jersey Shore. MTV production, 2009–2012

Kleiser, Randal, director. *Grease (Brillantina)*, Paramount, 1971.

Lee, Spike, director. *Do the Right Thing (Fa' la cosa giusta)*. 40 Acres and a Mule Filmworks, 1989.

Lee, Spike, director. *Jungle Fever*. 40 Acres and a Mule Filmworks, 1991.

LeRoy, Mervyn, director. *Little Caesar (Piccolo Cesare)*. First National Pictures, 1930.

Mankiewicz, Joseph, director. *House of Strangers (Amaro destino)*. 20th Century Fox, 1949.

Mann, Delbert, director. *Marty (Marty, vita di un timido)*. Hecht-Lancaster Productions, 1955.

Marshall, Gary, director. *Laverne & Shirley*. Paramount Television, 1976-1983.

Marshall, Penny, director. *A League of Their Own (Ragazze vincenti)*. Parkway Productions, 1992.

Marshall, Penny, director. *Riding in the Car with Boys (I ragazzi della mia vita)*. Columbia Pictures, 2001.

Melford, George, director. *The Sheik (Lo sceicco)*. Famous Players-Lasky, 1921.

Milestone, Lewis, director. *The Purple Heart (Prigioniei di Satana)*, 20th Century Fox, 1944.

Milestone, Lewis, director. *Ocean's 11 (Colpo grosso)*, Warner Bros. 1960.

Niblo, Fred, director. *Blood and Sand (Sangue e arena)*. Paramount Pictures, 1922.

Parrinello, Will, director. *Little Italy*. Mill Valley Film Group, 1996.

Savoca, Nancy, director. *Household Saints* (*Verso il paradiso*). Jones Entertainment - Peter Newman Productions Savoca, 1993.

Savoca, Nancy, director. *True Love*. Forward films, 1989.

Scorsese, Martin, director. *Goodfellas* (*Quei bravi ragazzi*). Warner Bros., 1993.

Scorsese, Martin, director. *Italianamerican* (*Italoamericani*). National Communications Foundation, 1974.

Scorsese, Martin, director. *Mean Streets* (*Domenica in chiesa, lunedì all'inferno*). Taplin-Perry-Scorsese Productions, 1973.

Scorsese, Martin, director. *Raging Bull* (*Toro scatenato*). Chartoff-Winkler Productions, Inc., 1983.

Scorsese, Martin, director. *Who's That Knocking at My Door* (*Chi sta bussando alla mia porta?*). Trimod Film, 1967.

Siodmak, Robert, director. *Cry of the City* (*L'urlo della città*). 20th Century Fox, 1948.

Stallone, Sylvester, director. *Staying Alive*. RSO Records, 1983.

Tarantino, Quentin, director. *Pulp Fiction*. Miramax, 1994.

Taurog, Norman, director. *The Caddy* (*Occhio alla palla*). Century Film, 1953.

Tucci, Stanley, director. *Big Night*. Rysher Entertainment-Timpano Productions, 1995.

Turturro, John, director. *Mac*. The Samuel Goldwyn Company, 1992.

Turturro, John, director. *Romance and Cigarettes*. GreeneStreet Films United Artists, 2007.

Wells, Audrey, director. *Under the Tuscan Sun* (*Sotto il sole della* Toscana). Touchstone Pictures, 2003.

Welmann, William, director. *Public Enemy* (*Nemico pubblico*). Warner Bros., 1931.

Wyler, William, director. *Roman Holidays* (*Vacanze romane*). Paramount Pictures, 1953.

Zinnemann, Fred, director. *From Here to Eternity* (*Da qui all'eternità*). Columbia Pictures, 1953.

Breve passeggiata nel giardino della letteratura italoamericana

EMANUELE PETTENER

Strange enough, per molto tempo si è creduto che a iniziare la letteratura italoamericana[1] fosse una novella scritta in francese. *Peppino* di Luigi Donato Ventura, insegnante di lingue romanze e scrittore freelance, apparve nel 1885, per W.R Jenkins di New York, editore specializzato in materiali educativi, ed era quindi un testo scolastico. L'anno dopo, tradotta in inglese, apriva la raccolta di racconti *Misfits and Remnants*, pubblicata dalla bostoniana Ticknor and Company. *Peppino* sviluppa la storia "del rapporto teneramente paternalistico tra l'eponimo protagonista—un lustrascarpe dodicenne dalla lucana Viggiano (…) e un Mr. Fortuna (sin dal nome, trasparente *alter ego* dell'autore) in cerca, appunto, di tempi migliori" (Marazzi 2001, 20-21); e Frank Lentricchia, nel suo breve ma incisivo "Luigi Ventura and the Origins of Italian-American Fiction", spiegò come questo testo fosse appunto da considerare il primogenito di quella che chiamiamo letteratura italoamericana (1975). Almeno fino a quel momento. Poi, nel 2000, ecco la casuale quanto spettacolare scoperta ad opera di Carol Bonomo Albright, annunciata sulla rivista "Italian Americana" (da lei allora diretta) in quattro paginette che si aprono così: "Joseph Rocchietti's *Lorenzo and Oonalaska*, published in Virginia in 1835, is the earliest known Italian American novel" (Bonomo Albright, 129). Si tratta di un romanzo epistolare, una storia d'amore ambientata tra Europa e Virginia, dove Rocchietti, nativo probabilmente di Casale Monferrato, era emigrato nel 1831. Come ci spiega la Bonomo Albright, Lorenzo, giovane piemontese fuggito dalla dominazione austriaca, incontra in Svizzera una nobile inglese, se ne innamora, poi emigra negli Stati Uniti; i due giovani si scambiano lettere d'amore, raccolte (assieme ad altre scritte da protagonisti di contorno) da un non identificato narratore (che talora commenta). Ma è in realtà un romanzo di ideali politici, e quello che più colpisce, scrive la studiosa, e che ne fa davvero il primo romanzo italoamericano "in the fullest sense of the term", è il fondersi dei migliori ideali italiani con quelli americani del tempo: il rifiuto del diritto divino dei re, l'esaltazione della ragione illuminista, l'aspirazione a una società democratica; Lorenzo auspica per l'Italia il sistema politico americano e muore in duello per difendere l'onore del padre di Oonalaska, che pure gli aveva proibito di sposare la figlia se non avesse rinunciato ai suoi ideali repubblicani, cosa per lui impossibile; e muore perché si rifiuta di sparare, in quanto aveva giurato che non avrebbe mai ucciso. Appresa la notizia, morirà di dolore e consunzione anche Oonalaska, che dell'amato condivide gli ideali e le speranze.

A questo punto dovremmo cercare di capire cos'è la letteratura italoamericana. Le definizioni si sprecano. In modo molto semplice (e taluni diranno: semplicistico) la definirei come quella prosa e quella poesia scritte in italiano o in inglese (o in francese!) la cui essenza, o comunque un importante aspetto, è l'incontro/scontro di due Paesi, due culture, due mondi, due lingue[2] — motivo per il quale mi è piaciuto iniziare la nostra passeggiata con una frase che mescola inglese e italiano. Sarà una passeggiata, infatti, un vagabondaggio senza meta, per forza inconclusivo — ma informativo, esplorativo, dilettevole, durante il quale, come s'usa in una passeggiata, talora ci soffermeremo più a lungo a osservare un particolare, altre volte il tempo ci costringerà ad accelerare il passo, magari negligendo qualcosa di bello e interessante.

Scrive Martino Marazzi, nel suo *Misteri di Little Italy*, che i primi vagiti di letteratura italoamericana si sentono sulla stampa, e ci menziona — fra i giornali "maggiormente impegnati nella promozione di una letteratura italoamericana autoctona" — *Il Carroccio* (1915-1935), *L'Italia* di San Francisco (1886-1945), *Il Corriere d'America* (1922-1943), *Il Progresso Italo-Americano* (1880-1988),[3] e altri. È una letteratura popolare che va, ci spiega Marazzi, dal bozzetto realistico-sentimentale "Il Piccolo Genovese", apparso anonimo su *L'Eco d'Italia* di New York il 14 maggio 1869, alle memorie del detective Michele Fiaschetti sul *Corriere d'America* negli anni '20.[4]

Secondo Rose Basile Green, nel suo *The Italian-American Novel*, lo scrittore italiano più famoso in America nella prima fase della letteratura italoamericana (rivolta a un pubblico di immigrati che comprendevano solo l'italiano) è Bernardino Ciambelli (nato a Lucca nel 1862, morto a New York nel 1931). Reporter per diverse testate, drammaturgo, romanziere prolifico e instancabile, Ciambelli scrive *crime novels*, romanzi ricchi di azione e inghippi, calati nelle strade di Little Italy, con i buoni da una parte e i cattivi dall'altra. Accusato di mettere in pessima luce la colonia italiana di New York (evidentemente il *politically correct* esisteva già), Ciambelli reagisce sostenendo che in mezzo a tanta brava gente (del resto presente nei suoi libri) sarà difficile negare che ci siano anche "laide figure degne di capestro" e che "mostrare le piaghe che possono deturpare una colonia, non è recare insulto, ma incitamento a far sì che quelle piaghe scompariscano" (Durante 2005, 149-150). Personaggi che s'inseguono da un romanzo all'altro, donne pure e ingenue e donne lascive, sesso e violenza,[5] quasi un'anticipazione del filone *pulp fiction*: non c'è da stupirsi che le storie di Ciambelli, pubblicate a puntate sui giornali, avessero un largo seguito. Anche perché lo stile è naturalmente molto semplice, "clear" e "uncomplicated", ci dice la Basile Green, "carico d'emozione ma onestamente realistico come Zola, con occasionali digressioni fantastiche alla maniera di Poe".[6] Forse la studiosa s'allarga un po' troppo coi modelli, ma anche Marazzi ci ricorda come Carlo Tresca, di cui parleremo a breve, nella sua *Autobiography* definisse i lavori di Ciambelli "esempio di romanzo storico di denuncia sociale". Durante sottolinea come Ciambelli sia "un prodigioso scrittore di getto, incurante della forma e, spesso, persino dello sviluppo logico delle ingarbugliate vicende narrate" (Durante 2005, 149-150) e Marazzi che la "sua forza, la sua specificità se si vuole, risiede nell'impudente trasandatezza, nella faccia tosta con cui continua a propinare le più improbabili assurdità servendole con una prosa traballante ma pur sempre leggibile" (Marazzi 2001, 23). Fra i suoi romanzi menzioniamo *I drammi dell'emigrazione* (1893), sequel dei *Misteri di Mulberry*, dove Ciambelli denuncia le misere condizioni di lavoro e lo sfruttamento dei minatori; *I misteri di Bleecker Street* (1899), ambientato durante la guerra ispanoamericana; *I sotterranei di New York* (1915), in cui ha un ruolo fondamentale la comunità ebraica russoamericana. Ma il suo romanzo più noto è il già menzionato *I misteri di Mulberry* (1893), dalla trama intricatissima, come tutti del resto, in cui la protagonista Vittoria, esempio di purezza e arrivata da Napoli alla ricerca del marito Ruiz (che cercherà di violentarla e strozzarla) dovrà passarne di tutti i colori prima di ricongiungersi al "buono" del romanzo, il giovane Righetti.[7]

Proseguiamo con una veloce panoramica dei primi autori italoamericani. Alla fine dell'Ottocento, e sulla linea di Ciambelli, ecco la figura di Italo Stanco, curioso pseudonimo di Ettore Moffa, nato in provincia di Campobasso nel 1886, morto a New York nel 1954. Visse anche in Argentina, tanto che occasionalmente lo pseudonimo divenne J. Cansado. È un costruttore di gialli pieni d'intrighi, fra i quali il più famoso è *Il diavolo biondo* (il diavolo è una tremenda baronessa palermitana, il romanzo è farcito di duelli, sangue, agnizioni multiple, ma—rispetto a quelli di Ciambelli—mantiene una narrativa più asciutta). Personalità poliedrica, traduttore e critico, cita nei suoi romanzi Shopenhauer e omaggia De Amicis già nel titolo di un suo romanzo, *Sull'oceano*, ci dice Marazzi, sottolineando come Stanco, oltre a possedere uno stile più sorvegliato di Ciambelli, innesti nei suoi *feuilleton* a puntate "un senso cupo di isolamento e sconfitta" (Marazzi 2001, 26).

In un'intervista con Umberto Mucci, Francesco Durante sostiene che le due figure più interessanti di questa prima generazione di scrittori italoamericani, oltre a Bernardino Ciambelli, sono Riccardo Cordiferro (nato in provincia di Cosenza nel 1875 e morto a New York nel 1940) e Carlo Tresca (nato a Sulmona in provincia dell'Aquila nel 1879 e morto a New York nel 1943). Cordiferro è "forse il poeta per eccellenza della eroica Little Italy del Lower East Side". Cordiferro era uno psudonimo: si chiamava Alessandro Sisca e veniva dalla Calabria. Scrisse, fra le tante cose, una delle più famose canzoni napoletane, "Core 'ngrato", tipica canzone dell'emigrazione, "nel senso che è del 1911 ma è scritta", prosegue Durante, "come se si fosse nella fine dell'800: l'apertura operistica, il romanticismo esasperato, la descrizione dell'Italia com'era quando partirono i primi italiani della grande emigrazione". Cordiferro è un uomo animato da un romanticismo rivoluzionario post-risorgimentale e, ci racconta ancora Durante, ha "un atteggiamento di sfida sul piano politico (va in galera per diverso tempo per le sue idee anarchiche, che non cambieranno per tutta la sua vita)". Fonda *La Follia di New York*, settimanale che durerà un secolo, e dirige altri giornali "con una retorica populista anche un po' adolescenziale e immatura ma piena di sentimenti e passione. È dunque portatore di un'italianità 'da manuale', con tutti i difetti ma anche tutte le virtù dell'italiano com'era immaginato allora in America" (Durante 2013).

Carlo Tresca sin da ragazzo nella sua Sulmona dimostra spirito combattivo: aderisce al circolo socialista dei ferrovieri e fonda il settimanale *Il Germe* che affronta questioni quali il riscatto sociale dei contadini. A lui, ci narra sempre Durante nell'intervista a Mucci, Max Eastman negli anni '30 dedica una copertina del *New Yorker* col titolo "Carlo Tresca, Public Enemy Number One", considerandolo il più pericoloso *radical* d'America.

Anarchico e impavido, durante gli scioperi sfida le forze dell'ordine e arringa le folle con ardita retorica, e alla fine viene ammazzato, senza che si chiarisca chi sia il mandante, "se la mafia, magari su imbeccata di Gene Pope (il proprietario del *Progresso Italo-Americano*, accusato da Tresca di essere 'un gangster e un racketeer'), se i fascisti, ovvero se i comunisti, e precisamente gli stalinisti contro cui Tresca, a suo tempo, si era scagliato in occasione delle durissime polemiche sulla guerra civile in Spagna" (Durante 2013).

Malgrado la vicenda di Tresca in America (vi arrivò nel 1904) sia davvero leggendaria, la sua *Autobiography* è rimasta a lungo inedita e finalmente pubblicata dal John D. Calandra Institute di New York nel 2003, a cura di Nunzio Pernicone (che su Tresca ha anche scritto il libro *Carlo Tresca: Portrait of a Rebel*). Di questo uomo pieno d'energia, oltre ai tanti articoli, restano i drammi antifascisti *L'Attentato a Mussolini ovvero il segreto di Pulcinella*, del '25, pubblicato sul *Martello* da lui diretto e rappresentato per la prima volta a New Haven nel '26 (proposto nel 2019 dall'editore Unicopli, con introduzione di Niccolò Baldari) e *Il vendicatore. Dramma sociale antifascista in quattro atti*, rappresentato a New York nel 1934. A Tresca è legato anche il nome di Arturo Giovannitti, nato a Campobasso nel 1884 e morto a New York nel 1959, sindacalista, attivista politico, poeta. Tresca infatti fu a capo delle manifestazioni in difesa di Giovannitti, accusato assieme a due compagni dell'assassinio dell'operaia tessile Anna LoPizzo, durante gli scontri con la polizia a seguito di un grande sciopero avvenuto a Lawrence, in Massachussetts, nel 1912: i tre vennero successivamente scagionati. Giovannitti è autore di vari testi, fra cui la raccolta di liriche *Parole e sangue* (1938) e *Collected Poems* (1962).

Allacciandoci a Tresca, citiamo altri due esempi di scrittura caratterizzata da una forte componente autobiografica. Camillo Luigi Cianfarra nasce a Lama dei Peligni, in Abruzzo, nel 1878, e muore a Roma, dopo esser stato imprigionato dai fascisti, nel 1925; arrivato in America per raggiungere suo padre, ex sindaco di Lama, nell'aprile del 1894, pubblica il suo unico libro nel 1904, *Il diario di un emigrato*, un'autobiografia romanzata che analizza con occhio critico i problemi di Little Italy, speziando il racconto con una personale storia d'amore.[8] Ludovico Michele Caminita, nato a Palermo nel 1878 (se ne perdono le tracce dopo il 1943) è invece l'autore di *Nell'isola delle lagrime: Ellis Island* (1924) in cui racconta la terribile esperienza di arresto e carcerazione a Ellis Island in quanto dichiarato sovversivo (secondo lui, a causa dell'intervento di Fiorello La Guardia). Finiamo questo tratto di percorso con Garibaldi Mario Lapolla (1888-1954), che dopo aver scritto due libri di testo d'inglese per scuole superiori, compone tre romanzi: *The Fire in the Flesh* (1931); *Miss Rollins in Love* (1932) e *The Grand Gennaro* (1935), tutti "dettagliate rappresentazioni delle condizioni sociali della vita italoamericana" ci dice la Basile Green, e del desiderio febbrile, talora perseguito violentemente e con mezzi dubbi, dell'italoamericano "to make America", di fare l'America (Basile Green, 73).

Nei suoi *Misteri di Little Italy* Marazzi si sofferma, fra gli altri, anche sugli scrittori realistico-sentimentali, ultimo anello di congiunzione con quella letteratura italoamericana di lingua inglese che sta nascendo. Questi scrittori, ci spiega Marazzi, scrivono storie d'amore che non mancano d'impegno sociale, anzi: son ben presenti il trauma dell'emigrazione, il pregiudizio razziale sofferto dagli italiani d'America, la tensione tra fedeltà alle radici e desiderio di successo. Fra questi autori, Paolo Pallavicini (o Pallavicini-Pirovano, nato a Torino o forse Milano nel 1886 e morto a San Francisco nel 1938). Pallavicini è artista prolifico e in Italia, come ci ricorda Durante, era stato pubblicato da editori importanti quali Salani e Sonzogno. Autore di un reportage a forti tinte nazionalistiche, *La guerra italo-austriaca (1915-1919)*, di un radiodramma, *Nella Terra del sogno*, e di romanzoni ipernutriti quali *Per le vie del mondo* e *Una carezza divina*, Pallavicini scrive dal contesto californiano, diverso da quello di Ciambelli, e quindi le sue narrazioni ricche di intrighi e passioni si svolgono "tra languori e bon ton, intorno a un milieu di emigrazione piccolo e medio borghese, di stanza perlopiù nella ricca California rurale" (Marazzi 2001, 26). Interessante anche il suo uso di cadenze e dialetti settentrionali, slang lombardo-inglese, americanismi.

Sia Marazzi che Durante ci presentano poi un'altra figura affascinante e poliedrica, Eugenio Camillo Branchi (nato e morto a Genova, 1862-1962), collaboratore del *Corriere della Sera*, giornalista giramondo, ufficiale di marina durante la Prima guerra mondiale (molti suoi libri son d'argomento marinaro), traduttore del Corano, insegnante di lingue e letterature neolatine in Virginia, segretario della Camera di Commercio a San Francisco. Secondo Marazzi, la sua opera migliore è quella che scrisse alla fine della sua vita, *Così parlò Mister Nature*, racconto della propria esperienza di viaggi, ma il suo libro più italoamericano è *"Dagoes". Novelle transatlantiche*, pubblicato a Bologna nel'27.

In America, a inizio secolo, ci sono anche scrittrici di lingua italiana quali Caterina Maria Avella e Dora Colonna. Di loro si sa pochissimo. Della prima, sul *Carroccio*, apparvero le novelle *La "Flapper"* (1923) e *Patsy e Patricia* (1924): "l'ambientazione nel mondo degli italoamericani ricchi ed integrati—tra yacht, ville e fiammanti automobili—è lo strumento tramite il quale può venire introdotta la figura nuovissima della flapper, la ragazza emancipata, padrona del proprio corpo e dei propri sentimenti, cui si affianca persino una madre divorziata e giovanile" (Marazzi 2001, 28). Della Colonna, invece, *Il Carroccio* pubblicò le novelle, *Le due amiche* e *Common Clay*, entrambe nel '26: meno leggere, più struggenti, anche riguardo il tema dell'emigrazione e della condizione femminile, rispetto a quelle della Avella.

Infine, ancora Marazzi ci ricorda il successo del teatro leggero italoamericano e dei suoi artisti, come il campano Eduardo Migliaccio—in arte Farfariello—e il siciliano Giovanni De Rosalia—in arte Nofrio—ideatori di "macchiette", spesso accompagnate da musica, che parodiavano "il disadattamento dell'emigrato medio affettuosamente messo a nudo nel suo difensivo campanilismo di fondo e descritto nei suoi minuti, quotidiani contrattempi, tra ingenui rimbrotti nostalgici e vitali slanci verso le piccole e grandi novità americane" (Marazzi 2001, 35). Nel suo studio *The Italian-American Immigrant Theatre of New York City* (1999) la ricercatrice Emelise Aleandri raccoglie una serie di foglietti, copioni, fotografie e altre memorabilia ricostruendo la storia del teatro italoamericano, che conosce un progressivo successo dopo il 1870 con la rappresentazione di commedie, tragedie, vaudeville, melodrammi e via dicendo, e artisti quali Mimi Cecchini, Guglielmo Ricciardi, Concetta Arcamone, Antonio Maiori, Rita Berti, Olga Barbato e, appunto, il più famoso di tutti, Farfariello, del quale su Youtube si può ancora recuperare del materiale. Soffermiamoci su questa affascinante figura di teatrante italoamericano che seppe guadagnarsi i favori del pubblico non solo italoamericano ma anche americano mainstream, pur forse alle spese dei compatrioti che prendeva in giro con le sue macchiette. Che fecero scuola: infatti, ciascun gruppo regionale adottò la macchietta napoletano-americana di Farfariello adattandola secondo la propria provenienza, e nel giro di pochi anni ciascun gruppo regionale immigrato aveva il suo "tipo" che nei caffè e nei teatrini faceva sbellicare (anche con una buona dose di autoironia, evidentemente). Migliaccio a Napoli aveva studiato all'Istituto di Belle Arti e una volta arrivato a New York, dove trova un impiego in banca, si dà da fare cantando (è pure compositore) e proponendo un repertorio di macchiette napoletane nei caffè di Little Italy. Il successo arriva quando nel canovaccio macchiettistico innesta "l'esperienza viva del mondo dei trapiantati. L'operazione prevedeva in linea di massima due elementi fondamentali: uno squisitamente musicale, con un sensibile spostamento dai ritmi e dalle melodie napoletane tradizionali verso cadenze americane prossime al *ragtime* e alle prime forme jazzistiche; l'altro, più decisivo, di carattere linguistico, con la tempestiva adesione al gergo quotidiano della colonia, in cui dialetti meridionali, italiano e americano andavano mescidandosi in un originale *pidgin* del quale, malgrado la sua funzione di autentica lingua d'uso, non sfuggivano gli aspetti comici. *'Na parlata inglese*, non a caso, si intitolò una delle prime macchiette 'coloniali' di 'Farfariello'" (Durante 2005, 385). Ma Farfariello non prendeva bonariamente in giro solo il "cafone": nel mirino della sua satira finivano pure ricconi, finti aristocratici, truffatori d'ogni risma, trovando successo anche nei programmi radio. Tornato in Italia, nel 1940 viene insignito dal re del titolo di cavaliere. Muore a New York nel 1946.

Nel suo *Italian Signs, American Streets* Fred Gardaphé (uno dei padri degli studi del settore) distingue, vichianamente, tre fasi nello sviluppo della narrativa italoamericana. Questa suddivisione è discutibile all'infinito ma ci permette di orientarci nel nostro intricato e rigoglioso giardino letterario: lasciamo allora che Gardaphé ci faccia da guida e ci conduca a conoscere gli esponenti più importanti di questa letteratura. Lo studioso chiama la prima fase "the Poetic Mode", corrispondente alla vichiana età degli dei, un ponte tra cultura orale e scritta, il primo tentativo di esprimere poeticamente l'esperienza dell'emigrante, attraverso frasi semplici e informative, racconti essenzialmente autobiografici in cui gli autori esprimono fatti e sentimenti, ma non riflettono sulle proprie storie. In questa prima zona, Gardaphé porge tre esempi: Constantine Panunzio, Rosa Cavalleri, Pascal D'Angelo. Constantine—nato Costantino Maria—Panunzio, nato a Molfetta nel 1884 e morto a Los Angeles nel 1964, arriva a Boston nel 1902 ed è l'autore, nel 1921, di *The Soul of an Immigrant*, una delle autobiografie più equilibrate e importanti nell'analisi della condizione lavorativa all'alba del '900. Dopo aver sperimentato padroni corrotti, lavoro durissimo e malpagato, freddo e fame e carcere (rischia pure di morire cadendo in un lago ghiacciato), Panunzio scopre la Bibbia, si aggrega a una Chiesa battista, torna sui banchi di scuola fino ad ottenere la laurea alla Wesleyan University a Middletown, nel Connecticut, e frequenta la Scuola di Teologia della Boston University: diventa ministro protestante nel 1914. Successivamente sarà anche professore di sociologia all'Università della California a Los Angeles. Panunzio, insomma, è uno di quelli che, dopo inizi durissimi, ce la fa, e si americanizza non solo nel linguaggio, ma nutrendo un amore profondo per la nuova patria. Questo, tuttavia, non lo rende cieco, tutt'altro, alle asprezze e alle ingiustizie e al senso di perdita dell'essere immigrato. La sua autobiografia è racconto della propria esperienza, ma, come sottolinea Gardaphé, nella seconda parte Panunzio "inizia ad esplorare la grave condizione dell'immigrante in America" trascendendo la sua storia personale e facendosi portavoce di quella di milioni di povera gente (Gardaphé 1996, 47).

Secondo Gardaphé, la biografia di Rosa Cavalleri *Rosa, the Life of an Italian Immigrant*, trascritta da Marie Hall Ets, un'assistente sociale che la incontrò nel 1918, e pubblicata nel 1970, rappresenta una delle più importanti testimonianze narrative dell'immigrato di questo periodo: *Rosa* narra le vicende di una ragazza in un poverissimo villaggio del nord d'Italia e la sua forzata emigrazione in America per congiungersi al marito (matrimonio combinato dalla madre affidataria, che non poteva permettere a Rosa di sposare l'uomo al quale la figlia precedentemente aveva dichiarato il suo amore). "La maggior parte della narrazione di Rosa si occupa della sua vita in Italia; solo le ultime novanta pagine riferiscono le sue esperienze negli Stati Uniti" (Gardaphé 1996, 31).

Poi Gardaphé inserisce uno degli autori a cui studiosi e lettori sono più affezionati, per la sua lacerante vicenda biografica e per la forza d'animo che esce dai suoi scritti: Pascal D'Angelo. Anche recentemente, Luigi Fontanella (scrittore italoamericano a tutto tondo, ne parleremo più avanti) gli ha dedicato un bel romanzo, o meglio una biografia romanzata, *Il dio di New York* (Passigli, 2017) nel quale, con partecipazione autentica e abilità di poeta, intrecciandola e sovrapponendola con sfumature autobiografiche (uno dei compagni di Pascal era il nonno di Fontanella) ricostruisce la sofferta storia di D'Angelo, a partire dalla nativa Introdacqua. In questo paesino abruzzese, infatti, Pascal nasce nel 1894.

Negli Stati Uniti arriva nel 1910, assieme al papà (che a un certo punto, esausto, tornerà indietro) e la vita è tremenda, le condizioni di lavoro disumane, ma la fatica e i digiuni e l'angosciante consapevolezza che non rivedrà mai più la sua famiglia abruzzese non lo spezzano; vero leone, nel ritratto così intenso che ce ne fa Fontanella,[9] impara la lingua da autodidatta ma non si accontenta, come gli altri, di una lingua che gli basti a una comunicazione elementare. Spende notti su laceri vocabolari, assorbe parole, scopre consolazione nella lettura, sogna di scrivere, e scrive. Poesia. Dopo mille rifiuti, vien scoperto da Carl Van Doren, editor del quotidiano *The Nation*, lo stesso che poi scriverà la prefazione a *Son of Italy*. Piano piano il suo nome si fa conoscere fra chi apprezza la poesia, diventa un caso, viene recensito, omaggiato d'attenzione non solo dagli italiani d'America, ma dai massimi esponenti della cultura americana: Macmillan pubblica nel 1924 *Son of Italy*,[10] "probabilmente la più articolata autobiografia nel suo trattamento dell'arrivo degli immigrati nel nuovo Paese" scrive la Basile Green. Ma the *pick-and-shovel poet* (il poeta del piccone e della pala) non si fa sedurre dal successo, resta nascosto, continuando a considerarsi un operaio, non uno scrittore, e torna infine nell'ombra dalla quale era provenuto, per morire ancora giovane (e povero) a New York nel 1932.

Gardaphé chiama la seconda fase "the Mythic Mode", quando gli autori reinventano la propria etnicità, ovvero adoperano le storie degli emigranti, "i loro viaggi, i loro guai, i loro fallimenti e successi (…) al fine di creare storie di proporzioni mitiche". È l'era del sogno americano, quando gli emigranti arrivano in America convinti che le strade siano pavimentate d'oro.[11] Gardaphé suddivide "the Mythic Mode" a sua volta in tre momenti: il primo è "the Early Mythic Mode", in cui si raccontano storie di coloro che davvero tentarono di *fare l'America*. In questo gruppo il critico pone tre nomi grossi, autori che leggiamo e studiamo ancora oggi con piacere: John Fante, Pietro di Donato, Jerre Mangione. Anche la Basile Green raggruppa questi tre scrittori nella stessa categoria, che con un neologismo chiama "Counterrevulsion", seguente al periodo che chiama "Revulsion": in questo, scrittori di discendenza italiana respingono il tema italoamericano, in quello invece tornano alle radici nel loro materiale narrativo, "ma con il vantaggio, rispetto agli altri, d'aver acquisito una più ferma integrazione culturale" (Basile Green, 128).

Di John Fante si sa tutto, essendo uno degli scrittori italoamericani più famosi al mondo, benché negli Stati Uniti meno che nel resto del mondo: in Italia, Francia, Germania e altrove, Fante è diventato il classico scrittore *cult* con una messe di discepoli, biografi inclusi, cantanti, attori e via dicendo che lo adorano indiscriminatamente, spesso perdendo obiettività critica, costruendo la mitologia, alimentata dall'industria del libro, dell'autore negletto in vita e riscoperto dopo la morte. Ma è una verità parziale. Figlio di un muratore abruzzese di Torricella Peligna e di un'americana di discendenza lucana, Fante nasce a Denver, in Colorado, nel 1909. Scoperto da colui che sarebbe diventato il suo mentore, H.L. Mencken, che lo pubblica sull'*American Mercury*, esordisce nel 1938 con *Wait Until Spring, Bandini* (*Aspetta Primavera, Bandini*), il libro di Fante più intriso di italoamericanità, e un anno dopo pubblica il suo romanzo più amato, *Ask the Dust*, *Chiedi alla Polvere*, tradotto nel '41 da Elio Vittorini e pubblicato come numero 125 della mondadoriana collana "Medusa" da lui diretta con il titolo *Il cammino nella polvere*.[12] Nello stesso anno Vittorini aveva antologizzato Fante nella celebre *Americana*. Vero che Fante, cominciando a lavorare con un certo successo e ottimi guadagni a Hollywood come sceneggiatore, e dovendo mantenere una famiglia con quattro figli, perde disciplina di narratore. Nel '40 esce la raccolta di racconti *Dago Red*, ma nel '52 ecco l'exploit di *Full of Life*, unico romanzo che ebbe successo popolare mentre Fante era in vita. Da un punto di vista artistico, decisamente il suo peggiore libro. Qui Fante adopera la satira dell'elemento etnico per prendere in giro gli italoamericani e blandire un pubblico americano in un periodo storico in cui gli "stranieri" eran visti con paura e sospetto; dal libro venne tratto il film omonimo, nel '57, diretto da Richard Quine e sceneggiato dallo stesso Fante, che per questo fu candidato a un WGA Award. Nel '77 esce il bellissimo *The Brotherhood of the Grape* e, riscoperto fortunatamente grazie al suo ammiratore Charles Bukowski, Fante fa in tempo a vedere i primi segni della propria rinascita, quando viene ripubblicato dopo quarant'anni, da Black Sparrow Press, *Ask the Dust*; questo gli dà l'energia, cieco e con le gambe amputate a causa del diabete, di dettare alla moglie il suo ultimo romanzo, *Dreams from Bunker Hill* (1982). Dopo la sua morte, avvenuta nel 1983, comincia la resurrezione, e vengono pubblicati postumi *The Road to Los Angeles* (scritto nel '35, rifiutato dagli editori, introduce la figura di Arturo Bandini, protagonista di quattro romanzi, benché non consequenziali) e il meraviglioso *1933 Was a Bad Year*, entrambi nel 1985; nel 1986 un'altra gemma postuma, *West of Rome*, che include il romanzo breve *My Dog Stupid* e il racconto lungo "The Orgy".

Pietro Di Donato nasce nel 1911 in New Jersey da genitori abruzzesi. Suo padre, un muratore, morì sul lavoro, seppellito dal crollo di un edificio. Pietro deve a questo punto supportare la madre (che morirà dopo pochi anni) e i sette fratelli. Ma, pur lavorando come un mulo nello stesso settore del padre, trova l'energia per seguire lezioni d'ingegneria la sera e scrivere. Nel 1937 la rivista *Esquire* gli pubblica il primo racconto, che viene poi sviluppato nel suo capolavoro autobiografico *Christ in Concrete*, del 1939, pubblicato "in una versione arditamente vernacolare di Eva Amendola" (Marazzi 2000, 277) da Bompiani nel 1941 col titolo *Cristo fra i muratori*, malgrado il giudizio piuttosto negativo di Vittorini. Il romanzo descrive con forza visiva e poetica[13] le reali esperienze dell'autore, e il recensore del *New York Times*, il 15 settembre del 1939, scrive "It was something rare, a proletarian novel written by a proletarian" (Poore, 27). Secondo la Basile Green, che loda il romanzo senza riserve—sostenendo che la sua retorica impressionistica potrebbe ricordare quella di Joyce—Pietro Di Donato è il primo autore italoamericano ad aprire gli occhi al pubblico italoamericano circa l'esperienza italoamericana e il suo libro colpì al cuore la coscienza d'America. Il libro diventa un best seller e ha una trasposizione cinematografica inglese nel 1949, col titolo *Give Us This Day*, diretta da Edward Dmytryk. L'autore scrive un sequel (*This Woman*) nel 1958, mentre nel 1960 sforna due libri: *Three Circles of Light*, romanzo reminiscente della sua infanzia, e il popolarissimo *The Immigrant Saint: The Life of Mother Cabrini*, storia romanzata della prima cittadina americana proclamata santa. Nel '61 pubblica *The Penitent*, resoconto dei tormenti e del pentimento dell'assassino di Maria Goretti, crisi che porterà l'omicida a intraprendere la via religiosa, e infine una raccolta di storie già pubblicate in separate sedi, *Naked as an Author*. Muore nel 1992.[14]

Jerre Mangione nasce a Rochester (New York) nel 1909, figlio di immigrati siciliani. Si laurea a Syracuse University, nel '31, e ha una carriera accademica importante, tanto da diventare direttore del programma di Creative Writing a Pennsylvania University e ricoprire un ruolo nazionale all'interno del Federal Writer's Project (progetto federale atto a provvedere lavoro per gli scrittori disoccupati durante la Grande Depressione). Sin da giovanissimo, ci spiega Gardaphé, ambisce a diventar scrittore (al contrario di Pietro Di Donato) e ha una sottile percezione dell'appartenenza a due mondi—a casa la madre impone di parlare italiano, fuori di casa si parla solo inglese: la soluzione, per Mangione, è fondere queste due culture per dar luce a una terza, la cultura italoamericana (in Fante questa possibilità viene espressa soprattutto in *Wait Until Spring, Bandini*). Il suo libro più famoso, *Mount Allegro* (pubblicato nel '43), è un memoir sul crescere in una comunità siciliana a Rochester, ma l'editore decise di farlo passare come romanzo, per ragioni commerciali. È un libro importante anche per il desiderio di sgravare i siciliani dalla loro cattiva reputazione ed è il primo, ci dice Gardaphé, di quattro volumi di *nonfiction*[15] che sviluppa questo passaggio dall'essere italiano all'essere italoamericano, anzi, specificatamente, dall'essere siciliano all'essere siculoamericano.

Fra i nati nel primo decennio del secolo, e inserito dalla Basile Green nel già citato capitoletto "Counterrevulsion", ricordiamo anche Jo Pagano: nato nel 1906 a Denver, in Colorado, adopera materiale autobiografico per comporre la raccolta di racconti *The Paesanos* (1940) che Jerre Mangione recensirà assieme alla raccolta di Fante *Dago Red*, uscita nello stesso anno, favorendo quest'ultima, come ci racconta Dennis Barone (71-82); e il romanzo *Golden Wedding* (1943), il suo lavoro migliore (e secondo Barone l'unico di valore). Quest'ultimo racconta la saga famigliare della famiglia Simone, dietro la quale si cela quella del protagonista, lungo mezzo secolo dalle campagne del Mezzogiorno d'Italia al Colorado (pubblicato da Avagliano nel 2000 con il titolo *Nozze d'oro*, traduzione di Giovanni Maccari, a cura di Francesco Durante). Pagano vanta anche una ricca esperienza come sceneggiatore a Hollywood, durante gli anni '50, e scrive alcuni episodi di *Bonanza* (secondo Barone, dietro il personaggio del produttore televisivo Joe Crispi in *My Dog Stupid* si nasconde il vecchio amico di Fante, Jo Pagano). Muore a Los Angeles nel 1982.

Altro nome che mi piace menzionare qui è quello di Mari Tomasi (1907-1965), nata in Vermont, di discendenza piemontese (i genitori avevano un negozio di sigari a Torino e il suo primo romanzo, *Deep Grow the Roots*, del '40, è ambientato in Piemonte). Linguaggio semplice ma poeticamente evocativo e narrazione fluida, scrive la Basile Green, sono le caratteristiche dello stile della Tomasi. In *Like Lesser Gods*,[16] del '49, racconta la vita degli scalpellini di granito della sua area; il romanzo viene lodato dalla critica e dà una discreta notorietà alla Tomasi che, come Mangione, lavorerà al Federal Writers' Project; Edvige Giunta la menziona fra quelle autrici che hanno anticipato l'opera della Barolini e della De Rosa scrivendo "dell'America italiana fra gli anni '40 e '60 in narrazioni filtrate attraverso le lenti del proprio sesso" (Giunta, 30). Helen Barolini, nel suo *Chiaroscuro: Essays of Identity*, dedica un bel capitolo, "Looking for Mari Tomasi", a questa scrittrice la cui personalità, in qualche modo misteriosa, affascina. Secondo la Barolini, paradossalmente la testimonianza della Tomasi riverbera in quello che *non* dice nei suoi libri, dove cerca di difendere le due culture che compongono l'italoamericano, esonerando l'Italia dalla colpa del fascismo e l'America dalla sua stessa xenofobia. La Tomasi si autocensura, sostiene la Barolini, ovvero elude quella dicotomia fra il sentirsi italiani e l'adeguamento alla cultura anglosassone, che è tanto più forte, a quel tempo, se si è una donna italoamericana, e ancor più un'artista: la parte italiana ti vuole devota alla famiglia, quella americana pretende che tu difenda le tue aspirazioni individuali (Barolini 1999, 54-63).

Associata dalla Bona alla Tomasi nel suo saggio già menzionato e antologizzata come la Tomasi nel *Dream Book* della Barolini, di cui parleremo più avanti, Marion Benasutti è un'altra pioniera della letteratura italoamericana. Nata (nel 1908) e cresciuta in Pennsylvania, è editor dell'*Italian-American Herald* e vi tiene una rubrica, "Speaking Italian". Come scrive la Basile-Green, idiomi italiani appaiono nel romanzo *No Steady Job for Papa* (1966), storia di una grande famiglia di immigranti in Pennsylvania che si mantiene unita malgrado l'inabilità del capofamiglia di tenersi un lavoro. (Nel '99 l'editore trentino Temi lo pubblica con il titolo *Un lavoro per papà: dal Trentino all'America: storia di una famiglia di emigranti*, nella traduzione di Giovanna Covi).

La seconda fase del "Mythic Mode" è "The Middle Mythic Mode", che ritrae "la famiglia [italoamericana] capace di guadagnarsi con ogni mezzo—legale ed illegale—la possibilità di controllare il proprio ambiente" (Gardaphé 1996, 85); Gardaphé si sofferma su tre autori di fama: Mario Puzo, Gay Talese, Giose Rimanelli. Puzo, nato a Manhattan nel 1920 e morto a West Bay Shore (Stato di New York) nel 1999, è il celeberrimo autore de *Il Padrino*, che tuttora spacca in due la comunità italoamericana, tra fans sfegatati e asperrimi critici che accusano il libro (e di conseguenza i film di Coppola) di nutrire i pregiudizi contro gli italiani d'America. Puzo sin da giovanissimo cerca d'inserirsi sulla scia dei Fante e dei Di Donato, legge Dostoevsky, si sente un artista, scrive due romanzi d'ambizione letteraria, *The Dark Arena* e *The Fortunate Pilgrim*, con buoni riscontri di critica, ma pessimi di vendite, finché a 45 anni e pieno di debiti si stufa, come ci ricorda nei suoi *The Godfather Papers*, "di essere un artista" (Puzo 1972, 34). Il successo del *Padrino*, pubblicato nel 1969, è stellare. Puzo introduce nella lingua inglese termini italiani che non ne usciranno più (come *omertà*) e prosegue quella storia d'amore appassionata e apparentemente intramontabile fra il pubblico americano e la rappresentazione del mafioso italoamericano (successi televisivi degli anni recenti come *I Soprano*, solo per citarne uno, sono lì a testimoniarlo). Non è questo il luogo per approfondire la questione, ma non ci si può non domandare perché l'America vada in brodo di giuggiole per questi romanzeschi mafiosi italoamericani e non per il mafioso russo, ebreo, cinese, eccetera. Azzardo qui, con la superficialità del caso, un paio di ragioni: il mafioso italoamericano, nella rappresentazione letteraria e cinematografica, non è mai *del tutto* cattivo; incarna spesso una forma di giustizia perversa: è un dio terribile ma che può anche essere salvifico, ha potere di morte ma anche di vita; e ha un senso fortissimo di famiglia, un senso nei confronti del quale gli americani nutrono da sempre un feeling di nostalgia (la famiglia americana si disgrega facilmente, non solo a causa dei divorzi, ma perché i figli lasciano la casa presto e si disperdono nel continente). Si pensi non solo alla scena iniziale del *Padrino* di Coppola, dove il Marlon Brando dalle mascelle imbottite di cotone risolve e benedice, ma anche alla scena finale in cui, prima di morire, gioca in giardino col nipotino, parodiando un mostro: ovvero un mostro reale che recita la parte di un mostro fittizio, innocuo, ma pure un nonno, tenero e buffo.[17] Dopo il successo clamoroso, Puzo continua a scrivere e pubblicare (ricordiamo almeno *Il Siciliano*, dell'84, sul bandito Salvatore Giuliano, *L'ultimo padrino*, del '96, e *Omertà*, pubblicato postumo nel 2000) ma il suo nome risulta legato in primo luogo al *Padrino*, pietra miliare della cultura americana. Secondo Gardaphé, "la chiave del successo di questo romanzo sta nell'abilità di Puzo di suscitare invidia e persino paura per il mistero e il potere insito nell'italianità che egli rappresenta attraverso la famiglia Corleone. È proprio questo mito che la saggistica narrativa di Gay Talese cerca di distruggere" (Gardaphé 1996, 98).

Gay Talese nasce nel New Jersey nel 1932, al momento in cui scrivo ha raggiunto l'età di 89 anni. È un signore dall'eleganza impeccabile, come testimoniano fotografie, interviste, documentari reperibili in rete, e riconosciuto come uno dei padri del "New Journalism", una sorta di mix fra giornalismo e letteratura, un giornalismo narrativo che adopera strumenti letterari (fra i maestri del genere ricordiamo Tom Wolfe, che coniò il termine nel 1973, e Truman Capote, autore del libro più famoso del genere, *In Cold Blood*, caposaldo della letteratura americana del '900). Il capolavoro di Talese è *Honor Thy Father* (1971) in cui esplora le vicende della famiglia Bonanno e, come ci ricorda Gardaphé menzionando Talese stesso, nasce dalla curiosità di cosa significhi essere un giovane uomo all'interno di una famiglia mafiosa. Scritto negli stessi anni del *Padrino*, non è un'opera di finzione, malgrado lo stile narrativo, e si basa su incontri e interviste reali. Oltre a questo classico di *narrative nonfiction*, numerosi sono i contributi del vivace polemista Talese al panorama culturale americano. Stando all'argomento della nostra passeggiata, vanno almeno ricordati due articoli che hanno fatto storia, entrambi pubblicati nel 1966 dalla rivista *Esquire* e dedicati a due grandi italoamericani: Frank Sinatra e Joe DiMaggio; e il vespaio che suscitò il 14 marzo del '93 sul *The New York Times Book Review* con il suo provocatorio articolo *Where are The Italian-American Novelists?*

Giose Rimanelli è una delle figure più straordinarie di scrittore italoamericano (e forse sarebbe corretto aggiungere "italocanadese") per originalità di scrittura e vita avventurosa—a me particolarmente caro in primo luogo perché ebbi modo di incontrarlo a una cena a casa Tamburri: ricordo con nitidezza questo formidabile vecchietto, sagace e ironico, gentilissimo e assolutamente privo di sbruffoneria nel raccontarmi, col suo fare tagliente, le sue frequentazioni con Calvino e Pasolini. Ero all'epoca ancora piuttosto giovane e fui incantato dalla sua sveltezza di pensiero, dalla sua cultura spaventosa, dalla sua sfrontata simpatia. Solo più tardi mi avvicinai ai libri di Rimanelli e la mia ammirazione, nata per un uomo che, pur piccolo di statura, mi sembrava *larger than life*, divenne ammirazione per la sua qualità d'artista: la sua era una scrittura piena d'immaginazione, sperimentale, così poco italiana—e piena di jazz, la sua passione. Rimasi sbalordito soprattutto da un saggio, *Il mestiere del furbo*, pubblicato nel '59 da Sugar e riproposto da Bordighera Press nel 2017, testo coraggiosissimo (ma allo stesso tempo puntuale e analitico, di un'intelligenza critica rara) in cui Rimanelli denunciò i mali del mondo letterario italiano, che lo punì escludendolo e spingendolo all'esilio canadese e americano negli anni '60. Del professor Rimanelli (insegnò italiano e letteratura comparata in diverse e prestigiose università) ricordiamo naturalmente *Tiro al piccione*, l'esordio italiano del '53 con Mondadori, nella collana "La medusa degli Italiani", proposto da Vittorini; sarebbe dovuto uscire con Einaudi, nei "Coralli", ma la morte di Pavese, che aveva promosso il libro malgrado alcune riserve, bloccò tutto (Einaudi oggi lo propone anche in formato Kindle). Storia della Resistenza, ma vista da chi (autore e personaggio) aveva militato nella Repubblica Sociale, divenne nel '61 il primo film (che a Rimanelli non piacque) dell'allora ventinovenne Giuliano Montaldo. Dopo altri due romanzi mondadoriani (come il primo, tradotti negli Stati Uniti) e un quarto, *Una posizione sociale*, edito da Vallecchi nel '59, Rimanelli com'è detto viene escluso dalla scandalizzata società letteraria italiana e si trasforma in romanziere e poeta canadese e statunitense. Fra le pubblicazioni americane, cito almeno l'avanguardistico *Benedetta da Guysterland: A Liquid Novel* (1993, American Book Award nel '94) in cui l'elemento italoamericano è forte, e il breve romanzo memore dell'esperienza universitaria *Accademia* (1997), ma di Rimanelli, scomparso nel 2018, non va dimenticata (e anzi, rivalutata) l'attività di poeta, saggista, critico, e commediografo.

Terzo momento del "Mythic Mode" è "the Late Mythic Mode", nel quale gli scrittori italoamericani di terza generazione vanno allo riscoperta delle proprie radici etniche con lo scopo di comprendere la propria identità: il risultato, dice Gardaphé, è una combinazione di memoria e immaginazione, che rappresenta "l'ansietà etnica affrontata da questi scrittori di terza generazione, che si sentono alieni tanto dall'esperienza reale dell'emigrante quanto, spesso, dallo stesso habitat culturale nel quale sono nati" (Gardaphé 1996, 121). In questo contesto l'autore inserisce Helen Barolini, Tina De Rosa e Carol Maso.

Helen Barolini, nata a Syracuse (New York) il 18 novembre 1925, è autrice, tra le varie cose, dei romanzi *Umbertina* e *Passaggio in Italia* (pubblicati in Italia dalla casa editrice salernitana Avagliano). Nel 2004, curato e introdotto da Antonia Arslan per Guerini e Associati, viene stampato *Chiaroscuro. Saggi sull'identità*, mentre nel 2010 esce per l'editore Zona *L'America italiana. Epos e storytelling in Helen Barolini*, uno studio di Margherita Ganeri, con un saggio di Melania Mazzucco. Vincitrice di numerosi premi (tra gli altri l'American Book Award, conferitole dalla Before Columbus Foundation, e il Susan Koppelman Award, dall'American Culture Association, entrambi per *The Dream Book: an Anthology of Writings of Italian American Women*), i suoi scritti sono apparsi sulle riviste letterarie più prestigiose d'America (incluse *Paris Review*, *New York Review of Books*, *New Letters*, *Cosmopolitan*). Moglie del giornalista e scrittore Antonio Barolini (1910-1971), ha tre figlie alle quali ha dedicato *The Dream Book* (una delle quali è Teodolinda Barolini, tra le più apprezzate studiose di Dante in circolazione). Quasi vent'anni fa, attraverso un fitto scambio di email, ebbi modo di intervistare la signora Barolini, che fu prodiga nel raccontarmi la vicenda italoamericana in generale e sua personale: "La grande scoperta delle proprie radici italiane è avvenuta grazie agli italoamericani che combatterono in Italia durante la seconda guerra mondiale e vi ritornarono poi per studiare in Italia. Negli anni '60 e '70 il processo di reintegrazione del nostro patrimonio italiano fu profondamente stimolato dal 'Black Movement', che alimentò gli altri movimenti etnici e diede vita al multiculturalismo sia nella scrittura che nell'editoria".[18] *Umbertina* è uno dei romanzi italoamericani più famosi, storia di tre generazioni di donne italoamericane; e *The Dream Book* contribuì in modo decisivo a far luce su diverse scrittrici neglette. Va tuttavia sottolineata una risposta che la signora Barolini mi diede in occasione della nostra conversazione: "Non penso a me stessa come a una scrittrice italoamericana. Sono americana di nascita, scrivo in inglese, e certamente penso a me stessa come appartenente al mainstream della letteratura americana. Nell'Introduzione del mio *Dream Book* riguardo le scrittrici italoamericane scrissi proprio che 'non intendevo relegarle in qualche scompartimento etnico separato all'interno del bureau della letteratura americana, ma identificarle come risorsa di scrittura che è stata sottovalutata. Ho situato in un contesto storico l'ambivalenza delle nostre vite quando la nostra identificazione risultava come 'italoamericana'. Ma tale identificazione non è più rilevante—i nostri cognomi e il nostro materiale parlano per noi in molti casi, e in altri casi c'è stato il matrimonio misto, sicché italoamericano non è una definizione corretta" (Barolini 2014).

The Dream Book antologizza 56 scrittrici italoamericane, autrici di narrativa, poesia, teatro, memoir. Due di queste sono proprio Tina De Rosa (o DeRosa) e Carol Maso, le due autrici che Gardpahé inserisce nel "Late Mythic Mode". Tina De Rosa (1944-2007) è l'autrice di *Paper Fish*, pubblicato nel silenzio da WinePress nel 1980 e riproposto da The Femminist Press nel 1996 (la traduzione *Pesci di carta* è stata pubblicata da Nutrimenti nel 2007); anche lei, malgrado il materiale del suo romanzo sia totalmente italoamericano (è infatti un caposaldo della letteratura italoamericana) in un'intervista a Lisa Meyer prende le distanze in modo netto da ciò che evidentemente considera un'etichetta: "[T]utti questi complicati e dogmatici 'ismi' che vengono attribuiti a *Paper Fish* mi infastidiscono. Edvige Giunta, la donna che ha scritto la postfazione per l'edizione della Femminist Press, dà una lettura femminista/marxista/socio-economica. E questo non è quello di cui parla *Paper Fish*. (...) *Paper Fish* parla di perdita. Di lutto. Di dolore. Di sofferenza. Di bellezza. (...) Ora la gente cerca d'imporre tutte queste dogmatiche interpretazioni che semplicemente non ci sono. Per me, è un travisamento del libro" (De Rosa 1999). Nella stessa intervista, la De Rosa sottolinea: "Sono uno scrittore. Capita io sia donna. Capita io scriva sull'esperienza italoamericana. Mi sento a disagio ad esser definita dal mio sesso e dal mio gruppo etnico. Fra cent'anni [se] *Paper Fish* [verrà letto] sarà (...) parte del canone della letteratura americana perché è bello. Non perché è scritto da una donna. Non perché sono italoamericana" (De Rosa 1999). Pure Carol Maso (1956), scrittrice definita postmoderna per la sua narrativa frammentata, è un'italoamericana di terza generazione da parte di madre ma probabilmente non tiene a identificarsi come scrittrice italoamericana, benché segni di italoamericanità siano presenti nel suo romanzo più famoso *Ghost Dance* (1986) e in *AVA* (1991)[19]. Leggo la presentazione che fa di sé nel suo sito e non vi trovo nessun riferimento etnico; idem in un'intervista rilasciata a Steven Moore: "Scrivere per me è un'esperienza umana di valore; ha a che fare con l'esplorazione e l'investigazione e la meditazione. Con la ricerca di un linguaggio legittimo. Con la ricerca di bellezza e integrità e compiutezza. Di un significato, dove forse non ce n'è nessuno. Un'opera di narrativa dovrebbe essere un'esperienza genuina, penso, non (com'è spesso) la registrazione di un'esperienza" (Maso 1997). Vero che in nessuno nei suoi romanzi la tematica italoamericana è centrale, e infatti la stessa Edvige Giunta, includendola nel suo *Writing with an Accent*, sottolinea come lei ed altre scrittrici ridisegnino e sfidino le definizioni di scrittore italoamericano (Giunta, 77). Tutto giusto, ma mi preme sottolineare una cosa: qualsiasi etichetta sta stretta a uno scrittore e il rischio del critico è quello d'imporre le proprie idee, la propria visione, talora le proprie necessità, a un autore; studiare la tradizione italoamericana in letteratura non deve significare costringere un autore entro un confine, soprattutto dentro il confine ideologico del critico stesso; uno scrittore italoamericano è uno scrittore che adopera, in maniera più o meno evidente, del materiale italoamericano, ma esiste, come artista, anche al di fuori del filone italoamericano – l'italoamericanità è sovente mezzo e non fine del racconto; il racconto parte, nella maggioranza dei casi, da una condizione etnica per descrivere una condizione umana; e noi lettori apprendiamo molto, attraverso l'arte italoamericana, della storia, della psicologia, del dramma umano e sociale dei nostri antenati, e di frequente, in modo più o meno implicito, quest'arte può diventare lezione morale; tuttavia mai bisognerebbe dimenticare che questi scrittori sono romanzieri e poeti, ovvero artisti – più o meno bravi, alcuni mediocri, alcuni eccelsi, non importa: il loro fine è comunque produrre una forma, creare immagini, investigare nell'umano. Quando li si definisce italoamericani si indica, da studiosi, l'utilizzo di un'esperienza all'interno della propria opera, ma non si deve ridurre quell'opera semplicemente a rappresentazione di un gruppo etnico né tanto meno asservirla alle nostre teorie.

Restiamo al *Dream Book* e menzioniamo alcune delle scrittrici presenti in questo tratto di passeggiata. Cominciamo con Dorothy Bryant (1930-2017), figlia di emigranti piemontesi (il cognome da nubile è Calvetti), autrice di romanzi, commedie, saggi. Fra i romanzi ricordiamo *Miss Giardino*, in cui la protagonista, un'insegnante, rimembra la sua dolorosa infanzia italoamericana, e il suo più famoso, *The Kin of Ata are waiting for you*, entrambi pubblicati nel 1976. Ecco poi Diane di Prima (1934-2020), prolifica poetessa, autrice di racconti, e memorialista appartenente al Movimento Beat: infatti nel '61 fondò, con LeRoy Jones, il mensile di poesia *Floating Bear*, sul quale scrissero Kerouac e Burroughs, e successivamente ben due case editrici dedicate alla scrittura d'avanguardia. Fra le sue raccolte poetiche va ricordata *Loba* (1978, versione espansa nel 1998): "*Loba* è stata proclamata la grande controparte femminile di *Howl* di Allan Ginsberg. Per la di Prima, la lupa, o loba in spagnolo, incorpora la fondamentale forza femminile che enfatizza potentemente la sessualità femminile" scrive Hilton Obenzinger introducendo una conversazione avvenuta nel 2013 ma pubblicata recentemente, dopo la morte di lei (2021). Louise DeSalvo (1942-2018) è una delle studiose più importanti della scrittrice inglese Virginia Woolf; il suo romanzo *Vertigo* venne pubblicato in Italia da Nutrimenti nel 2006; per il nostro discorso, menzioniamo il suo memoir *Crazy in the Kitchen: Food, Feuds, and Forgiveness in an Italian American Family*, del 2005, ricordi di battaglie generazionali combattute in cucina.

Già che ci siamo, facciamoci un giretto fra le scrittrici italoamericane ancora in attività al momento in cui scrivo. Di sicuro quelle di maggior successo a livello popolare sono Adriana Trigiani e Lisa Scottoline. La Trigiani scrive romanzi con al centro famiglie e soprattutto donne italoamericane, e ne scrive con gran rispetto: donne forti, lavoratrici, intelligenti; il suo è uno stile semplice ma poetico e misurato, e dietro alle godibili storie che racconta vi è una ricerca seria e accurata. Diversi suoi romanzi sono tradotti e pubblicati in Italia (*Una famiglia italiana* e *Lucia, Lucia*) e altrove.[20] Lisa Scottoline è uno di quegli avvocati che dalla propria esperienza forense ha saputo fare una fortuna: scrive legal thriller di fama mondiale (ha vinto l'Edgar Allan Poe Award) e i suoi personaggi hanno sovente cognomi italiani: "ho sempre avuto personaggi italoamericani come protagonisti nei miei romanzi perché voglio mostrare un'immagine positiva degli italoamericani, che sono brillanti, lavorano duro, e hanno un grande cuore". Del resto, la Scottoline non ha mai nascosto l'orgoglio di dirsi italoamericana: "Sono così fiera di essere italoamericana e questo m'influenza in tutto. Non riesco a pensare qualcosa in cui non m'influenzi! (...) Penso il mio approccio alla vita sia distintamente italiano (...)".[21] Il suo ultimo romanzo, *Eternal* (2021) è un romanzo storico, la storia di un triangolo amoroso nella Roma del '43. Approfitto di questo spazio dedicato alle scrittrici italoamericane per menzionare alcune autrici che, soprattutto in veste di ricercatrici, hanno contribuito a illuminare la scena italoamericana: nelle note a pie' di pagina riguardo Trigiani e Scottoline, cito Ilaria Serra, professoressa di Italiano e Studi Comparati a Florida Atlantic University, che ha esplorato la scrittura italoamericana a partire dalle lettere e dalle autobiografie dei nostri emigranti (*Immagini di un Immaginario*; *The Value of Worthless Lives: Writing Italian American Immigrant Autobiographies*) e Chiara Mazzucchelli, professoressa di Italiano a University of Central Florida, che ha indagato nel rapporto fra scrittori siculoamericani e la loro terra d'origine (*The

Heart and the Island). Restando in Sicilia, ho già avuto modo di menzionare Edvige Giunta, professoressa d'Inglese a New Jersey City University, autrice di uno dei testi base per chi milita in questo campo: *Writing with an Accent: Contemporary Italian American Women Authors* (2002). Laura E. Ruberto insegna a Berkeley City College, ha curato diversi testi dedicati all'immigrazione italiana ed è autrice di *Gramsci, Migration, and the Representation of Women's Work in Italy and the U.S.* Anche Mary Jo Bona è fra le studiose più attive e prolifiche a indagare nella letteratura italoamericana soprattutto femminile: fra i suoi lavori *Claiming a Tradition: Italian American Women Writers*, del '99, e il più recente *Women Writing Cloth: Migratory Fictions in the American Imaginary* (2016). Come poetessa ha debuttato con *I Stop Waiting for You* (Bordighera Press, 2014) e ha scritto la postfazione al romanzo *The Right Thing to Do*, romanzo di Josephine Gattuso Hendin che vinse l'American Book Award nel 1989. La Gattuso Hendin è una professoressa d'Inglese a New York University e i suoi interessi quindi non si limitano alla letteratura italoamericana: importante, per esempio, il suo *The World of Flannery O'Connor*, pubblicato per la prima volta nel 1970. Professoressa d'Inglese e Scrittura Creativa (a California State University) è anche Mary Bucci Bush, autrice di *Sweet Hope*, romanzo storico ispirato alla vicenda della nonna dell'autrice, che ha come protagonisti immigranti italiani in una piantagione di cotone sul delta del Mississippi all'inizio del '900. In questo breve excursus fra professoresse e studiose, non possiamo che finire con due nomi imprescindibili per chi si dedica a questi studi: Rose Basile Green (1914-2003), che ci ha accompagnato nella prima parte della nostra passeggiata grazie al suo *The Italian American Novel. A Document of the Interaction of Two Cultures* (Farleigh Dickinson University Press, 1974); e Olga Peragallo (1910-1943) la pioniera degli studi italoamericani con il volume *Italian-American Authors and their Contributions to American Literature* (pubblicato dalla newyorkese S.F. Vanni nel 1949, grazie alla madre di Olga, morta giovanissima sei anni prima).

Restiamo fra le scrittrici ancora in attività. Le prime tre che vado a presentare facevano già parte del baroliniano *Dream Book*. Carole Bonomo Albright, che abbiamo incontrato all'inizio della nostra passeggiata, è un'autrice di origine calabrese. Ha dedicato la sua vita di autrice e curatrice a libri che esplorano l'identità italoamericana, quali *Italian American Autobiographies* (1993) e *American Woman, Italian Style: Italian Americana's*

Best Writings on Women (2011). Maria Mazziotti Gillan è una poetessa pluripremiata (fra cui l'American Book Award nel 2008 per *All That Lies Between Us* e nel 2014 il George Garrett Award for Outstanding Community Service in Literature) con oltre venti raccolte poetiche, fra cui *Italian Women in Black Dresses* e il recentissimo *When the Stars Were Still Visible* (2021). Daniela Gioseffi è un altro nome solido della poesia americana contemporanea, vincitrice del John Ciardi Award for Lifetime Achievement in Poetry nel 2007 e di un American Book Award nel 1990 per l'antologia da lei curata *Women on War: International Writing from Antiquity to the Present*. La sua prima raccolta di poesia è *Eggs in the Lake*, del '77, e fra le altre troviamo anche il bilingue *Blood Autumn/Autumno Di Sangue: Poems New and Selected* (Bordighera Press, 2006). Autrice anche di romanzi, la sua ultima pubblicazione (2020) è la curatela di un'antologia dal titolo in inglese e in italiano, *Mee Too Anch'io: 23 scrittrici italoamericane dicono la loro sull'argomento più caldo del momento*, rappresentando la propria esperienza attraverso poesie e saggi personali. Fra queste scrittrici, oltre alla già citata Mazziotti Gillan, menziono quelle la cui scrittura ho sperimentato, scusandomi con quelle che non nomino: si tratta di una scelta dettata unicamente dal percorso spesso casuale e imprevedibile di un lettore. B. Amore (Bernardette D'Amore) è un'artista bostoniana a tutto tondo, scultrice, critica, poetessa, autrice di *An Italian American Odyssey: Lifeline—filo della vita: Through Ellis Island and Beyond* (2006), libro composto di scritture, frammenti, fotografie, collage a ricostruire la storia di una famiglia italoamericana attraverso sette generazioni; Grace Cavalieri, decima poetessa laureata del Maryland, conduttrice radiofonica, commediografa, è autrice di varie raccolte poetiche (la prima del 1975, *Why I Cannot Take a Lover*, l'ultima, *The Psichic Said*, è del 2020) fra cui segnaliamo la bilingue *Water on the Sun/Acqua sul sole* (traduzione di Maria Enrico, pubblicata da Bordighera Press nel 2006); come si può arguire dalle diverse menzioni, Bordighera Press è una piccola casa editrice indipendente, fondata da Fred Gradaphé, Paolo Giordano, e Anthony Tamburri nel 1989, specializzata nella pubblicazione di letteratura italoamericana e italiana in traduzione: suo è anche *The Hunger Saint* (2017) di Olivia Kate Cerrone, pure lei presente nell'antologia della Gioseffi, romanzo breve sui bambini minatori nelle miniere di zolfo in Sicilia, dopo la Seconda Guerra Mondiale, che ha ottenuto un ottimo successo di vendite e critica, nonché l'American Fiction Award per il miglior romanzo breve del 2018. Nello stesso anno Bordighera ha pubblicato la raccolta di saggi di un'altra autrice presente in *Me Too Anch'io*: *At Home in the New World* della newyorkese Maria Terrone, poetessa autrice di varie raccolte, fra cui *A Secret Room in Fall* (2006), vincitrice del McGovern Award. Sempre in *Me Too Anch'io*, infine, l'inconfondibile voce poetica di Maria Lisella, autrice di *Thieves in the Family* (2014), poetessa laureata del Queens dal 2015 al 2019, dal 2020 facente parte dell'Academy of American Poets.

Fermiamoci nel campo della poesia e menzioniamo altri poeti che, in modalità diverse che qui non abbiamo lo spazio per discutere, possono considerarsi italoamericani. Il primo è Felix Stefanile (1920-1989), professore per molti anni a Purdue University (Indiana), fondatore nel '54 di una delle più prestigiose riviste americane di poesia, *Sparrow* (che cessò le pubblicazioni nel 2000), saggista e traduttore fra gli altri di Cecco Angiolieri e di Umberto Saba, autore di numerose raccolte di versi (da *A Fig Tree in America* del '70 a *The Country of Absence: Poems and an Essay*, del 1999) e vincitore di premi, fra i quali il primo John Ciardi Award for Lifetime Achievement in Poetry. John Ciardi (1916-1986) fu un insegnante—il suo *How Does a Poem Mean?* (1959) divenne presto uno dei testi scolastici più usati nei corsi di poesia di scuola superiore e università—traduttore di Dante, compositore di testi poetici (popolarissimi) per bambini, commentatore radiofonico, etimologo, autore di una quarantina di raccolte poetiche, da *Homeward to America* (1940) a *The Birds of Pompeii* (1985, ultimato appena prima di morire); nel '97 Arkansas University Press ha pubblicato *The Collected Poems of John Ciardi*. Emanuel Carnevali (1897-1942), fiorentino di nascita, immigrato negli Stati Uniti poco prima dello scoppio della Prima Guerra Mondiale e tornato presto in Italia a causa della malattia che lo porterà alla morte, a Chicago e a New York ha modo di farsi apprezzare da scrittori importanti quali Sherwood Anderson ed Ezra Pound, e diventa vicedirettore della rivista *Poetry*; in vita, pubblica solo una raccolta di poesie e saggi, *A Hurried Man* (1925), ma conosce un certo successo postumo, con tre libri: *The Autobiography of Emanuel Carnevali* (1967), una raccolta di lettere e scritti a cura di Kay Boyle; e le raccolte poetiche *Fireflies* (1970) e *Furnished Rooms* (2006), quest'ultimo a cura di Dennis Barone, che incluse anche un saggio dello stesso Carnevali. Miscellaneo anche il volume che gli ha dedicato Adelphi, *Il primo dio*, che include l'unico romanzo di Carnevali dall'omonimo titolo, oltre a una selezione di poesie e prose critiche, tutto scritto nella lingua d'adozione e tradotto dalla sorellastra Maria Pia. Insegnava a Berkeley dal '61 ma con la mente e la poesia tornava sempre alla sua Toscana, dov'era nato nel 1932 (precisamente a Borgo San Lorenzo): Ruggero Stefanini era in primo luogo un grande studioso di letteratura italiana, con un occhio di riguardo ai suoi Toscani e particolarmente Dante. Lo incontrai solo una volta, a Firenze, poco prima che morisse (nel 2005) e mi donò la sua ultima raccolta, *Calendario Californiano*. Mi piace trovargli uno spazio qui perché ricordo ancora l'impressione di trovarmi di fronte a una di quelle biblioteche ambulanti, uno di quei Borges, un'anima onnisapiente e gentile. Come il Grande Argentino, anche Stefanini scriveva poesie quasi di nascosto, timidamente, ma con acuto piacere: trovai le poesie di *Calendario Californiano* bellissime. Io incontrai Stefanini, invece Mark Rotella, direttore del "Coccia Institute for the Italian Experience in America" a Montclair State University, nel 2004 incontrò Lawrence Ferlinghetti (1919-2021). Ora, Ferlinghetti (come del resto Gregory Corso) è famoso per la sua poesia (specie per la raccolta *A Coney Island of the Mind*), per far parte di quella generazione Beat (benché lui rifiutasse l'etichetta) e per la sua attività di editore ribelle (fu lui a pubblicare il poema *Urlo* di Allen Ginsberg, finendo in prigione per oscenità). Ma Rotella nel suo breve articolo sulla *Voce di New York*, intitolato "Meeting Ferlinghetti for a Few Minutes Was Enough to See Him in a New Light" sostiene di considerare pienamente Ferlinghetti uno scrittore italoamericano, facendo riferimento soprattutto a cinque versi che, secondo Rotella, catturano l'esperienza migratoria (Rotella).[22] Basteranno cinque versi e qualche altra spruzzatina di riferimenti italiani a fare di un poeta un poeta italoamericano? Lascio ad altri la risposta.[23] Sicuramente pertinente (ma, si badi bene, non limitante) chiamare poeta italoamericano Gil Fagiani (1945-2018), che fu anche saggista, traduttore, autore di racconti, e si distinse per il costante impegno sociale. Impegno sociale che sta al cuore della sua poesia (si legga la raccolta *Logos* [2015]), una poesia bruciante e onesta, che diventa ironica e malinconica nel recuperare l'infanzia e il senso di crescere italiani in Connecticut, di cui era originario (fra gli altri testi, ricordiamo *Chianti in Connecticut*, 2010, e *Stone Walls* [2014]). Del Cavaliere della Repubblica Luigi Fontanella, nato nel '43 e tuttora professore d'Italiano a Stony Brooke University, abbiamo già parlato per la sua biografia romanzata su Pascal D'Angelo, ma qui ricordiamo anche la sua opera di studioso, di editor della rivista internazionale di poesia italiana, *Gradiva*, e di poeta, con ben quattordici raccolte di versi, da *La verifica incerta* del '72 ad *Adolescence and Night* del 2021. Tradotta in diverse lingue e riconosciuta a livello internazionale è la poesia di Dana Gioia, Poeta Laureato di California, che è stato anche, fra le tante attività, traduttore dei *Mottetti* di Montale. Fra le sue raccolte, *Interrogations at Noon*, del 2001, vinse l'American Book Award, mentre nel 2018 *99 Poems: New & Selected*, pubblicato due anni prima, vinse il Poets' Prize.[24] Peter Covino, fra gli studiosi più giovani di letteratura italoamericana (insegna a University of Rhode Island), saggista e traduttore, è anche fra i poeti italoamericani più interessanti e di lui menzioniamo la raccolta *The Right Place to Jump*, del 2012.

Nel 2020 sulla "Voce di New York", Anthony Julian Tamburri commemorò Joseph Tusiani, scomparso all'età di 96 anni (era nato a San Marco in Lamis, in provincia di Foggia, nel 1924), con un afflato così sincero e sentito da eludere i toni solitamente sommessi di queste circostanze: "We lose a treasure of a man, a wonderful human being, and a great cultured individual!"

E ne aveva ben donde. In questa passeggiata, Tusiani è forse il fiore più prezioso—o ad ogni modo uno di coloro che resteranno in quell'angolo di giardino italoamericano sempreverde, che non sfiorirà mai. Fu un intellettuale a 360 gradi, la sua opera è potente e nel 2016 venne incoronato poeta laureato emerito dal governatore di New York Andrew Cuomo per il suo contributo alla letteratura americana e italiana. Laureatosi nel '47 a Napoli con una tesi su Wordsworth, arrivò negli Stati Uniti nel '48 e cominciò ben presto a compor poesia, incoraggiato (soprattutto a scriverla in inglese) da un'altra scrittrice e traduttrice italoamericana che vale la pena menzionare, Frances Winwar, anglicizzazione di Francesca Vinciguerra, nata a Taormina nel 1900 e arrivata bimba ad Ellis Island (morirà nel 1985). Nel 1954 Tusiani fu il primo americano a ricevere il Greenwood Prize della Poetry Society of England e nel 2007 il comune di Firenze gli consegnò le chiavi della città per il suo inestimabile contributo alla diffusione della fiorentinità nel mondo, grazie alla traduzioni in inglese di Dante, Petrarca, Boccaccio, Machiavelli, Michelangelo (il lavoro su quest'ultimo venne premiato con un invito alla Casa Bianca dal Presidente Kennedy); ma, instancabile e geniale, tradusse fra gli altri anche Pulci, Tasso, Leopardi, Pascoli. Professore ordinario (per la maggior parte della sua carriera a Lehman College a New York), saggista, romanziere, autore di un'autobiografia in tre volumi (*La parola difficile*; *La parola nuova*; *La parola antica*)[25] è naturalmente, e in primo luogo, poeta. Viene considerato il maggior poeta contemporaneo in lingua latina, ma la sua fama gli arriva altresì dalle raccolte poetiche in italiano, in dialetto garganico, e in inglese: fra queste ultime ricordiamo *Gente mia and Other Poems* (del 1978)[26] che contiene la celeberrima e pluricitata "Song of Bicentennial" (con quel verso che sembra ritrarre definitivamente l'essenza dell'immigrato: "Two languages, two lands, perhaps two souls?"); ed *Ethnicity. Selected Poems*, pubblicato da Bordighera Press nel 1999, a cura di Paolo A. Giordano, che include due saggi dello stesso curatore. Approfitto del nome di Giordano, qui, per un breve excursus, come avvenuto in occasione dell'incontro con le scrittrici italoamericane, per menzionare quegli studiosi che hanno dedicato e continuano a dedicare gran parte delle loro energie alla scoperta e riscoperta di questi autori, per riprender Tusiani, "dai due linguaggi, due Paesi, forse due anime". Giordano, sicuramente colui che ha approfondito più di chiunque altro l'opera tusianea, l'abbiamo già incontrato come fondatore di Bordighera Press, assieme ad altri due compagni di questa passeggiata: Anthony JulianTamburri, direttore del John D. Calandra Italian American Institute, il più importante centro di studi italoamericani negli Stati Uniti, autore di volumi anche sulla letteratura italiana (fra gli altri Palazzeschi e Calvino); e Fred L. Gardaphé, Distinguished Professor of Italian American Studies a Queens College, curatore, prefatore, autore di racconti, e libri fondamentali quali *From Wiseguys to Wise Men: Masculinities and the Italian American Gangster* (2006) e il volume che ci ha fatto da guida, *Italian Signs, American Streets: The Evolution of Italian American Narrative* (1996). Altro padre fondatore degli studi italoamericani è Robert Viscusi (1941-2020), il cui volume *Buried Caesars and Other Secrets of Italian American Writing* (2006), che focalizza sul ruolo del linguaggio nella formazione dell'identità multiculturale, è irrinunciabile non solo per chi si occupa di studi italoamericani, ma di studi etnici in generale. Viscusi è anche autore di narrativa e poesia: ricordiamo il romanzo *Astoria* (American Book Award nel '96, tradotto e pubblicato in Italia da Avagliano nel 2003) e il poema *Ellis Island* (Bordighera Press, 2012).

La letteratura fa parte di un discorso culturale ampio, ha a che fare con la storia e con le tradizioni: per questo, vorrei citare qui autori che non si occupano specificatamente di letteratura, ma che tuttavia, coi loro studi, contribuiscono alla costruzione di un immaginario letterario. Per esempio, lo studioso dell'immigrazione Rudolph J. Vecoli, fondatore e presidente (dal '66 al '70) dell'American Italian Historical Association, curatore e autore di articoli e libri quali *The People of New Jersey* (1965), e *A Century of American Immigration, 1884 to 1984* (1985). Un particolare occhio al folklore italoamericano, sul quale è stato curatore di diversi libri, ce lo offre Joseph Sciorra, direttore dei programmi accademici e culturali al John Calandra Institute e autore di *Built with Faith: Italian American Imagination and Catholic Material Culture in New York City* (2015). Studioso poliedrico, pubblicato in Italia da Bompiani (*Del Postmoderno: critica e cultura in America all'alba del Duemila*, 2010), Peter Carravetta, filosofo del linguaggio, è autore, fra gli altri libri, di *After Identity. Migration, Critique, Italian American Culture* (Bordighera, 2017) e, sia in italiano che in inglese, sfodera una consistente produzione di poesia. Come per romanzieri e poeti, impossibile menzionare i tanti studiosi senza far torto a qualcuno: per averli incontrati, da lettore o di persona, mi limito a fare alcuni nomi: la già citata storica del teatro italoamericano Emelise Aleandri, lo storico dell'emigrazione italoamericana Salvatore LaGumina, e poi Dennis Barone, Steve J. Belluscio, Ryan Calabretta, George Guida, Mario Mignone, Stanislao Pugliese, Jean Paul Russo, Paolo Valesio e tanti altri. Dall'Italia, infine, abbiamo già evidenziato l'eccezionale contributo fornito da Francesco Durante, sopraffino traduttore e fondamentale nella diffusione italiana dell'opera di Fante, e Martino Marazzi, occhio critico sempre originale e autore anche di romanzi di alta qualità; a questi aggiungerei almeno i nomi di Matteo Pretelli, Caterina Romeo, Maddalena Tirabassi, Stefano Luconi, Cosma Siani.

Dopo questa breve pausa nel giardino fiorito delle scrittrici e dei poeti italoamericani, torniamo al sentiero tracciato da Gardaphé. L'ultima fase nello sviluppo della narrativa italoamericana è "the Philosophical Mode", in cui i segni dell'etnicità negli scrittori italoamericani sono quasi invisibili, sembra che scompaiano, e invece secondo Gardaphé sono ancora lì "nei margini o sotto la superficie". In questa fase, lo studioso inserisce Gilbert Sorrentino (1929-2006), annotando segni italoamericani nei (tanti) romanzi dell'autore di Brooklyn, fra i quali *Mulligan Stew*, forse il suo romanzo più noto, e *Blue Pastoral*; Don DeLillo, che non ha bisogno di presentazioni, e che, secondo Gardaphé, proietta elementi italoamericani "in personaggi marginali non facilmente identificabili con l'esperienza italoamericana"; e Mary Caponegro, autrice di raccolte di racconti quali *Five Doubts* e *The Star Café*, che malgrado non trattino l'esperienza italoamericana portano, secondo lo studioso, tracce di italianità.

Grazie alla bussola Gardaphé, la nostra passeggiata s'è arricchita di nuovi spunti, ma va detto che per quanto brillante—e utile—la sua suddivisione ha forse il limite d'ingabbiare gli scrittori nel loro tempo, mentre, come scrive Anthony Julian Tamburri, talora uno scrittore può appartenere a più di una fase. Per questo Tamburri, nel suo *A Semiotic of Ethnicity*, distingue gli scrittori italoamericani ancora in tre gruppi, tuttavia non in base a categorie generazionali, come Gardaphé, quanto cognitive: il primo, "the expressive writer", scrive "more from feelings" e rappresenta un'etnicità sentimentale, uno stato d'animo. Il secondo, "the comparative writer", invece, sembra più consapevole della propria etnicità che non lo scrittore della prima categoria: questo scrittore ricrea il proprio passato, lo articola, e questa ricostruzione diventa protesta sociale: la descrizione anziché l'espressione dell'etnicità è "uno strumento retorico-ideologico, diventa molto più funzionale" (Tamburri 1998, 64). Infine. "the synthetic writer" è lo scrittore autoriflessivo, che riconosce il processo di trasformazione e lo sintetizza. È immerso nella cultura americana ma non dimentica le proprie origini. Tamburri dedica un saggio a un'opera appartenente a ciascuna categoria, *Umbertina* della Barolini per il "comparative writer", *Benedetta da Guysterland* di Rimanelli per "the synthetic writer", e infine, per "the expressive writer", *The Evening News* di Tony Ardizzone, undici storie per la maggior parte ambientate nel quartiere dove Ardizzone ha vissuto la sua adolescenza, con molti personaggi italoamericani. La raccolta valse ad Ardizzone il prestigioso Flannery O'Connor Award nel 1986. Nato nel '49 nella zona nord di Chicago, Ardizzone è anche autore di romanzi, fra cui *In the Garden of Papa Santuzzu* (1999), storia di una famiglia siciliana emigrata in America e affettuoso tributo alla cultura siculoamericana. Nei suoi libri, oltre a una forte italoamericanità, viene indagata anche l'educazione cattolica e in generale, come scrive Tamburri, i suoi personaggi avvertono una sorta di straniamento poiché si trovano a metà del guado, sentono di non appartenere né alla terra d'arrivo né a quella d'origine (Tamburri 1998, 64). Altresì legato alle sue radici (partenopee nello specifico) e fiero di dirsi scrittore italoamericano, è John Domini, autore di una trilogia napoletana, *Earthquake I.D.* (pubblicato nel 2009 da Pironti col titolo *Terremoto napoletano*), *A Tomb on the Periphery*, e *The Color Inside the Melon*. Lo voglio segnalare qui per due motivi. In primo luogo, mi sembra rappresenti la nuova frontiera della letteratura italoamericana, una sorta di capovolgimento di ruoli: il set diventa il nostro Paese e l'americano di origini italiane (ri)scopre l'Italia, anzi spesso l'Italia diventa la terra dalle strade lastricate d'oro, l'Italia in qualche modo somiglia a ciò che fu l'America per gli antenati dello scrittore italoamericano: sogno e fuga. In secondo luogo, rispetto a certi autori in cui questo aspetto rimane superficiale, quasi a livello di cartolina, Domini è autore colto e consapevole, e l'incontro/scontro etnico è profondo, non manierista.

Restando in tema di romanzieri, scrittore di fama è Jay Parini: accademico, poeta, critico, biografo (di Steinbeck, Frost, Faulkner) e romanziere pluritradotto: dal suo *The Last Station* (2009), proposto in Italia da Bompiani col titolo *L'ultima stazione*, è stato tratto un film candidato all'Oscar. Il suo romanzo più italoamericano è *The Patch Boys* (1986), romanzo di formazione ambientato nella Pennsylania del 1925, che vede come protagonista il quindicenne Sammy di Cantini, figlio di un immigrante italiano che lavora in una miniera di carbone.[27] Altrettanto popolare è Wally Lamb, che nei suoi best seller non cela la sua attenzione alle proprie radici: sia *I'll Take You There* che *Wishin' and Hopin'* sono incentrati sulla famiglia Funicello.[28] Romanzi, ma anche biografie e memoir sono il pane di Anthony Valerio, autore prolifico e ammirato di volumi quali *The Mediterranean Runs Through Brooklyn* (*Brooklyn, Mediterraneo* nella traduzione italiana), rappresentazione di vita famigliare italoamericana fra racconto storico e immaginazione lirica, e *Valentino and the Great Italians: According to Anthony Valerio*, raccolta dal gusto postmoderno di biografie surreali di famosi italoamericani.

Vi sono poi tanti popolari autori dal cognome italoamericano: penso al Premio Pulitzer Richard Russo, a Tom Perrotta, a Lorenzo Carcaterra, a Nelson DeMille e altri. Diversi fra questi fecero parte degli oltre cento autori che nel 2017 aprirono la parata del settantatreesimo Columbus Day,[29] sulla Fifth Avenue di New York, invitati dal fondatore di Barnes & Noble Leonard Riggio, cerimoniere per l'occasione, per celebrare appunto gli autori italoamericani, secondo lui sempre sottovalutati.[30] Ora, almeno quattro considerazioni sorgono spontanee: 1) Si dà per scontato che gli scrittori italoamericani siano stati sottovalutati in quanto tali e non semplicemente valutati—da pubblico e critica—per il loro valore di scrittori; 2) A giudicare dalla nostra passeggiata, è un'afferma-zione per lo meno discutibile che gli scrittori italoamericani non abbiano ottenuto riconoscimento e attenzione, penso a Fante e a Di Donato per esempio; 3) Fra gli scrittori presenti alla parata, ce n'erano di famosissimi e amatissimi: Scottoline, Trigiani, Lamb fra gli altri; 4) Come discuterò in seguito, dubito che Barnes & Noble abbia contribuito molto al riconoscimento della letteratura italoamericana o di qualsiasi letteratura di minoranza.

Ad ogni modo, in un giorno di pioggia, scrittori che evidentemente si riconoscono nella definizione di "scrittori italoamericani" (dagli attori Susan Lucci e Danny Aiello, che suppongo abbiano scritto almeno un libro, da David Baldacci a Philip Caputo, da Kim Addonizio a Bill Tonelli) hanno salutato la folla festante (oltre trentacinquemila persone). Vorrei ancora sottolineare: questi scrittori hanno accettato l'invito a sfilare non come uomini e donne italoamericani, ma come *autori* italoamericani, identificando non solo e non tanto la propria identità di esseri umani, ma la propria opera letteraria, con un aggettivo che dovrebbe segnalare nelle loro opere la presenza di due lingue, due terre, due anime. Quello che però mi sorprende è che nei libri di diversi fra questi autori, l'italoamericanità si limita, quando c'è, al cognome di alcuni personaggi se non solo di chi scrive; forse a qualche stereotipo da turisti, se non a operazioni nostalgia. Laddove, come abbiamo visto, una scrittrice come Tina De Rosa, il cui romanzo nasce da una lacerazione squisitamente italoamericana e gronda di italoamericanità ad ogni pagina, rifiuta decisamente di venir considerata "scrittrice italoamericana". Del resto, quando scrive la De Rosa, l'italoamericanità è ancora un nodo, è ancora battaglia, scontro nell'anima e sociale. Ora invece l'italoamericano è perfettamente integrato, è semplicemente un americano di origine italiana, e l'Italia è probabilmente il paese più di moda negli Stati Uniti; essere associati all'Italia significa essere associati alla bellezza, all'arte, all'eccellenza di cibi e vini, alla moda. Per questo mi chiedo il senso di una sfilata in cui si rivendica un'italoamericanità autoriale che oggi nessuno discrimina; e che spesso ha una sostanza relativa, se non nulla, nelle opere di tanti fra questi scrittori: a meno che non consideriamo italoamericano qualsiasi testo frutto di un autore americano dal cognome italiano. Mi limito a ripetere come scrittrici quali la Barolini e la De Rosa, la cui opera è profusa di italomericanità, rifiutino di esser definite scrittrici italoamericane, e scrittori la cui opera possiede ben poco di italoamericano siano sfilati in parata a dichiararsi autori italoamericani. Forse sarà necessaria una ridefinizione del concetto o forse è stato un modo giocoso per farsi un po' di pubblicità, come la poetessa Annie Lanzillotto, che alla parata esibiva la maglietta "Read me, I am Italian", leggetemi, sono italiana. Certo, la mia perplessità va a monte e ha che fare con la mia personale idiosincrasia per marce e parate: ho sempre l'impressione che il mezzo (l'esibizione di sé) oscuri spesso il fine (l'oggetto dell'esibizione). In questo caso particolare, lasciamo perdere che la celebrazione dell'italoamericanità di questi autori si sia svolta in occasione del Columbus Day, la festa dedicata a Colombo, l'italoamericano più discusso e discutibile del momento; quello che mi sembra un paradosso più evidente è che la parata sia stata organizzata da Leonard Riggio, fondatore di Barnes & Noble, la catena commerciale di grossi negozi che, come la Feltrinelli in Italia, ha soffocato le piccole librerie indipendenti, quelle che proponevano anche libri di nicchia, libri delle minoranze escluse dai grandi circuiti: libri di letteratura italoamericana, per esempio. Ma esiste oggi una letteratura italoamericana, una letteratura in cui sia ancora essenziale l'elettricità prodotta dal cozzare di due lingue, due Paesi, forse due anime? Esiste quella tensione, quell'energia necessaria alla creazione di un'opera d'arte? O lingue, Paesi, anime si sono ormai rappacificati, e l'elettricità s'è ormai trasformata in qualche svolazzo nostalgico e ridotta al languoroso ricordo delle ricette della nonna? Questa la provocazione con la quale finiamo la nostra lunga camminata, non prima però di gustarci un'altra curiosità, se non paradosso, legata alla parata del 2017: a guidare il gruppo fu Gay Talese, colui che nel '93 si chiedeva dove fossero i romanzieri italoamericani. Evidentemente li ha trovati.

Note

[1] Adopero *italoamericano* sia come aggettivo che come sostantivo, essendo la forma nota al lettore italiano; tuttavia, per un'analisi più approfondita di carattere socio/semiotico riguardo questo termine, rimando in bibliografia al saggio di Anthony Julian Tamburri, *Scrittori italiano[-]americani. Trattino sì trattino no.*

[2] Echeggio il famosissimo verso di Joseph Tusiani che troveremo fra qualche pagina. Questo incontro/scontro avviene attraverso la diffusione nel testo di segni, che variano da opera ad opera e soprattutto da generazione e generazione, i quali a volte—sostiene Anthony Julian Tamburri in *A Semiotic of Ethnicity*—potrebbero anche essere invisibili. Replicando a un articolo del poeta Dana Gioia, di cui parleremo più avanti, Tamburri afferma che anche l'assenza di una materia esplicitamente italoamericana può essere un segno italoamericano *in potentia* (specie se documenti estranei al testo ce lo fanno supporre: Tamburri fa l'esempio dei film di Frank Capra, privi di riferimenti diretti italoamericani, ma il cui regista sappiamo aver avuto un rapporto problematico con le proprie

radici etniche). Secondo Tamburri, quindi, possiamo considerare letteratura italoamericana quelle opere che stabiliscono un repertorio di segni, talora sui generis, che rappresentano, in modi e sfumature differenti, l'ethos italoamericano (Tamburri 1998, 7-8).

[3] Il fondatore di questo giornale, Carlo Barsotti, nato in provincia di Lucca nel 1850 e morto nel New Jersey nel 1927, è il primo autore a essere antologizzato, proprio con l'editoriale che annuncia la nascita del giornale, nel secondo volume di *Italoamericana*, la fondamentale antologia a cura di Francesco Durante. (Durante, *Italoamericana*, 19-21).

[4] Michele/Michael Fiaschetti, detective, nato a Roma nel 1886, muore a Brooklyn nel 1960: l'obituario del *New York Times* è ancora presente in rete. Succede al leggendario Giuseppe Petrosino come capo della sezione italiana del New York Police Department e descrive la sua esperienza da vero duro nell'autobiografia *hard-boiled The Man They Couldn't Escape*, pubblicata a Londra e a New York fra il 1928 e il 1930, poi tradotta per il "Corriere d'America" di Luigi Barzini nel 1929. Marazzi dubita della paternità dell'opera e sospetta che dietro a originale e traduzione vi fossero quelli che oggi chiamiamo *ghost writers*. Analoghi percorsi di pubblicazione (e sospetti di Marazzi) per *You Gotta Be Rough: The Adventures of Detective Fiaschetti of the Italian Squad*, raccolta di casi di cronaca nera, esposti con energia ed ironia, proposta anche in Italia nel 2003 dalla casa editrice Avagliano col titolo *Gioco duro* e a cura dello stesso Marazzi.

[5] La violenza viene "spesso imputata alla macchina poliziesca e giudiziaria statunitense" (Marazzi 2001, 23).

[6] Basile Green, *The Italian-American Novel*, 65. Laddove non indicato diversamente, le traduzioni dall'originale inglese, come in questo caso, sono mie.

[7] Per un riassunto più articolato della trama si veda l'accurata introduzione che Durante fa di Ciambelli (Durante 2005, 145-150).

[8] Si veda il saggio di Francesco Durante in *The Routledge History of Italian Americans* a cura di William J. Connell e Stanislao Pugliese: Durante, "Diary in America and Death in Rome," 305-315.

[9] Il libro di Fontanella, pur non rinunciando a digressioni, affonda nella storia e soprattutto nell'anima di Pascal e dei ragazzi che lavorano con lui. È un testo in cui si avvertono il freddo, la fame, il sudiciume delle abitazioni, ma anche la gioia di Pascal nello scoprire la letteratura, la frenesia nel consultare il suo dizionarietto fino a ridurlo in brandelli, il calore della biblioteca newyorkese, l'ostinazione e finalmente il successo, e poi, subito, come una rasoiata, il ritorno all'oscurità, all'indigenza, alla morte. Un romanzo durissimo, eppure non triste. Pieno di emozione e di dolore, eppure non deprimente, perché è un romanzo sull'attaccamento alla vita.

[10] Tradotto da Sonia Pendola e pubblicato nel '99 da Il Grappolo, con prefazione di Fontanella.

[11] Questa battuta immortale, attribuita a un emigrante italiano, si trova oggi riprodotta nel Museo di Ellis Island: "Well, I came to America because I heard the streets were paved with gold. When I got here, I found out three things. One, the streets weren't paved with gold. Second, they weren't paved at all, and third, I was expected to pave them". ("Beh, venni in America perché avevo sentito che le strade erano lastricate d'oro. Quando arrivai, scopersi tre cose: primo, che non erano lastricate d'oro. Secondo, che non erano lastricate affatto, e terzo, che dovevo lastricarle io").

[12] Nella stessa collana, numero 207, con la traduzione di Giorgio Monicelli esce nel '48 il primo romanzo di Fante, con titolo diverso rispetto a quello che circola ora nelle varie edizioni: *Aspettiamo Primavera, Bandini*.

[13] Nel suo saggio su Di Donato nell'antologia *From the Margin*, Franco Mulas elogia l'orecchio fine con cui l'autore trasporta sulla pagina la vitale parlata dei suoi immigrati: "L'originalità del suo stile, comunque, sta nell'abilità di afferrare i momenti più espressivi e trasparenti della parlata. Le immagini che crea sono radicate nella semplicità e nella concretezza, ma non mancano mai di intensità" (Mulas, 309-310).

[14] Rimando il lettore a *Voices in Italian Americana* Vol 2, no.2 (Spring 1991), numero speciale su Pietro Di Donato.

[15] Con questo termine nel mondo anglosassone ci si riferisce a una narrativa non di finzione.

[16] Oltre al saggio che vado a menzionare della Barolini, rimando il lettore a quello di Mary Jo Bona nel suo libro, *Claiming a Tradition* (23-56).

[17] Si veda l'acuto saggio di Anthony Julian Tamburri (2011).

[18] Barolini (2014). Rispetto la versione alla quale rimando in bibliografia, ho qui lievemente modificato la mia stessa traduzione, rendendola più agile.

[19] Si veda il saggio di Sabrina Vellucci sui due romanzi.

[20] Il mondo accademico è sempre un po' restio a interessarsi agli scrittori di successo, e quindi alla Trigiani. Tuttavia, è recentemente uscito un bell'articolo di Ilaria Serra al quale rimando il lettore (Serra, 81-100).

[21] Entrambe le citazioni, da me tradotte, sono tratte da "Sitting Down with Renowned Italian-American Author Lisa Scottoline" di Mary Kovach. Rimando inoltre al saggio di Chiara Mazzucchelli (129-145).

[22] I cinque versi — Rotella cita la raccolta ma non la poesia dalla quale li cita — sono: "And my father drifts by in his fedora/ his eyes on the sidewalk/ a single Italian lira/ and an Indian-head penny/ in his pocket".

[23] Nel breve saggio di Dana Gioia di cui andiamo a parlare fra qualche riga, la risposta è secca: no.

[24] Rimando al già menzionato saggio di Gioia, oggi reperibile nel ricchissimo sito a lui dedicato, "What is Italian-American Poetry?": https://danagioia.com/essays/american-poetry/what-is-italian-american-poetry/ ma inizialmente in *Poetry Pilot, The Journal of the Academy of American Poets* nel dicembre del '91. Non abbiamo lo spazio sufficiente per sviluppare gli stimoli derivanti da questo saggio. Sottolineerei alcuni passaggi, che mi permetto di tradurre: "Se è possibile dire che la poesia italoamericana esiste come parte significativa della letteratura americana, lo è solo come categoria di transizione (...) [O]gni nuova generazione di italoamericani ha un legame culturale con il paese d'origine progressivamente più tenue (...) Man mano che le 'Little Italy' scompaiono e le famiglie si spargono nei sobborghi, i discendenti dell'immigrazione italiana gradualmente immergono la loro identità etnica, un tempo distinta, nell'America mainstream (...) L'identità dello scrittore italoamericano è radicata nella storia, non nella razza". Fu lo shock culturale dell'immigrazione degli italiani fra il 1870 e il 1930, spiega Gioia, a formare la coscienza letteraria italoamericana: "il concetto di poeta italoamericano è, quindi, più utile per descrivere gli scrittori di prima e seconda generazione cresciuti nella subcultura immigrante". Gioia sostiene che la miglior poesia italoamericana degli esordi nasce dall'entusiasmo e dalla delusione per la nuova Terra, considera Lorenzo da Ponte il primo poeta italoamericano ed Emanuel Carnevali il primo ad avere un impatto, pur temporaneo e oggi non più rilevante, sulla poesia americana; il primo invece a dare un contributo permanente, secondo lo studioso, è John Ciardi, che ritrasse l'esperienza italoamericana in "linguaggio memorabile". Per Gioia, questi poeti di prima e seconda generazione, pur nelle differenze stilistiche, hanno in comune quattro temi: la povertà, l'educazione cattolica, la coscienza delle proprie radici latine ed europee, il realismo. Gioia se la prende anche con i critici, sia accademici che non, giudicati troppo superficiali, sia per l'utilizzazione meccanica di metodologie critiche di moda sia per la scarsa preoccupazione di distinguere ciò che è poesia da ciò che non lo è, "al fine di creare una calda, estesa famiglia letteraria in cui ogni poeta è benvenuto"; di conseguenza si scaglia contro le liste di poeti italoamericani considerati tali solo perché posseggono un cognome italiano, pur non producendo nulla che possa considerarsi davvero italoamericano, che invece appare in poeti esclusi da tali liste solo perché il loro cognome non è italiano (Gioia menziona Patricia Storace fra i primi, Mary Jo Salter e Jack Foley fra i secondi).

[25] Riferendosi alla profezia di Emilio Cecchi, che all'inizio degli anni '40 scriveva che il grande romanzo dell'italiano in America non era mai stato e probabilmente non sarebbe mai stato scritto, Martino Marazzi nel saggio "Le fondamenta sommerse della narrativa italoamericana", sulla rivista Belfagor, sostiene che questo libro alla fine sia arrivato, e sia proprio l'autobiografia di Tusiani.

[26] Pubblicato da The Italian Cultural Center, (Stone Park, Illinois) venne tradotto in Italia quattro anni dopo a cura di Ennio Bonnea e la traduzione di Maria C. Pastore Passaro.

[27] Su Parini e Ardizzone rimando al saggio di Gardaphé (1987, 69-85).

[28] Si veda l'intervista di Maria Lisella su *The Voice of New York*.

[29] Se n'è occupata anche la stampa italiana, fra cui *La Repubblica* e *La Stampa*, si veda in bibliografia.

[30] Nel sito di Barnes & Noble si legge la dichiarazione di Riggio: "I have long held the belief that Italian-American writers have received little recognition for their contribution to America's literary heritage, and that's why I am so pleased to honor these 100 plus authors who will be marching with me in the parade". (Ho sempre ritenuto che gli scrittori italoamericani abbiano ricevuto scarso riconoscimento per il loro contributo al patrimonio letterario americano, e perciò sono contento di tributare onore a questi oltre cento scrittori che marceranno con me nella parata). Barnes & Noble, "Barnes & Noble announces".

Bibliografia consultata

Oltre ai testi critici, ho indicato quelle opere di cui non mi sono limitato a citare il titolo, ma sulle quali, pur brevemente e talora brevissimamente, mi son soffermato o che comunque sono stati oggetto di studio da parte dei critici del settore; per alcuni dei testi più importanti, laddove disponibile, ho indicato anche la traduzione italiana.

Aleandri, Emelise. 1999. *The Italian-American Immigrant Theatre of New York City*. Mount Pleasant, SC: Arcadia.

Amore, B. 2006. *An Italian American Odyssey: Lifeline—filo della vita: Through Ellis Island and Beyond*. New York, NY: Center for Migration Studies.

Ardizzone, Tony. 1996. *The Evening News*. Athens, GA: University of Georgia Press.

Ardizzone, Tony. 2015. *In the Garden of Papa Santuzzu*. London: Picador.

Barnes & Noble. "Barnes & Noble Announces More Than 100 Italian-American Authors Marching Up Fifth Avenue in the Columbus Citizens Foundation's Annual Columbus Day Parade" https:// www.barnesandnobleinc.com/press-release/barnes-noble-announces-100-italian-american-authors-marching-fifth-avenue-columbus-citizens-foundations-annual-columbus-day-parade/

Barolini, Helen. 1979. *Umbertina*. New York: Seabury.

Barolini, Helen. 199. "Looking for Mari Tomasi." In *Chiaroscuro: Essays of Identity,* 54-63. Rev. ed. Madison, WI: University of Wisconsin Press.

Barolini, Helen. 1999. *Chiaroscuro: Essays of Identity*. (1997) Rev. ed. Madison, WI: University of Wisconsin Press.

Barolini, Helen. 2000. *The Dream Book: An Anthology of Writings by Italian-American Women*. Rev. ed. Syracuse, NY: Syracuse University Press.

Barolini, Helen. 2001. *Umbertina*. Traduzione di Susan Barolini e Giovanni Maccari. Cava de' Tirreni: Avagliano.

Barolini, Helen. 2014. "Conversazione con Helen Barolini". Intervista di Emanuele Pettener. *Priamo*, 28 gennaio. https://www.priamoedit.it/diario-di-un-insegnante-ditaliano-ai-tropici-six/

Barone, Dennis. 2008. "Pagano's Gold." *Italian Americana* Vol. 26, No. 1 (Winter): 71-82.

Basile Green, Rosa. 1974. *The Italian-American Novel. A Document of the Interaction of Two Cultures*. Rutherford, NJ: Farleigh Dickinson University Press.

Benasutti, Marion. 1966. *No Steadyjob for Papa*. New York, NY: Vanguard.

Benasutti, Marion. *Un lavoro per papà: dal Trentino all'America: storia di una famiglia di emigranti*. Traduzione di Giovanna Covi. Trento: Temi.

Bona, May Jo. 1999. *Claiming a Tradition: Italian American Women Writers*. Carbondale IL: Sothern Illinois University Press.

Bonomo Albright, Carole. 2000. "Earlieast Italian American Novel: Lorenzo and Oonalaska by Joseph Rocchietti in Virginia, 1835." *Italian Americana* Vol. 18, n.2 (Summer): 129-132.

Branchi, Eugenio Camillo. 1927. *"Dagoes". Novelle transatlantiche*. Bologna: Licinio Cappelli.

Bryant, Dorothy. 1978. *Miss Giardino*. Berkeley, CA: Ata Books.

Bucci, Mary Bush. 2011. *Sweet Hope*. Toronto, Ontario, Buffalo, NY: Guernica, 2011.

Caminita, Ludovico M. 1924. *Nell'isola delle lagrime: Ellis Island*. New York, NY: Stabilimento tipografico Italia.

Caponegro, Mary. 1991. *The Star Café*. New York. NY: W.W. Norton.

Carnevali, Emanuel. 1978. *Il primo dio*. Traduzione di Maria Pia Carnevali. Milano: Adelphi.

Carravetta, Peter. 2017. *After Identity. Migration, Critique, Italian American Culture*. New York, NY: Bordighera, Press.

Cavalieri, Grace. 2006. *Water on the Sun/Acqua sul sole*. Traduzione di Maria Enrico. New York, NY: Bordighera Press.

Cerrone, Olivia Kate. 2017. *The Hunger Saint*. New York, NY: Bordighera Press.

Ciambelli, Bernardino. 1893. *I Misteri di Mulberry Street*. New York, NY: Frugone&Balletto.

Cianfarra, Camillo L. 1904. *Il diario di un emigrante*. New York, NY: Tipografia dell'Araldo Italiano.

Ciardi, John. 1997. *The Collected Poems of John Ciardi*. Fayetteville, AR: Arkansas University Press.

Connell, J.W. e Stanislao Pugliese (a cura di). 2018. *The Routledge History of Italian Americans*. New York: Routledge.

Covino, Peter. 2012. *The Right Place to Jump*. Kalamazoo, MI: New Issues/Western Michigan University.

D'Angelo, Pascal. 1924. *Son of Italy*. New York, NY: Macmillan.

D'Angelo, Pascal. 1999. *Son of Italy*. Traduzione di Sonia Pendola. Mercato San Severino: Il Grappolo.

De Rosa, Tina. 1980. *Paper Fish*. Enumclaw, WA: WinePress.

De Rosa, Tina. 1999. *Breaking the Silence: an Interview with Tina De Rosa*. Intervista di Lisa Meyer. *Italian Americana* Vol. 17, N. 1 (Winter): 58-83). https://www.jstor.org/stable/pdf/29776534.pdf

De Rosa, Tina. 2007. *Pesci di carta*. Traduzione di Laura Giacalone. Roma: Nutrimenti.

DeSalvo, Louise. 2005. *Crazy in the Kitchen: Food, Feuds, and Forgiveness in an Italian American Family*. Londra: Bloomsbury.

di Donato, Pietro. 1939. *Christ in Concrete*. Indianapolis, IN: Bobbs-Merrill.

di Donato, Pietro. 1941. *Cristo fra i muratori*. Traduzione di Eva Amendola. Milano: Bompiani.

di Prima, Diane. 1998. *Loba*. New York, NY: Penguin Books.

Domini, John. 2007. *Earthquacke I.D*. Pasadena, CA: Red Hen Press.

Domini, John. 2009. *Terremoto napoletano*. Traduzione di Stefano Manferlotti. Napoli: Pironti.

Durante, Francesco (a cura di). 2005. *Italoamericana. Storia e letteratura degli italiani negli Stati Uniti 1880-1943*. Milano: Mondadori.

Durante, Francesco. 2013. "La letteratura italoamericana, un tesoro da scoprire". Intervista di Umberto Mucci. *We The Italians*, 24 ottobre. https://www.wetheitalians.com/interviews/not-only-uneducated-manual-workers-the-italian-american-literature-a-big-surprise

Durante, Francesco. 2018. "Diary in America and Death in Rome." In *The Routledge History of Italian Americans*, a cura di William J.Connell e Stanislao Pugliese, 305-315. New York: Routledge.

Ets, Marie Hall. 1970. *Rosa: The Life of an Italian Immigrant*. Madison, WI: University of Wisconsin Press.

Fagiani, Gil. 2010. *Chianti in Connecticut*. New York, NY: Bordighera Press.

Fagiani, Gil. 2014. *Stone Walls*. New York, NY: Bordighera Press.

Fagiani, Gil. 2015. *Logos*. Toronto: Guernica.

Fante, John. 1938. *Wait Until Spring, Bandini*. New York, NY: Stackpole Sons.

Fante, John. 1948. *Aspettiamo primavera, Bandini*. Traduzione di Giorgio Monicelli. Milano: Mondadori.

Fiaschetti, Michael. 1930. *You Gotta Be Rough: The Adventures of Detective Fiaschetti of the Italian Squad as Told to Prosper Buranelli by Michael Fiaschetti*. Garden City, NY: Doubleday, Doran & Company.

Fiaschetti, Michael. 2003. *Gioco duro*. Cava dei Tirreni: Avagliano.

Fontanella, Luigi. 2017. *Il dio di New York*. Firenze: Passigli.

Gardaphé, Fred. 1987. "Italian-American Fiction: A Third Generation Renaissance". *MELUS* Vol 14, no. 3/4, Italian-American Literature (Autumn - Winter, 1987): 69-85.

Gardaphé, Fred. 1996. *Italian Signs, American Streets. The Evolution of Italian American Narrative*. Durham, NC: Duke University Press.

Gattuso Hendin, Josephine. 1988. *The Right Thing to Do*. Boston, MA: David R. Godine.

Gillan, Maria Mazzotti. 2007. *All That Lies Between Us*. Toronto, Ontario, e Buffalo, NY: Guernica.

Gioia, Dana. 1991. "What Is Italian-American Poetry?" *Poetry Pilot* (december): 3-10. https://danagioia.com/essays/american-poetry/what-is-italian-american-poetry/ (nella versione online dal sito del poeta manca l'originale Post Scriptum in cui Gioia spiega perché non ha senso considerare Ferlinghetti un poeta italoamericano).

Gioseffi, Daniela. 2006. *Blood Autumn/Autunno Di Sangue: Poems New and Selected*. Traduzione di Elisa Biagini, Luigi Bonaffini, Ned Condini, Luigi Fontanella, e Irene Marchegiani. New York, NY: Bordighera Press.

Gioseffi, Daniela (a cura di). 2020. *Me Too Anch'io*. Hoboken, NJ: Poets Wear Prada.

Giunta, Edvige. 2002. *Writing with an Accent. Contemporary Italian American Women Writers*. New York NY: Palgrave.

Kovach, Mary. 2021. "Sitting Down with Renowned Italian-American Author Lisa Scottoline". *ITALYUSA*, 3 maggio. https://www.italyusa.org/2021/05/sitting-down-with-renowned-italian.html.

Lamb, Wally. 2017. "How Wally Lamb's Italian-ness Inspires Everything He Writes". Intervista di Maria Lisella, 18 maggio 2017. https://www.lavocedinewyork.com/en/arts/2017/05/18/how-wally-lamb-s-italian-ness-inspires-everything-he-writes/.

Lentricchia, Frank. 1975. "Luigi Ventura and the Origins of Italian-American Fiction." In *From the Margin. Writings in Italian Americana*, a cura di Anthony Julian Tamburri, Paolo A. Giordano, e Fred Gardaphé, 209-303. West Lafayette, IN: Purdue University Press, 2000. First published as "Luigi Ventura and the Origins of Italian-American Fiction." *Itailan Americana* Vol. 1, No. 2 (Spring): 188-195.

Lisella, Maria. 2014. *Thieves in the Family*. New York: NYQ Books.

Lombardi, Anna. 2017. "Usa, sfilano gli scrittori italoamericani per il Columbus Day". *La Repubblica*. 10 ottobre. https://www.repubblica.it/esteri/2017/10/10/news/usa_sfilano_gli_scrittori_italo americani _per_il_columbus_day-177844823/

Marazzi, Martino. "Le fondamenta sommerse della narrative italoamericana". *Belfagor* Vol. 5, n.33 (31 maggio 2000): 277-296.

Marazzi, Martino. 2001. *Misteri di Little Italy: Storie e testi della letteratura italoamericana*. Milano: Franco Angeli.

Mangione, Jerre. 1943. *Mount Allegro*. Boston, MA: Houghton Mifflin.

Maso, Carol. 1986*Ghost Dance*. San Francisco: North Point Press,.

Maso, Carol. 1997. A Conversation with Carol Maso. Intervista di Stephen Moore. "The Review of Contemporary Fiction" Vol.c17 BI. 3 (Fall): 175-185. https://www.dalkeyarchive.com/a-conversation-with-carole-maso-by-stephen-moore/.

Mastrolilli, Paolo. 2017. "New York, Il Columbus Day degli scrittori italo-americani: 'Celebriamo la nostra storia'". *La Stampa*. 18 ottobre. https://www.lastampa.it/esteri/2017/10/18/news/new-york-il-columbus-day-degli-scrittori-italo-americani-celebriamo-la-nostra-storia-1.34399508

Mazzucchelli, Chiara. 2009. "Il diritto all'etnicità: Italoamericani nei legal thriller di Lisa Scottoline". *Essere o non essere italoamericani*, numero speciale della rivista *Nuova Prosa* n. 50: 129-145.

Mulas, Franco. 2000. "The Ethnic Language of Pietro di Donato's *Christ in Concrete*." In *From the Margin. Writings in Italian Americana*, a cura di Anthony Julian Tamburri, Paolo A. Giordano e Fred Gardaphé, 309-310. West Lafayette, IN: Purdue University Press.

Obenzinger, Hilton. 2021. "'Between the lines'. A Conversation with Diane di Prima". *Los Angeles Review of Books*, 27 gennaio. https://lareviewofbooks.org/article/between-the-lines-a-conversation-with-diane-di-prima.

Pagano, Jo. 1975. *Golden Wedding*. New York, NY: Arno Press.

Pagano, Jo. 2000. *Nozze d'oro*. Traduzione di Giovanni Maccari. Cava dei Tirreni: Avagliano.

Panunzio, Constantine. 1921. *The Soul of an Immigrant*. New York, NY: Macmillan.

Parini, Jay. 1986. *The Patch Boys*. New York: H. Holt.

Peragallo, Olga. 1949. *Italian-American Authors and Their Contributions to American Literature*. New York, NY: S.F. Vanni.

Poore, Charles. 1939. Review of *Christ in Concrete*, by Pietro di Donato. *New York Times*, 15 settembre 1939: 27.

Puzo, Mario. 1969. *The Godfather*. New York, NY: Putnam.

Puzo, Mario. 1969. *Il Padrino*. Milano: Dall'Oglio.

Puzo, Mario. 1972. *The Godfather Papers and Other Confessions*. New York, NY: Putnam.

Rocchietti, Joseph. 1835. *Lorenzo and Oonalaska*. Winchester, VA: Brooks & Conrad.

Rimanelli, Giose. 1953. *Tiro al piccione*. Milano: Mondadori.

Rimanelli, Giose. 1959. *Il mestiere del furbo*. Milano: Sugar.

Rimanelli, Giose. 1993. *Benedetta da Guysterland: A Liquid Novel*. Montreal, Quebec: Guernica.

Rotella, Mark. 2021. "Meeting Ferlinghetti for a Few Minutes Was Enough to See Him in a New Light". *La Voce di New York*, 28 febbraio 2021. https://www.lavocedinewyork.com/en/arts/2021/02/28/meeting-ferlinghetti-for-a-few-minutes-was-enough-to-see-him-in-a-new-light.

Scottoline, Lisa. 2021. *Eternal*. New York, NY: Penguin Random House.

Serra, Ilaria. 2020. "Needlework and the Feminine in Adriana Trigiani's Novels". *Letterature d'America* Vol XL n. 179: 81-100.

Sorrentino, Gilbert. 1983. *Blue Pastoral*. San Francisco: North Point Press.

Stanco, Italo. 1916. *Il diavolo biondo*. New York, NY: Nicoletti Bros. Press, Inc.

Stefanile, Felix. 1999. *The Country of Absence: Poems and an Essay*. New York, NY: Bordighera Press.

Stefanini, Ruggero. 1999. *Calendario californiano*. Pistoia: Edizioni del Can Bianco.

Talese, Gay. 1971. *Honor Thy Father*. New York, NY: World Publishing.

Talese, Gay. 1993. "Where are the Italian American Novelists?" New York Times Book Review (14 marzo): 1, 23, 25, 29.

Tamburri, Anthony Julian. 1991. *To Hyphenate or Not To Hyphenate? The Italian/American Writer as Other American*. Montreal: Guernica.

Tamburri, Anthony Julian. 1998. *A Semiotic of Ethnicity. In (Recognition of the Italian/American Writer)*. Albany, NY: State University of New York Press.

Tamburri, Anthony Julian. 2011. "Michael Corleone's Tie: Francis Ford Coppola's The Godfather and the Rhetoric of Antinomy". In *Reviewing Italian Americana. Generalities and Specificities on Cinema*, 80-91. New York: Bordighera Press.

Tamburri, Anthony Julian. 2011. *Reviewing Italian Americana. Generalities and Specificities on Cinema*. New York: Bordighera Press.

Tamburri, Anthony Julian. *Scrittori italiano[-]americani. Trattino sì trattino no*. Traduzione di Emanuele Pettener. Poggio Rusco: MnM Print, 2018.

Tamburri, Anthony Julian. 2020. "Joseph Tusiani, Poet First and Foremost, Prose Writer, Essayist, Translator, Professor". *La Voce di New York*, 11 aprile. https://www.lavocedinewyork.com/en/

people/2020/04/11/joseph-tusiani-poet-first-and-foremost-prose-writer-essayist-translator-professor/.

Tamburri, Anthony Julian, Paolo A. Giordano, e Fred Gardaphé (a cura di). 2000 [1991]. *From the Margin. Writings in Italian Americana*. West Lafayette, IN: Purdue University Press.

Terrone, Maria. 2018. *At Home in the New World*. New York, NY: Bordighera Press.

Tomasi, Mari. *Like Lesser Gods*. Milwaukee: Bruce, 1949.

Tresca, Carlo. 2003. *The Autobiography of Carlo Tresca*. A cura di Nunzio Pernicone. New York, NY: The Calandra Italian American Institute, 2003.

Trigiani, Adriana. 2003. *Lucia, Lucia*. New York, NY: Random House.

Trigiani, Adriana. 2019. *Lucia, Lucia*. Traduzione di Ilaria Katerinov. Milano: Tre60.

Tusiani, Joseph. 1978. *Gente Mia and Other Poems*. Stone Park, IL: Italian Cultural Center.

Tusiani, Joseph. 1978. "Song of the Bicentennial (V)". In *Gente Mia and Other Poems*. Stone Park, IL: Italian Cultural Center, 1978

Tusiani, Joseph. 1982. *Gente mia e altre poesie*, traduzione di Maria C. Pastore Passaro. San Marco in Lamis: Gruppo Cittadella Est, 1982.

Tusiani, Joseph. 1998. *La parola difficile. Autobiografia di un italo-americano*. Fasano: Schena.

Tusiani, Joseph. 1991. *La parola nuova. Autobiografia di un italo-americano. (Parte II)*. Fasano: Schena.

Tusiani, Joseph. 1992. *La parola antica. Autobiografia di un italo-americano. (Parte III)*. Fasano: Schena.

Valerio, Anthony. 1986. *Valentino and the Great Italians: According to Anthony Valerio*. New York, NY: Freundlich Books.

Valerio, Anthony. 1998. *The Mediterranean Runs Through Brooklyn*. Toronto: Guernica.

Valerio, Anthony. 2010. *Brooklyn, Mediterraneo*. Traduzione di Paola Manuela Battaglia con la collaborazione di Nausikaa Angelotti. Arezzo: Zona.

Vellucci, Sabrina. 2012. "Italian American Identity and Narrative Refiguration in Carol Maso's *Ghost Dance* and *AVA*". *Letterature d'America* Vol.XXXII, n.139 (2012): 137-162. https://www.academia.edu/21660229/Italian_American_Identity_and_Narrative_Refiguration_in_Carole_Maso_s_Ghost_Dance_and_AVA_Letterature_d_America_vol_XXXII_n_139_2012_137_162.

Ventura, Luigi Donato. 1885. *Peppino*. New York, NY: William R. Jenkins.

Ventura, Luigi Donato, e S.E. Shevitch. 1886. *Misfits and Remnants*. Boston, MA: Ticknor and Company.

Viscusi, Robert. 2012. *Ellis Island*. New York, NY Bordighera Press.

Viscusi, Robert. 2006. *Buried Caesars and Other Secrets of Italian American Writing*. New York, NY; State Universuty of New York Press.

Voices in Italian Americana. 2012. Vol 2, no.2 (Spring); numero speciale su Pietro di Donato.

La politica, il sudore e il sangue:
Quattro storie italoamericane

OTTORINO CAPPELLI

> Io sono un Democratico, vivrò da Democratico e morirò da Democratico!
> —Tommy D'Alesandro

> Sono nata in una famiglia devotamente cattolica, orgogliosa della sua eredità italoamericana, fieramente patriottica e fermamente democratica.
> —Nancy Pelosi

> La reazione nella comunità italoamericana fu istantanea. 'Come hai potuto sostenere Abrams? Non hai un po' d'orgoglio per le tue radici italoamericane?' Erano furiosi! ... Il sangue era davvero più denso della politica.
> —Geraldine Ferraro

> Quando John F. Kennedy corse per la presidenza ... i Democratici potevano ancora contare sull'identificazione di classe per conquistare il voto degli operai etnici nelle città ... [Ma] io senza il sostegno entusiastico degli italoamericani di New York non avrei mai potuto vincere. La nostra ora era giunta.
> —Al D'Amato

INTRODUZIONE

In questo capitolo ci occuperemo della *politica italoamericana* e specificamente di come la *classe politica italoamericana* mobilita il consenso elettorale. Cercheremo dunque di capire non tanto come votano gli italoamericani, ma come i politici italoamericani si fanno eleggere. Definiremo a tal scopo diversi 'modelli di politica' a seconda delle modalità di mobilitazione del voto e delle visioni della rappresentanza articolate da quei politici. Cercheremo inoltre i 'segni etnici' nel rapporto che la classe politica italoamericana instaura con la propria comunità e con le altre.[1] Infine, ma non da ultimo, vedremo come il modello di politica fondato sull'identità etnica—sull'orgoglio del *sangue*—interagisce con gli altri modelli, in particolare con l'identificazione partigiana fondata sulla rappresentanza delle classi lavoratrici (o, per continuare con la metafora, sul *sudore*) che aveva caratterizzato la prima fase dell'immigrazione.

Il saggio è organizzato attorno al racconto analitico di quattro storie di politici italoamericani che riteniamo rappresentative di un'ampia classe politica che conta migliaia di persone inserite nelle istituzioni elettive americane a tutti i livelli—federale, statale, locale—espressione di oltre 18 milioni di cittadini di origine italiana. Le fonti che utilizzeremo sono soprattutto opere biografiche e autobiografiche e le interviste che ho curato per l'Oral History Archive del John D. Calandra Italian American Institute—un progetto specificamente dedicato alla raccolta della memoria dei politici americani di origine italiana.[2]

I termini del problema

Quattro decenni fa alcuni esperti di politica elettorale riuniti nell'Istituto Carlo Cattaneo di Bologna condensarono la letteratura internazionale esistente per produrre un modello interpretativo dei comportamenti di voto degli italiani leggibile in chiave comparata.[3] Quel lavoro ebbe grande fortuna e, nonostante necessiti di alcuni aggiustamenti e adattamenti per render conto dei cambiamenti intervenuti nel tempo, rimane tutt'oggi un punto di partenza per qualsiasi analisi sui temi che qui ci interessano. In esso si delineavano tre "tipi di voto", o tipologie di comportamento elettorale.

Il voto di scambio: indica "una prestazione ... che prevede una controprestazione" (Parisi e Pasquino 1985, 83). Qui il rapporto tra votante e votato è diretto e immediato e di natura prettamente locale e clientelare: il primo barattando il suo voto persegue un proprio interesse individuale; il secondo, concedendo in cambio favori o benefici, raggiunge il proprio obiettivo di insediamento al potere. In Italia questo rapporto—che rimane stabile fino a che il politico è in grado di distribuire le risorse promesse—si osservava in aree sociali periferiche rispetto al sistema politico, tipicamente tra il sottoproletariato urbano e rurale—in particolare, ma non solo nel Mezzogiorno. Negli Stati Uniti simili comportamenti e interazioni tra eletti ed elettori hanno dominato a lungo i livelli politico-amministrativi, soprattutto locali e statali, e rimandano a quella che si suole definire *machine politics*—o 'politica della macchina', termine che indica l'apparato di raccolta del voto e di distribuzione del '*pork*' (benefici materiali) al servizio di un capo politico, il '*boss*'.

Il voto d'opinione: esprime una scelta tra alternative programmatiche riferite a particolari temi o politiche pubbliche. Anch'esso fa leva, in ultima analisi, sugli interessi individuali, ma questi sono mediati dagli obiettivi, preferenze e valori collettivi dei gruppi sociali in cui l'elettore di volta in volta si identifica. Il voto d'opinione, che si presume bene informato e basato su scelte razionali—e può dunque indirizzarsi a partiti diversi di elezione in elezione—in Italia veniva rilevato nelle aree sociali centrali del sistema politico, in particolare tra i ceti medi urbani maggiormente scolarizzati. In America questo comportamento elettorale—che è generalmente (ma erroneamente) considerato prevalente perché rappresenta il cibo quotidiano dei media e la minoranza che lo pratica può a volte fungere da ago della bilancia e determinare il risultato elettorale—corrisponde al cosiddetto *issue voting*, o volto basato su specifiche tematiche.

Il voto di appartenenza: rappresenta, più che una scelta, una testimonianza: "l'affermazione di una identificazione soggettiva con una forza politica che [si] ritiene abbia col proprio gruppo sociale di appartenenza un rapporto di identificazione organica" (Parisi e Pasquino, 81). Questi gruppi sociali ampi e coesi vengono generalmente descritti in termini di *classe* e la loro identificazione partitica tende ad essere stabile nel tempo, radicandosi in aree subculturali caratterizzate da una "integrazione conflittuale" rispetto al sistema socio-politico. Nell'Europa del Novecento le aree di appartenenza ai partiti socialisti e comunisti erano basate sul proletariato industriale e contadino; in quei paesi, tra cui l'Italia, in cui esistevano aree di appartenenza a partiti di ispirazione confessionale, queste si fondavano sulla piccola proprietà agricola. Questo quadro complessivo non trova una meccanica corrispondenza negli Stati Uniti, per i motivi che diremo, ma il comportamento elettorale più vicino a quanto descritto è quello del *party voting* (voto di partito) o voto basato sulla *party identifcation*.

Come si diceva sopra, questa tripartizione ha molti meriti e mantiene ancora oggi una invidiabile valenza euristica. Per essere adattabile al nostro tema, tuttavia, essa va corretta e integrata in almeno due punti.

Innanzitutto, la tipologia non lascia spazio, di per sé, al "voto etnico" o, se si vuole, a qualsiasi comportamento elettorale di tipo *identitario* (che sia etnico, razziale, di genere o altro). È la struttura sociale a formare il substrato dei diversi comportamenti di voto, in particolare per quanto riguarda il voto di appartenenza. Ciò evidentemente rispecchia l'origine dei partiti di massa in Europa, organizzazioni nazionali altamente centralizzate e ideologiche che articolavano un appello rappresentativo universale in termini di lotta di classe (*"proletari di tutto il mondo unitevi!"*) e in condizioni largamente 'monoetniche' e di suffragio maschile. Ed è questa l'esperienza che *non* si riscontra negli Stati Uniti. Tra l'epoca d'oro della *machine politics* nell'Ottocento e l'esplosione del voto d'opinione condizionato dai mass media nel secondo Novecento, brevissimo è stato il momento 'socialdemocratico ed europeo' che alcuni pure hanno intravisto nel ventennio rooseveltiano. Vero è che quel *momentum* lascerà tracce visibili ancora per decenni in America, almeno nella retorica degli esponenti politici progressisti e radicali. Ma anche in quel caso, come avremo modo di vedere più oltre, il rapporto tra classe e partito risultava in qualche modo distorto dal fattore etnico. Questo perché le 'classi lavoratrici' che giungevano da Oltreoceano in massicce ondate migratorie, venivano quasi naturalmente segmentandosi in base all'orgoglio identitario del sangue anziché unirsi intorno a un'identificazione sociale condivisa fondata sul sudore del lavoro.[4] Se dunque vogliamo includere nel nostro quadro tipologico la politica etnica in America è qui che dobbiamo inserirla: come un modello alternativo alla 'politica di partito', e basato su una forma di identificazione diversa e concorrente rispetto a quella di classe. Più 'primordiale' se si vuole; o 'postmoderna', se si preferisce.

La seconda modifica che proponiamo alla tipologia del Cattaneo è più strutturale e riguarda la sua ottica *bottom-up*. Concentrando infatti lo sguardo sul comportamento di voto, essa tendeva ad oscurare il ruolo di chi, professionalmente, quel voto mira a catturare. E, anche quando prendeva in considerazione questo aspetto, tendeva a ridurlo all'attività di corpi collettivi, i partiti politici in quanto strutture di 'canalizzazione' del voto. Si spostava così in secondo piano il ruolo dei candidati in quanto individui capaci di attivare autonomi—e cogenti—meccanismi di 'estrazione' del voto e di 'costruzione' dei comportamenti degli elettori. Anche questi limiti sono ascrivibili alle origini italiane ed europee di quegli studi, ancorati alla fase culminante della storia dei partiti di massa, una fase in cui il partito dominava sia sull'elettore che sul candidato, che entrambi 'gli appartenevano'. Ma tale condizione, che di lì a poco avrebbe cominciato a declinare anche in Europa e infine in Italia, da tempo non esisteva negli Stati Uniti—caratterizzati da partiti nazionali tradizionalmente deboli e da una competizione altamente personalizzata che si svolge in collegi elettorali da sempre uninominali.

Qui ci discosteremo da questa impostazione adottando un'ottica *top-down* e ponendo al centro *il candidato a caccia del voto*. In modo solo apparentemente paradossale, guarderemo alla politica (italo) americana di oggi con occhi italiani—ma di quell'Italia liberale di fine Ottocento in cui Gaetano Mosca, padre della scienza politica e deputato del Regno, poteva scrivere: "Che il deputato sia scelto dalla maggioranza degli elettori è una supposizione legale che, per quanto formi la base del nostro sistema di governo ... pure si trova in perfetta contraddizione col fatto reale. ... Chiunque abbia assistito ad una elezione sa benissimo che non sono gli elettori che eleggono il deputato, ma ordinariamente è il deputato che si fa eleggere dagli elettori" (Mosca 1883 [1982], 476).

Seguendo Mosca, le domande di ricerca che proponiamo sono: come si fanno eleggere i politici italoamericani? In che misura perseguono una strategia etnica? Quali altre strategie vengono utilizzate e in che relazione esse sono con i 'segni etnici' di quel segmento italiano della classe politica americana che qui ci interessa?

Quattro modelli di politica e di politici

Alla luce di quanto precede, identifichiamo due dimensioni che descrivono come i politici possono costruire il proprio seguito elettorale. La prima riguarda la *modalità di mobilitazione il voto*: fanno appello agli interessi individuali dell'elettore o si richiamano a più ampie identità collettive? La seconda dimensione rimanda alla *visione della rappresentanza* che essi articolano: inquadrano il loro messaggio in termini particolaristici o adottano un linguaggio di tipo universalistico? L'interazione tra queste due dimensioni dà vita a uno spazio che può essere suddiviso in quattro quadranti, ognuno dei quali rappresenta un diverso modello di politica e di politici (vedi pagina seguente).

Nel quadrante A il candidato mobilita il voto rivolgendosi agli interessi individuali degli elettori e articolando una visione particolaristica della rappresentanza. Qui i politici si presentano come campioni nell'arte di "fare favori". È il regno dello scambio – e poiché tale scambio avviene sostanzialmente a livello di collegio, lì dove sono radicate le 'macchine' clientelari, il modello di politica ad esso associato può essere etichettato come politica locale o *machine politics*. Chiameremo chi adotta tale modalità d'azione un 'politico locale' o, più ampiamente, un *machine politician*, un *boss* della macchina.

Nel quadrante B la mobilitazione del voto si appella sempre in ultima istanza agli interessi degli elettori, ma li declina all'interno di una visione più ampia, indirizzata a rappresentare le preferenze di gruppi e strati sociali circa il 'bene comune' (ad esempio sui diritti civili, sul fisco, sul welfare, sul controllo delle nascite, sul cambiamento climatico, ecc.). Lo scambio tra domanda sociale e offerta politica qui avviene non sul mercato locale degli interessi personali immediati, ma sul mercato globale delle opinioni e dei valori. Nonostante i media lascino pensare che tutti i politici fanno (e sono) questo, si tratta in realtà solo di uno dei modelli di comportamento che adottano, sebbene molto diffuso. I politici che scelgono questa strada si presentano come concreti *policy-maker* nella loro azione di governo e come *opinion maker* nel loro rapporto con l'elettorato.

QUATTRO MODELLI DI POLITICA E DI POLITICI

	Modalità di mobilitazione elettorale	
Visioni della rappresentanza	interessi	identità
particolarismo	(A) POLITICA LOCALE *o dello scambio* **Boss della 'macchina'**	(D) POLITICA ETNICA *o dell'identità* **Militante etnico**
universalismo	(B) POLITICA DI OPINIONE *o della scelta* **Opinion maker**	(C) POLITICA PARTIGIANA *o dell'appartenenza* **Militante di partito**

Nel quadrante C troviamo politici che articolano una visione universalistica della rappresentanza e puntano alla mobilitazione di grandi identità collettive come le classi sociali. Lo scopo è di radicarsi nelle divisioni socio-economiche costruendo con esse un rapporto di rappresentanza organica in grado di tradurle in *appartenenze partitiche* durevoli. Il partito dunque è una componente essenziale di questa modalità politica e per questo motivo la politica dell'appartenenza è sinonimo di 'politica partigiana'. Nel contesto americano, come si è detto, il riferimento di classe non è forte e univoco come è (stato) in Europa, perché i partiti sono più deboli sotto il profilo organizzativo, ideologico e del radicamento sociale, mentre le classi sono tradizionalmente attraversate da forti divisioni interne, tra cui in particolare quelle etniche. Tuttavia — e lo vedremo — esiste tra i politici americani (inclusi gli italoamericani) una versione di quel modello che chiameremo *militante di partito*.

Nel quadrante D, infine, la mobilitazione elettorale punta sempre a identità collettive, piuttosto che a interessi individuali e immediati, ma si associa a una visione della rappresentanza di tipo particolaristico: si rivolge cioè non a grandi aggregati sociali, ma a specifici gruppi e comunità etniche. Anche qui i politici si rapportano agli elettori sottolineando un senso di appartenenza, ma il loro gioco è l'esatto opposto di quello dei 'militanti di partito'; essi tendono anzi *spezzare* le appartenenze partitiche. Il tipo di identificazione che ricercano non è radicato nella solidarietà di classe o nello spirito partigiano, ma in una supposta *identità di sangue*. Costruiti scientemente come 'etnici', i suoi elettori sono esortati a votare *in blocco* per 'uno dei loro' indipendentemente dal proprio status socio-economico, dalle opinioni politiche o dalle affiliazioni partitiche precedentemente maturate. Il nesso rappresentativo è quindi di natura sociologica (o 'fotografica') e simbolica, piuttosto che politica (Pitkin 1967). Il politico etnico, insomma, pretende di rappresentare la sua comunità in virtù del proprio status, prima ancora di *fare* qualcosa per i suoi elettori. Questo è il presupposto 'primordiale' della politica etnica e di quei politici che chiameremo *militanti etnici*.

Caveat

Abbiamo scelto di non inserire il nostro discorso all'interno del dibattito, accesosi oltre mezzo secolo fa negli USA, tra 'assimilazionisti' e sostenitori della 'persistenza' del voto etnico—un dibattito, tra l'altro, che si basò anche in parte sullo studio del caso italoamericano. I primi sostennero negli anni Sessanta che, con la graduale trasformazione della classe operaia immigrata in classe media, si sarebbe osservato un inarrestabile declino del voto etnico, travolto dal parallelo declino delle *urban machine* e della *party identification*. I secondi argomentarono, al contrario, che proprio la crescita di una classe media nel corpo delle comunità immigrate era il necessario prerequisito per l'emergere di un vero comportamento etnico nella sfera politica.

Se guardiamo a quel dibattito dall'ottica della tipologia dell'Istituto Cattaneo da cui siamo partiti, e che non prevedeva il voto etnico come un tipo a se stante, la tesi assimilazionista appare rafforzata. Lo sviluppo economico frammenta la struttura sociale e indebolisce il rapporto di rappresentanza organica tra partiti e classi lavoratrici, mentre la *party identification* è ulteriormente indebolita dal processo di scolarizzazione di massa e di secolarizzazione politica. Non a caso, vista la natura tripartita di quella tipologia, ciò che rimane è il voto di opinione della classe media, che non avrebbe più legami con le macchine clientelari, con le identità di classe e con lo spirito di partito. L'intero corpo elettorale si modellerebbe sul voto d'opinione, 'libero e razionale' di un indistinto (leggi anche: assimilato) ceto medio, mentre i comportamenti elettorali identitari (tra cui quello a base etnica) rimangono ignorati o, nel caso americano, destinati al declino.[5] Questa lettura—che pure non è priva di suggestioni di grande interesse—tuttavia si trova "in perfetta contraddizione col fatto reale", come direbbe Gaetano Mosca. In particolare, a partire dagli anni Settanta, gli Stati Uniti furono attraversati da un grande 'revival etnico' che si basava in gran parte proprio sulla classe media. Da qui saremmo portati a concordare con l'argomento dei sostenitori della persistenza di quel tipo di voto—*nonostante* il pur evidente declino del voto di scambio e della politica partigiana.

Noi cerchiamo di uscire da quest'*impasse*, in parte, ricorrendo a una tipologia quadripartita che riconosce alla politica etnica una sua specifica 'casella', indipendente dagli altri tipi di comportamento. In altra parte, come si è detto, puntando lo sguardo non sulla domanda (il voto) ma sull'offerta politica (il candidato). Il nostro punto non è se i gruppi etnici, inclusi gli italoamericani, votano *in blocco* (non lo fanno quasi mai), né se i comportamenti relativi scompaiono o persistono (persistono quasi sempre, seppure in forme diverse), ma come questi si combinano tra loro e perché, in quali condizioni e con quali conseguenze. Tutto ciò va accertato in sede empirica e dipende da molti fattori, tra cui il tipo di elezione, l'offerta politica a livello di collegio, e le specifiche modalità d'azione attivate dagli attori politici (partiti o candidati) i quali possono ricorrere contemporaneamente a diverse forme di mobilitazione del voto (interessi vs identità) e proporre diversi tipi di appello rappresentativo (particolaristico vs universalistico). Ad esempio—e lo vedremo in dettaglio più oltre —, la democratica moderata Geraldine Ferraro fu una politica di successo come *congresswoman* del Queens (1978-84), ma fallì come candidata 'etnica' alla vicepresidenza nel 1984 (ebbe solo il 39% del voto italoamericano). Ma negli stessi anni (1980-1992) il repubblicano conservatore Alphonse D'Amato, che correva come senatore per lo Stato di New York, ebbe uno straordinario successo come politico etnico e raccolse abilmente anche i voti di altre comunità.

Il fatto è—e va qui sottolineato—che la suddivisione in modelli e tipologie è da considerarsi solo una guida per l'analisi. Nella realtà, come diversi incentivi e motivazioni *possono* combinarsi a determinare il comportamento del singolo elettore, così i politici *devono* considerare una strategia mista al fine di massimizzare il loro sostegno elettorale. Ciò vale in particolare per il politico 'etnico'. Vedremo ad esempio che quanto più ampio e multietnico è un collegio elettorale, tanto meno il voto della propria comunità etnica basterà a garantire l'elezione. Inoltre, l'appello a votare 'per uno di noi' sarà addirittura inutilizzabile nel caso di una competizione elettorale intra-etnica, quando cioè i candidati appartengono tutti allo stesso gruppo (un caso tutt'altro che raro negli USA e in particolare nell'America italiana). Di conseguenza i politici che esamineremo di seguito, uomini e donne con una ricca storia di successi e di sconfitte, *non rientrano mai in un solo modello*. Benché ciascuno di loro presenti visibili 'segni italiani' nella propria azione politica, ciascuno li combina in modi diversi con le altre modalità: lo scambio tra voti e favori, la battaglia di opinioni, la politica partigiana. Sta in questa complessità l'aspetto forse più interessante delle storie che presentiamo.

1. IL SINDACO
Tommy D'Alesandro (1903-1987)

Thomas 'Tommy' D'Alesandro (classe 1903), fu una figura prestigiosa del Partito Democratico di Baltimore, eletto per la prima volta alla State House del Maryland nel 1926, quando aveva a 24 anni, poi al Congresso nel 1939 e infine sindaco dal 1947 al 1959. Detto anche Tommy the Elder, era nato da una famiglia di immigrati abruzzesi composta di tredici figli e abitò tutta la vita nella Little Italy di Baltimore, il cuore del suo collegio elettorale. Lì aveva costruito una leggendaria macchina politica 'familiare', gestita in prima persona dalla moglie 'Big' Nancy Lombardi con l'assistenza dei sei figli tra cui Tommy D'Alessandro III (Tommy the Younger), che nel 1967 gli succederà come sindaco di Baltimore, e 'Little' Nancy, futura Speaker della House of Representatives.

Il re di Little Italy

D'Alesandro era innanzitutto un politico locale. Il suo quartier generale occupava gran parte dell'abitazione privata di Albemarle Street. All'ultimo piano, accanto alle stanze dei figli, Tommy aveva il suo studio; qui una candela sempre accesa vigilava sulla piccola statua di Francesca Cabrini, la suora missionaria italiana che Papa Leone XIII aveva inviato in America nel 1889 e che fu canonizzata e dichiarata Patrona degli emigranti mentre D'Alesandro era sindaco.[6] Lo scantinato di Albemarle St. ospitava la *club room* dove i figli di Tom, insieme a un nutrito gruppo di volontarie reclutate nel quartiere, producevano volantini, scrivevano lettere e rispondevano a un telefono perennemente in funzione dotato di nove linee urbane. Ma il centro pulsante di quella casa-partito era il tinello al pianterreno, dove ogni mattina Big Nancy riceveva il pubblico e aggiornava il leggendario *Favor File*, l'Archivio dei favori. Così racconta Susan Page in una recente biografia di Nancy Pelosi:

> Gli elettori si mettevano in fila sul marciapiede fuori casa in cerca, beh, di favori. "Oltrepassavano a passo di marcia i ritratti presidenziali di FDR

> e Harry Truman e prendevano posto al lato di una grande scrivania. Big Nancy era seduta dall'altra parte, pronta a chiacchierare in italiano se un immigrato non parlava inglese. La piccola Nancy era spesso seduta al suo fianco e raccoglieva gli appunti con mano attenta. [...] "Quando qualcuno entrava con una richiesta, la mamma lo scriveva su un pezzo di carta giallo e lo infilava in una cartella", ricorda Nancy Pelosi. Successivamente, le annotazioni venivano digitate su schede e archiviate. [...] Chi aveva ricevuto aiuto poteva poi essere impiegato in tempo di elezioni per riempire buste, distribuire volantini, partecipare a manifestazioni. E, naturalmente, votare. Anche quando era troppo piccola per aprire la porta agli estranei, Little Nancy custodiva gli appunti e rispondeva al telefono. "Già da bambina sapevo dire a qualcuno chi chiamare per accedere all'assistenza sociale, ottenere una casa popolare, un letto in un ospedale, qualsiasi cosa. [...] Questa era casa nostra". (Page 2021, cap. 3)[7]

L'Archivio dei favori dei D'Alesandro era insomma un motore moderno installato sulla vecchia macchina politico-clientelare inventata in America cent'anni prima, ai tempi di Jackson e Van Buren, allo scopo di integrare 'acri di uomini', soprattutto immigrati, nel tessuto sociale e politico del paese. Questa richiedeva una cura capillare e quotidiana: conoscere personalmente gli elettori uno ad uno, ascoltarne le esigenze giorno per giorno, risolverne i problemi favore dopo favore; attivare una rete di rapporti informali e connessioni politiche capace di aggirare le procedure ufficiali e le rigidità burocratiche; e—infine ma non da ultimo—capitalizzare la gratitudine dei beneficiari in termini di lealtà politica e sostegno elettorale.[8]

Certo la *D'Alesandro machine* aveva una natura peculiarmente personale e familiare. La cosa non era di per sè inedita, ma generalmente una simile configurazione del 'cerchio interno' della macchina segnalava l'esistenza di frizioni nell'organizzazione del partito. E ciò ben si evince nel nostro caso. Già alla fine degli anni venti, quando vinse le primarie e si aggiudicò la candidatura alla State House, D'Alesandro aveva incontrato una certa resistenza da parte dei maggiorenti democratici locali, inclusi quelli di origine italiana. Lui, d'altra parte, giunto nella State House, considerava i suoi colleghi come "una massa di ubriaconi" (Page, cap. 1). Fu così che il giovane ambizioso cominciò a metter su la propria organizzazione personale, incardinandola sulla sua casa, sulla famiglia e sugli amici più intimi. Fu questa organizzazione che dieci anni dopo gli permise di vincere, sia pur di misura, le primarie democratiche per un seggio al Congresso, sconfiggendo il vecchio boss di Little Italy, Vincent Palmisano; e più ancora, dopo oltre un decennio al Congresso, di stravincere la corsa a sindaco, carica che mantenne per dodici anni. A quel tempo Tommy era giustamente soprannominato il 'Re di Baltimore' (Ball 2020, cap. 1).

Bringing the pork home (portare benefici materiali al proprio collegio) era la specialità di D'Alesandro. Quando nel 1940 annunciò la sua candidatura per un secondo mandato al Congresso, dichiarò orgogliosamente: "Anche i miei avversari politici ammetteranno che ho portato più io al Terzo Distretto durante la passata legislatura di quanto non sia stato fatto nei dodici anni precedenti" (Page, cap. 3).

La stella di Tommy declinò lentamente alla fine degli anni Cinquanta, prima colpito da alcuni scandali, dai quali uscì comunque indenne, poi costretto a ritirarsi dalla corsa per governatore del Maryland nel 1954, sconfitto nel 1958 alle elezioni per il Senato degli Stati Uniti, sconfitto infine alle primarie per un quarto mandato a sindaco, accusato di rappresentare il vecchio sistema di malgoverno clientelare, favoritismo e manipolazione elettorale (Page, cap. 4).[9]

Ma ancora molti anni dopo che ebbe lasciato la scena politica, la sua macchina di famiglia era in grado di gestire operazioni importanti; e certamente seguì e sostenne il lancio della carriera politica di Nancy, che intanto si era sposata e si era trasferita a San Francisco, a 5000 km di distanza. Nel 1976 infatti, quando ancora muoveva i primi passi nella politica di San Francisco sotto la protezione del Sindaco Joseph Alioto, un amico di famiglia di origini siciliane, Nancy impegnò le sue *connections* nella natia Baltimore per aiutare il governatore della California Jerry Brown a vincere le primarie presidenziali nel Maryland contro Jimmy Carter. Fu insomma l'architetta di "una improbabile alleanza tra un Governatore New Age della California e il Vecchio Mondo dei boss di quartiere di Baltimore" (Page, cap. 7). Brown in seguito si ritirò dalla corsa, ma la sua vittoria in Maryland valse a Nancy la nomina a Presidente del partito per la California del Nord. Dieci anni più tardi, quando ella stessa corse per un seggio al Congresso, il padre inviò il primogenito Tommy D'Alesandro III a controllare la situazione e offrire consigli. Non sembra tuttavia che l'erede della *D'Alesandro machine* ne avesse gran bisogno:

> Tommy the Younger visitò il quartier generale di sua sorella al 666 di Mission Street [a San Francisco] ... esaminò le mappe del distretto, gli elenchi dei volontari, gli archivi degli elettori registrati, le operazioni per portare la gente alle urne. "Quando chiamò a casa, papà gli chiese: 'Allora come va? Come va la sua campagna? Ha una buona organizzazione?'", racconta Nancy Pelosi. Il fratello espresse la sua approvazione: "È fedele alle sue radici". (Page, cap. 8)

Il militante di partito

Ma Tommy D'Alesandro non era solo un boss della macchina locale, era anche un militante di partito che s'identificava con la causa democratica con incrollabile convinzione. "Siamo stati tutti battezzati nella Chiesa Cattolica Romana e nel Partito democratico", racconta Pelosi evocando l'analogia del partito-chiesa tutt'altro che sconosciuta alla storia dei partiti di massa, negli USA e altrove (Page, cap. 3).

Vero è che a Baltimore, in quegli anni, aderire al Partito democratico era l'unica opzione disponibile per un giovane ambizioso, in particolare se proveniva da un quartiere popolare dell'immigrazione come Little Italy. Il collegio elettorale di D'Alesandro era infatti un *single-party district*: tutto avveniva dentro il partito democratico e le primarie determinavano il sicuro vincitore delle elezioni. Fare politica voleva dire *tout-court* entrare nel Partito Democratico. Dall'altro lato però, l'ingresso in politica di Tommy, a cavallo delle due guerre mondiali, coincise con la Grande Depressione e il New Deal, un'epoca di forte polarizzazione in cui l'attaccamento al partito e ai suoi leader assumeva connotati emotivi, perfino affettivi. Quando nel 1933, tre giorni dopo l'inaugurazione della presidenza Roosevelt, Tommy e Nancy ebbero il terzo figlio, lo battezzarono Franklin Delano Roosevelt (Roosie) D'Alessandro. D'altronde, dicono le cronache, al picco della sua carriera politica Tommy "beveva il bourbon con Truman e chiamava Roosevelt 'capo'" (Page, cap. 1).

Un episodio risalente a mezzo secolo dopo restituisce il senso di quell'identificazione militante tra la famiglia D'Alesandro e il partito. L'episodio si svolse durante la campagna presidenziale del 1984, quando i democratici scelsero Walter Mondale, l'ex vicepresidente di Carter, per sfidare Ronald Reagan che correva per il secondo mandato — e Mondale a sua volta scelse come *running mate* Geraldine Ferraro, la prima donna e la prima italoamericana a correre per un posto tanto prestigioso (la Democratic National Convention che incoronò quel *ticket* presidenziale, come vedremo più oltre, si svolse a San Francisco, dove il Comitato di accoglienza era presieduto da Nancy Pelosi). Nel tentativo di neutralizzare una mobilitazione 'etnica' in favore di Ferraro, la campagna di Reagan si impegnò in una serie di iniziative nei confronti delle comunità italoamericane. In quel contesto fu decisa una visita del Presidente alla Little Italy di Baltimore per inaugurare una statua di Cristoforo Colombo, scolpita in un blocco di marmo importato dall'Italia e finanziata dai maggiorenti della comunità. Nell'approssimarsi della visita lo staff della Casa Bianca telefonò a casa D'Alesandro per invitare l'ex sindaco ad accompagnare il Presidente in un giro del quartiere sulla limousine ufficiale. Nonostante che il 're di Baltimore' avesse oltre ottant'anni e da molto non fosse più attivo in politica, la sua presenza al fianco del Presidente avrebbe rappresentato un *endorsement* a cui la campagna di Reagan non voleva rinunciare. Ma la telefonata fu presa dalla moglie Nancy la quale, senza bisogno di consultare il marito, rifiutò in tono duro e deciso: "Ditegli di non avvicinarsi neanche alla nostra casa dopo tutto il male che ha fatto alla povera gente di questo paese." Non contenti, il giorno della visita presidenziale i D'Alesandro si trasferirono da un familiare lasciando alle finestre della loro abitazione dei grandi cartelli con la scritta "Mondale for President" (Page, cap. 1).

In casa D'Alesandro, insomma, l'identità partigiana non era negoziabile. "Io sono un Democratico, vivrò da Democratico e morirò Democratico!" dichiarò Tommy la notte in cui la sconfitta alle primarie per il quarto mandato a sindaco mise fine alla sua carriera politica (Page, cap. 4).

Il politico etnico

Cosa rimane da dire su Thomas D'Alesandro come politico etnico? Un'altra dichiarazione di Nancy Pelosi espande e specifica quella prima citata sul partito-chiesa: "Sono nata in una famiglia devotamente cattolica, orgogliosa della sua eredità italoamericana, fieramente patriottica e fermamente democratica." (Pelosi, C. 2019, cap. 1). L'identità ancestrale, in altre parole, faceva parte di un sistema di identificazione più complesso ed era indissolubilmente intrecciata con la fede religiosa, l'appartenza partitica e l'amore per la nuova Patria americana.

Sulla cifra etnica dello stile politico di D'Alessandro non vi sono dubbi. I paragrafi precedenti sono disseminati di visibili "segni italiani". L'intera vita spesa a Little Italy, la venerazione per Madre Cabrini, la moglie che parla in italiano con gli elettori che vengono a chiedere favori nella casa-partito di Albemarle Street, lo stesso fondarsi sulla famiglia come cellula primaria della macchina politica—tutto restituisce di quell'esperienza un sapore distintamente italiano.

E tuttavia, più la sua carriera progrediva e l'area da rappresentare si estendeva, meno Tommy avrebbe potuto rivolgere il suo appello elettorale solo alla propria comunità etnica. Il sindaco di Baltimore non poteva certo essere soltanto il sindaco degli italiani di Baltimore. Tommy ne aveva piena coscienza e sapeva come giocare la carta della sua italianità in un contesto più ampio: "Superò i confini di Little Italy e si avventurò in altre enclave etniche, stringendo amicizie e legami con irlandesi, polacchi ed ebrei. Parlava un po' di yiddish e imparò anche un po' di cinese" (Page, cap. 1). La sua stessa macchina personale, per quanto basata a Little

Italy, aveva lo scopo di "stringere alleanze e costruire coalizioni che sul lungo termine attraversassero i confini etnici, favore dopo favore" (Page, cap. 14). La sua interpretazione della politica etnica, in altri termini, era ecumenica e inclusiva, piuttosto che campanilistica ed escludente. Si fondava non sulla pretesa di una rappresentanza sociologica, ma sulla consapevolezza dell'importanza di quel fattore, insieme con altri, per forgiare più vaste alleanze politiche.

D'altra parte, bisogna considerare—e anche su questo torneremo—l'intrinseco paradosso delle comunità a etnia dominante, simile a quello dei distretti a partito dominante (e la Litte Italy di Baltimore aveva entrambe le caratteristiche): quanto più un fattore di identificazione predomina su gli altri, tanto più la comunità tende a dividersi al suo interno. Come in un *single-party district* la lotta politica si trasferisce tutta dentro il partito dominante, così in un *single-ethnicity district* le diverse opzioni politiche tendono a spaccare la comunità, esprimendosi entrambe attraverso un candidato appartenente all'etnia egemone. Questo neutralizza l'appello più 'primordiale' della politica etnica, quello che mira a far prevalere l'*identità* ancestrale sull'*alterità* partitica. Si tratta di un fenomeno comune negli Stati Uniti e, per quanto riguarda gli italoamericani, è noto il caso del 1950, quando la carica di Sindaco di New York fu contesa tra Vincent Impellitteri, Ferdinand Pecora ed Edward Corsi; il caso più recente risale invece al 2010, quando Andrew Cuomo e Carl Palladino si sfidarono per la carica di Governatore dello stato.[10]

La Little Italy di Baltimore non faceva eccezione e là anzi il fenomeno era anche più antico che a New York. Come abbiamo visto, già nel 1938 Tommy D'Alesandro aveva conquistato il seggio congressuale sconfiggendo alle primarie democratiche l'avvocato italoamericano Vince Palmisano. La piattaforma dello scontro non era etnica naturalmente; Palmisano, un membro della vecchia guardia che viveva anch'egli a Little Italy e coltivava un antico astio contro D'Alesandro, avversava la politica rooseveltiana che il giovane invece entusiasticamente appoggiava. Fu uno scontro politico, con coloriture sia personali che ideologiche, e spaccò senza remore la presunta unità etnica del quartiere italiano. Per la famiglia D'Alesandro, insomma, il messaggio primordiale della politica etnica non era ricevibile. Se si trattava di scegliere tra etnia e partito—tra sangue e politica—la seconda doveva senza dubbio prevalere.

Un ultimo episodio servirà a illustrare definitivamente questo punto. La scena è di nuovo quella della campagna presidenziale del 1984, quando Ronald Reagan decise di fare una 'visita elettorale' a Little Italy di Baltimore per l'inaugurazione della statua di Cristoforo Colombo.

Abbiamo visto che i D'Alesandro rifiutarono di parteciparvi e questo già dovette offendere molti, rivelando una spaccatura in chiave partigiana della presunta armonia apolitica della comunità. Ma il tentativo di boicottaggio andò anche oltre. Quando Big Nancy venne a sapere che il celebre ristorante Sabatino's di Little Italy aveva esposto in vetrina un cartello che invitava tutti gli abitanti del quartiere a partecipare all'evento, telefonò al proprietario Vince Culotta e lo convocò con urgenza a casa sua. Di nuovo nel racconto di Susan Page:

> "Sono molto sorpresa dal tuo comportamento", lo rimproverò. "Dopo tutto quello che tuo padre e Tommy hanno fatto insieme quando lui era Sindaco, non posso credere che tu abbia messo in verrina quel manifesto repubblicano". Lui cercò di difendersi, sostenendo che non si trattava di un evento di partito, ma si arrese rapidamente. E mentre se ne tornava al suo ristorante borbottava tra sé: "Ero sposato e con figli, figli grandi, e mi dicevo: Devo essere pazzo. C'è quella donna lì dentro, che ha ottant'anni e mi sta dicendo cosa fare."
> Ma lo tolse poi il cartello?
> "Oh, sì", confessa. "Certo". (Page, cap. 1)

Non si tratta di un episodio folcloristico, se si considera il contesto più generale dello sviluppo politico della comunità italoamericana. Nella metà degli anni Ottanta, la candidatura di Geraldine Ferraro alla vicepresidenza aveva preoccupato i Repubblicani. La reazione fu di puntare sulla retorica del 'patriottismo etnico' italoamericano, un appello apparentemente apolitico—o prepolitico—ma che in realtà mirava a un'operazione eminentemente politica, in più mosse: primo, isolare le voci 'progressiste' che pure avevano avuto una lunga e nobile storia nell'esperienza degli italiani d'America; secondo, spezzare definitivamente il blocco storico tra italiani e partito democratico, che aveva dominato soprattutto i centri urbani dell'est fino almeno alla generazione dei D'Alesandro; terzo, spostare un nutrito blocco di voti 'etnici' italoamericani verso il Partito repubblicano. D'altra parte, le condizioni per questa svolta c'erano tutte: dopo un secolo di immigrazione gli italiani erano cresciuti sotto il profilo socioeconomico; molti avevano abbandonato le Little Italy per i sobborghi della classe media e stavano maturando posizioni più conservatrici. Analizzeremo questo processo in dettaglio nell'ultimo capitolo, dedicato al senatore repubblicano Al D'Amato che ne fu un indiscusso protagonista.

Basti qui rimarcare che la retorica unificante del patriottismo etnico ebbe la sua punta di massima affermazione nel 1992 con le celebrazioni del cinquecentenario dello sbarco di Colombo nel nuovo mondo.[11] Beninteso, tutti gli esponenti italoamericani prestavano omaggio a Colombo, indipendentemente dal loro colore politico; ma non è un caso che le voci più progressiste non amassero quegli eccessi retorici. Questo si vede ancora oggi nell'atteggiamento moderato, se non agnostico della cultura *liberal* italoamericana nei confronti della polemica sulle responsabilità storiche di Colombo e le annesse richieste di rimuoverne le statue ed abolire il Columbus Day. Un 'agnosticismo progressista' che si rileva anche dalla posizione distaccata assunta sul tema da Nancy D'Alesandro Pelosi:

> Il 4 di luglio 2020, i manifestanti di Baltimore che protestavano contro Colombo come simbolo del razzismo nei confronti dei popoli indigeni avvolsero la sua statua con delle corde e la gettarono nel porto. I giornalisti a Washington corsero a chiedere alla Pelosi dell'incidente assumendo che, in quanto italoamericana, avrebbe potuto esserne disturbata. ... "La gente fa un po' quel che vuole", rispose lei alzando le spalle. (Page, cap. 1)

È certo possibile, come la biografa annota, che "quella risposta riflettesse la posizione della famiglia, che non aveva mai digerito quella statua." Ma il punto va ben oltre la questione delle statue e della festività: se anche quarant'anni anni prima i D'Alesandro avevano messo "il Partito prima di Colombo" è del tutto comprensibile che la figlia minore, ora ottantenne Speaker democratica della Camera, non trovasse motivo di schierarsi su una questione 'identitaria' che non le apparteneva. La politica, per i D'Alesandro, era più densa del sangue.

2. LA HOUSE SPEAKER
Nancy D'Alesandro Pelosi (1940-)

Questa fu dunque l'eredità politica di Nancy Pelosi, ultima figlia di Tommy the Elder e Big Nancy, la più giovane 'stagista' nella casa-partito di Albemarle Street fino al matrimonio con Paul Pelosi, giovane bancario e futuro uomo d'affari.[12] Trasferitasi col marito a San Francisco nel 1969, madre di cinque figli, Nancy partecipa alla vita locale del Partito Democratico come "volontaria" part-time e, grazie anche alle connessioni di Paul con il mondo della politica e del business, si fa fama di efficientissima *fund raiser*. La sua carriera nel partito comincia a decollare nella seconda metà degli anni Settanta quando, come si è visto, coinvolge con successo il *network* politico della famiglia D'Alesandro a sostegno del Governatore della California Jerry Brown nelle primarie presidenziali in Maryland.

Divenuta in seguito presidente dell'organizzazione democratica del Nord California e poi dell'intero Stato, Nancy Pelosi consoliderà le relazioni con l'èlite democratica nel 1984, quando presiederà il Comitato di accoglienza per la Convention nazionale del partito che si riuniva a San Francisco per varare il ticket presidenziale Mondale-Ferraro. In quell'occasione Mario Cuomo—allora governatore dello Stato di New York—la invitò a intraprendere la carriera politica elettiva.[13] Il grande passo avviene nel 1986, quando la *congresswoman* Sala Burton, malata di cancro, la indica come sua 'erede' per rappresentare al Congresso il Quinto Distretto della California, che include il centro della città di San Francisco: un seggio sicuro per i democratici in una zona affluente, colta, di orientamento *liberal*.[14] Dopo quindici anni a Capitol Hill, Nancy entrerà a pieno titolo nella classe dirigente del partito: eletta Whip della minoranza (2002-2003), Capogruppo della minoranza (2003-2007 e 2011-2019) e Speaker of the House (2007-2011), poi riconfermata in questa carica nel 2019 e nel 2021.

Donna e italoamericana

Meno ancora di Tommy D'Alesandro, l'attuale Speaker della Camera è versata alla politica 'etnica'—se per questa s'intende un appello *apartitico* basato sulla rappresentatività fotografica del proprio gruppo ancestrale. D'altra parte, rispetto a Baltimore e alle grandi città della costa est, l'immigrazione italiana a San Francisco fu meno numerosa e di provenienza soprattutto centro-settentrionale. Inoltre la locale Little Italy era (ed è) molto diversa dalle enclave etniche tradizionali; è infatti nota per essere stata un quartiere di artisti e intellettuali, storico centro della controcultura della Beat Generation, che ebbe nel poeta ed editore italoamericano Lawrence Ferlinghetti uno dei suoi massimi esponenti. In quest'area—che è parte del suo collegio elettorale insieme al non lontano Presidio Terrace, l'esclusivo quartiere dove Nancy risiede con la famiglia—i temi prevalenti tra gli anni Cinquanta e Sessanta erano la lotta al maccartismo, i diritti civili, l'opposizione alla guerra nel Vietnam; oggi sono le questioni di genere, la protezione ambientale, i diritti della comunità omosessuale (Lowen Agee 2014).

Ciò non toglie che il fattore etnico sia ben presente nella retorica politica di Nancy Pelosi, ma—come del resto accadeva con il padre—questa si esprime nei toni inclusivi e universalistici di una coalizione inter-etnica mediata dal Partito democratico. Basti ricordare un episodio relativamente recente. Nel 2016, opponendosi alla politica anti-immigrazione del Presidente Trump che intendeva subordinare l'ingresso negli USA non a preesistenti legami familiari ma al 'merito' inteso come disponibilità di risorse finanziarie e titoli di studio, la Speaker della Camera commentava: "Che intendono dire, che la famiglia non ha merito? Che la maggior parte di quelli che sono venuti negli Stati Uniti nel corso della storia non erano meritevoli perché non avevano una laurea in ingegneria?" – un chiaro riferimento al padre, discendente di immigrati di modeste condizioni e privo di istruzione superiore, che pure era diventato un influente *congressman* e un potente sindaco (Page, cap. 2).

Bisogna anche considerare che, in quanto elemento identitario, l'etnia di Nancy Pelosi sarà sempre in un rapporto di delicata coabitazione con l'identità di genere; considerata una 'femminista', la Speaker sarà sempre attenta alle *issue* di genere, pronta a stigmatizzare i comportamenti sessisti anche nel suo partito e nel Congresso. D'altra parte, tutti gli elementi costitutivi della sua esperienza identitaria (italiana, cattolica, donna) conducevano a una frizione nei confronti della cultura dominante. Ma se la tradizione WASP era profondamente segnata da pregiudizi anti-cattolici e anti-italiani (Connell e Gardaphe, 2010), lo sciovinismo di genere investiva anche – e non secondariamente – la stessa comunità italoamericana.[15] Pelosi non esita a definire 'sciovinisti' certi atteggiamenti del padre nei confronti della moglie, che pure era un pilastro della sua carriera politica (Page, cap. 1). E tuttavia riconosce che proprio la necessità di superare quegli ostacoli è all'origine della sua forza: "Ho sempre pensato di avere più energia di tutti gli altri perché sono *donna e italoamericana*", confiderà alla sua biografa (Page, cap. 2). A testimonianza della sua doppia identficazione, etnica e di genere, Nancy Pelosi è un 'Distinguished Board Member' della National Organization of Italian American Women che ha sostenuto fin dalla sua fondazione nel 1981.

Opinioni e valori: la Progressista

Un altro aspetto originale in Nancy Pelosi è la capacità di trasformare in *issue* politiche partigiane, declinate in chiave progressista, elementi valoriali – anche latamente legati alla sua identità italoamericana – altrimenti passibili di essere articolati in senso conservatore.

È il caso del rapporto tra i 'valori della famiglia', le questioni di genere e, più in particolare, il tema dei diritti della comunità omosessuale – tutte istanze per lei di primaria importanza fin dal primo ingresso in politica. Quando infatti i valori della famiglia – italiana e cattolica – vengono intesi in senso tradizionalista, come pure spesso accade tra i discendenti degli immigrati italiani, ne derivano una visione subordinata del ruolo della donna (moglie e madre) e una chiusura omofobica nei confronti di orientamenti sessuali alternativi ('contro natura'). Pelosi invece, che fin dagli anni Ottanta corse per rappresentare un collegio con una forte popolazione gay e una grande attenzione ai diritti civili e di genere, capovolge il discorso. Nella sua filosofia inclusiva, religione e famiglia si combinano a riconoscere i gay come parte di un'unica grande *ecumene*: "Sono stata educata a credere che tutte le persone sono figli di Dio. E l'ultima volta che ho controllato, questi includevano anche i gay" dichiarò in una occasione (Page, cap. 9).

Da questa posizione di principio (e dalla natura del suo collegio elettorale) discende ad esempio il suo forte impegno nella lotta contro l'AIDS, che in quegli anni veniva o nascosto come sintomo di comportamenti sessuali 'vergognosi', o demonizzato nell'errata credenza che la malattia potesse trasmettersi anche solo attraverso il contatto epidermico o salivare, generando un clima omofobico quando non segregazionista. Già nel 1984, durante la Convention democratica che si tenne a San Francisco e di cui Nancy presiedeva il Comitato d'accoglienza, la futura *congresswoman* organizzò una serie di azioni simboliche. Una volta si presentò a un party in compagnia di amici apertamente gay con cui ostentatamente scambiava abbracci, strette di mano e perfino il contenitore della salsa *guacamolle* in cui intingere le tartine. Questo le valse l'etichetta sprezzante di "San Francisco liberal" (un'espressione che corrisponde all'uso italiano di *radical chic*). Per nulla intimorita dalla ex maggioranza silenziosa che stava trovando nuova voce nel nascente neoconservatorismo reganiano, una volta giunta a Capitol Hill nel 1987, Pelosi lancerà un pubblico appello alla comunità gay di Washington: "Io sarò la vostra rappresentante" (Page, cap. 9). Indubbiamente Nancy Pelosi ha, come il padre, il gusto della provocazione e sa intimidire l'avversario con la sua aggressività. Anche per questo è tutt'oggi una fra i leader Democratici più odiati dai conservatori.

La politica della 'macchina'

Ma la vera eredità di Tommy D'Alessandro, quella che la futura Speaker assorbe e sviluppa in modi anche originali, è la versatilità nell'uso della *machine politics*. Come s'è visto, Nancy conosceva i meccanismi della 'macchina' fin dall'infanzia trascorsa nella Little Italy di Baltimore; li aveva sapientemente attivati nel 1976, quando mobilitò la sua famiglia-partito per sostenere le primarie di Jerry Brown nel Maryland; e li riattivò per se stessa dieci anni dopo a San Francisco, nella sua prima campagna elettorale per il Congresso. Per quanto il Quinto Distretto della California fosse un collegio 'sicuro' — dov'era inevitabile che venisse eletto un democratico — non tutti nel partito avevano digerito l'investitura 'feudale' di Nancy da parte di Sala Burton.[16] Le primarie democratiche del 1986 furono dunque vivaci e Nancy Peolsi dovette affrontare tra gli altri un candidato apertamente gay, Harry Britt, con migliori *chance* di mobilitare il voto identitario della cospicua minoranza omosessuale della città. In quel caso l'aspirante *congresswoman* scelse una posizione che, seppure di grande apertura alle istanze della comunità gay, la presentava come più moderata di Britt e soprattutto più legata allo 'spirito di partito'. La sua strategia di comunicazione puntava decisamente sulla qualità di leale militante democratica, usando dunque l'identificazione partitica come elemento unificante rispetto al messaggio divisivo della politica identitaria dei gay militanti. Al tempo stesso Nancy mise in pratica la regola d'oro della *D'Alessandro machine*: 'Count Your Votes'. Ricorrendo alla capillare organizzazione che aveva visto in azione da bambina, schedò meticolosamente i suoi potenziali elettori e condusse un'abile campagna porta-a-porta; uno dei suoi punti forti fu individuare migliaia di elettori indecisi o potenziali astensionisti e persuaderli a votare per corrispondenza – alla fine proprio l'*absentee ballot* risultò decisivo per la sua vittoria. Non a caso, come s'è detto, quando il fratello Tommy the Younger giunse a San Francisco a controllare le operazioni per conto del padre, potè relazionare a Tommy the Elder: "È fedele alle sue radici". D'altra parte, che Nancy avesse un talento naturale per l'organizzazione di partito era già allora cosa nota, in città e fuori (Schiro 1984).

Ma la vera originalità di Pelosi starà nell'adattare questo approccio alle sue battaglie politiche interne al Congresso: prima nella campagna per entrare a far parte della leadership legislativa, con la nomina a Whip democratica nel 2003, poi nell'elezione a Speaker of the House, nel 2007, e infine con la sapiente conduzione della "politica parlamentare", il cui capolavoro fu l'approvazione dell'Affordable Care Act (comunemente conosciuto come 'Obamacare') nel 2010. In tutte queste occasioni si vede in azione la figlia di Tommy, ma soprattutto di Big Nancy, la vera anima organizzativa della *D'Alesandro machine*. Ma con una distintiva peculiarità: i 'clienti' in questo caso non erano i cittadini di Baltimore che facevano la fila nel tinello della casa-partito di Little Italy in cerca di un 'favore', ma i deputati del Congresso, in particolare i Democratici, che Little Nancy sapeva ascoltare e aiutare, guidare o minacciare, secondo l'occasione. "Lavorando all'Archivio dei favori" scrive Susan Page, "Little Nancy aveva imparato ad ascoltare, a capire non solo ciò che qualcuno le diceva, ma cosa davvero intendeva. Queste sono le qualità che l'avrebbero poi aiutata a diventare un efficace capo parlamentare" (Page, cap. 3).

In altri termini, Nancy sapeva applicare le leggi ferree della *machine politics*, valide nelle strade di Baltimore come di San Francisco, anche alla politica di corridoio di Capitol Hill: conoscere personalmente ogni deputato e conoscere il suo collegio come e più di lui stesso, capire di cosa ha bisogno per essere eletto e riconfermato, e aiutarlo a portare a casa ciò che gli serve: un finanziamento federale, un programma di opere pubbliche, un posto in una commissione del Congresso — possibilmente una da cui si possano controllare ben forniti capitoli di spesa, ecc. E ciò sempre tenendo traccia dei 'favori' fatti, per passare all'incasso al momento opportuno: oggi il voto su un provvedimento, domani su una legge, il giorno dopo il consenso a una nomina... Le cronache e gli analisti sono unanimi nel riconoscere in questo la migliore e più peculiare abilità di Nancy Pelosi come leader del Congresso.

Con un caveat, anch'esso legato in qualche modo alla fase formativa della sua esperienza politica. La House Speaker, infatti, è nota per essere molto più abile a tenere insieme le diverse, rissose fazioni democratiche che a negoziare compromessi con i colleghi repubblicani o forgiare relazioni *bipartisan* con la Presidenza quando questa è in mano al partito avversario. Non a caso il suo capolavoro fu appunto il passaggio della 'Obamacare', quando i democratici nominalmente controllavano sia la Presidenza che il Congresso e tuttavia la riforma rischiava di arenarsi per le indecisioni e i timori di molti circa le conseguenze elettorali. Fu allora che la tecnica del *Favor File* funzionò al suo meglio e lo stesso Obama dovette riconoscere pubblicamente che il passaggio della legge era stato soprattutto merito dell'infaticabile capacità negoziale di Nancy Pelosi all'interno del caucus democratico (Page, cap. 10).

Diverso è però il caso in cui si deve negoziare con l'opposizione. In questo Nancy Pelosi non eccelle. La Speaker è prima di tutto una militante di partito che ha trascorso tutta la sua vita politica in *single party districts* a dominanza democratica, sia a Baltimore che a San Francisco, dove i Repubblicani non rappresentano una seria minaccia e le elezioni decisive sono le primarie Democratiche. In queste situazioni sono le divisioni interne al partito che bisogna imparare a gestire, che siano etniche o di genere, di interessi o d'opinione. Non si è quasi mai trattato, né per Tommy né per la figlia, di moderare la propria identificazione partigiana, perché nella loro esperienza questa non rappresentava un elemento divisivo, ma semmai unificante: un appello a mettere da parte le differenze *interne* e privilegiare l'unità del partito. Indubbiamente, la polarizzazione ideologica degli ultimi decenni ha fatto sì che questa retorica partigiana possa contribuire allo stallo dell'attività legislativa. Ma ciò indica un limite da ascrivere in verità più al sistema politico americano che alla House Speaker. In ogni caso, ciò che qui interessa è che tale limite, nella misura in cui riguarda Nancy Pelosi come leader politico, è anch'esso in qualche modo legato alla sua esperienza in quella Little Italy incrollabilmente democratica su cui regnava Tommy the Elder. Fa parte anch'esso, in un certo senso, del lascito di un'esperienza politica riconducibile alla storia dell'America italiana.

3. LA DEPUTATA
Geraldine Ferraro (1935-2011)

San Francisco, 1984. Nel generoso tentativo—che non riuscirà—di scalzare la presidenza Reagan al termine del primo mandato, la Democratic National Convention incorona il ticket Mondale-Ferraro. Tra i protagonisti dell'evento figura una nuova generazione di politici italoamericani: la deputata Geraldine Ferraro, prima donna e prima italoamericana ad essere candidata alla vicepresidenza da uno dei due maggiori partiti; la futura Speaker della Camera, Nancy Pelosi, che presiede il comitato di accoglienza; e Mario Cuomo, da due anni Governatore dello Stato di New York, che alla Convention pronuncia il discorso introduttivo, un testo destinato a rimanere un classico dell'oratoria progressista americana.

Il discorso di Cuomo, intitolato "The Tale of Two Cities", conteneva un affresco dickensiano delle diseguaglianze in America, una condanna sferzante del darwinismo sociale della presidenza Reagan e un'appassionata apologia del mito rooseveltiano. Nel congedarsi dall'uditorio il governatore riviveva il sogno americano attraverso gli occhi del bambino Mario che aveva visto il padre Andrea—immigrato dalla provincia di Salerno—lavorare fino a sedici ore al giorno nel suo piccolo negozio di verdure nel Queens, con i calli alle mani e i piedi sanguinanti. Se a distanza di cinquant'anni quel bambino era arrivato a sedere sul più alto scranno dell'Empire State, lo doveva a quello che il governo aveva fatto per la sua famiglia. Come tutte le famiglie che componevano "il meraviglioso mosaico americano", i Cuomo avevano cercato in America "una chance di lavorare e costruire un mondo migliore per i loro figli ... e chiedevano solo di essere protetti in quei momenti in cui non sarebbero stati capaci di proteggersi da soli. Questa nazione e il suo governo hanno fatto questo per loro". Difronte a una platea ormai galvanizzata, le ultime parole di Mario Cuomo erano per il futuro presidente "nato non dalla schiatta dei re ma da quella dei pionieri e degli immigrati" e per "la prima donna vicepresidente d'America, una figlia di immigrati. Lei ... lei aprirà con un solo magnifico colpo una nuova grande frontiera per gli Stati Uniti" (Cuomo 1984).

Tre giorni dopo, la scena era tutta per Geraldine Ferraro, che orgogliosamente si presentò fin dalle prime battute come "la figlia di un immigrato italiano". Che tipo di politico era quella donna che in dieci anni aveva bruciato le tappe passando dall'attivismo civico part-time alla candidatura vicepresidenziale?

Il suo profilo biografico[17] ci dice che era coetanea di Mario Cuomo, suo vecchio amico e mentore; come lui era avvocato, apparteneva a una famiglia immigrata dalla Campania e risiedeva nel Queens, un popoloso *borough* multietnico di New York City. A nove anni era rimasta orfana del padre, un piccolo ristoratore, ed era cresciuta con una vera adorazione per la madre Antonetta, una sarta che aveva lavorato duro tutta la vita per crescere i suoi due figli. Sfruttando la modesta rendita di una proprietà di famiglia in Italia, Geraldine aveva frequentato il Marymounth Manhattan College, dove aveva conosciuto il futuro marito John Zaccaro, discendente da una famiglia italiana più abbiente e di più antica immigrazione. La coppia viveva ora in un quartiere medio-alto del Queens, Forest Hills, un'enclave di villette in stile Tudor circondate da alti fusti e abitate da un ceto medio-alto di orientamento *liberal*. Qui per quindici anni dopo il matrimonio Geraldine si era dedicata alla famiglia, alla militanza di base nel Partito democratico e all'attività civica part-time. Poi nel 1974, i figli ormai cresciuti, era stata assunta come assistente del Procuratore distrettuale del Queens e assegnata all'ufficio per i crimini sessuali e la violenza domestica. Quattro anni dopo si dimetteva per essere eletta al Congresso in rappresentanza di un collegio del Queens che poi la riconfermerà in carica per tre legislature con percentuali sempre crescenti di voti. Da allora in brevissimo tempo aveva scalato la gerarchia democratica di Capitol Hill, prima come segretario del gruppo parlamentare e poi come componente dell'influente Democratic Policy and Steering Committee. In vista delle elezioni presidenziali del 1984 fu nominata presidente del Comitato per la piattaforma programmatica del partito. Questa posizione le valse grande attenzione mediatica e i sondaggi mostravano che, se i Democratici avessero candidato una donna alla vicepresidenza, Ferraro sarebbe stata la favorita. Così a pochi giorni dalla Convention, Walter Mondale la indicò come sua *running mate*. Una carriera fulminante, dunque. Qual era il suo 'segreto'?

Progressista, moderata, conservatrice?

Vista la grande importanza che la candidatura vicepresidenziale rivestì nella sua biografia, la maggior parte dei commentatori ha letto l'ascesa di Geraldine Ferraro alla luce dei valori, delle opinioni e delle posizioni assunte pubblicamente sulle grandi questioni nazionali. E, da questo punto di vista, il suo discorso di accettazione alla Convention appariva in una luce piuttosto progressista: forte era in quel testo l'attacco alle ingiustizie sociali e alle profonde diseguaglianze create dal reaganismo e altrettanto forte la promessa di una nuova era dei diritti per le minoranze, per le donne e per le classi lavoratrici. Come aveva fatto Mario Cuomo, Ferraro dedicava ampio spazio ai valori della famiglia come metafora di condivisione comunitaria e di solidarietà sociale e, dentro questo quadro, collegava l'orgoglio di partito, il patriottismo e le origini italoamericane con l'identità di genere di una candidata che per tre volte si definiva *figlia*:

> Questa sera, la figlia di una donna il cui obiettivo più alto fu di dare un futuro ai suoi figli, parla al partito più antico della nazione del futuro di noi tutti.
> Questa sera, la figlia di due lavoratori americani dice a tutti gli americani che il futuro è alla nostra portata, se solo vogliamo raggiungerlo.
> Questa sera, la figlia di un immigrato italiano è stata scelta per candidarsi alla carica di vicepresidente nella nuova terra che mio padre imparò ad amare. (Ferraro, 1984, 1-2)

E tuttavia la chiave che meglio aiuta a comprendere la personalità politica di Ferraro sta nella sintonia che ella mostrava di avere con gli umori non sempre progressisti dei suoi elettori. Due brani autobiografici del suo discorso puntano in questa direzione:

> Quando mi candidai per la prima volta al Congresso, tutti gli esperti politici dissero che un democratico non poteva vincere nel mio collegio del Queens. Ma io riposi la mia fiducia nella gente e nei valori che condividevamo. E insieme dimostrammo che gli esperti politici si sbagliavano.
> ...
> La sera frequentavo la facoltà di giurisprudenza. Sono diventata un assistente procuratore distrettuale e anch'io ho messo la mia parte di criminali dietro le sbarre. Io credo che se rispetti la legge devi essere protetto. Ma se infrangi la legge, devi pagare per il tuo crimine. (Ferraro 1984, 2)

Il primo brano si riferisce all'orientamento notoriamente moderato del Nono Distretto del Queens che Geraldine Ferraro rappresentava al Congresso. Grande era stata infatti la sorpresa quando, nel 1978, una donna italoamericana, considerata una *liberal* e per giunta in odore di 'femminismo', era riuscita a sfondare in un feudo irlandese e cattolico, elettoralmente democratico ma socialmente conservatore.[18] Il secondo brano spiega come era riuscita nell'impresa: fu innanzitutto la sua inusuale retorica di *legge e ordine*, legata all'esperienza nell'ufficio del Procuratore Distrettuale, a consentirle di presentarsi a quell'elettorato con lo slogan "Finalmente un democratico dal pugno di ferro" e di definirsi una "democratica conservatrice con la 'C' minuscola" (un'autodefinizione che in seguito corresse in 'moderata') (Perlez 1984).

Questo approccio era in parte il genuino riflesso delle sue opinioni e in parte il frutto di una istintiva sensibilità politica per gli umori dei suoi elettori. Lo stesso istinto la porterà ad assumere nel Congresso posizioni in contrasto con le indicazioni del suo partito: Ferraro votò spesso in favore di leggi 'conservatrici', come il credito d'imposta alle famiglie che mandavano i figli alle scuole private o l'emendamento costituzionale che vietava il *busing* – l'uso obbligatorio del pulmino scolastico come strumento di desegregazione razziale.[19] Perfino sulle questioni di genere, cui pure era molto sensibile, Ferraro fu sempre attenta a mantenere un equilibrio tra le proprie opinioni personali e quelle del suo collegio. Da un lato sosteneva cambiamenti coraggiosi: la psicologa Aileen Riotto Sirey, ad esempio, racconta di essere stata ispirata a fondare la National Organization of Italian American Women da una sferzante critica di Ferraro alle organizzazioni italoamericane ufficiali "dove gli uomini fanno i discorsi e le donne fanno il caffè!" (Airos 2016). Dall'altro lato, Ferraro tendeva a sfuggire alle *issue* più divisive, come il finanziamento pubblico dell'aborto, giustificandosi con l'argomento del rapporto fiduciario con gli elettori: "Io sento molto la responsabilità verso il mio collegio", dichiarò alla giornalista del *Washington Post*, Elisabeth Bumiller. "Sull'aborto sostengo la libertà di scelta della donna, ma non vado a parlare alle manifestazioni in favore dell'aborto. Perché? Non voglio che la mia gente pensi che sto sovrapponendo le mie opinioni alle loro" (Bumiller 1984).

L'approccio di Ferraro al rapporto tra rappresentanza e leadership politica era insomma pragmatico ed equilibrato, anche a costo di sacrificare a volte le proprie convinzioni. Non si mostrava mai aggressiva nei confronti dell'opinione pubblica nè provocatoria nei confronti della dirigenza del partito. Il sentire comune tra chi la conosceva bene era che "fu la sua capacità di affermare la propria agenda politica senza abbandonare i suoi elettori conservatori o assumere minacciose [sic] posizioni femministe ad attirare l'attenzione dei suoi colleghi democratici permettendole una rapida ascesa nella classe dirigente del partito" (Bumiller).

Tra politica locale e fondi federali
Ma la complessa figura pubblica di Geraldine Ferraro non può essere compresa a fondo se la si schiaccia tutta sui grandi temi d'opinione e valoriali. Questa tendenza – in parte inevitabile una volta che il personaggio

aveva acquisito statura nazionale—ha finito per oscurare altri aspetti egualmente importanti della sua esperienza politica.

Cercando il segreto della sua rapida ascesa, un ritratto pubblicato sul *Washington Post* prima della candidatura vicepresidenziale metteva in luce una qualità che in seguito verrà quasi dimenticata: la versatilità di Ferraro come 'politico locale'. L'articolo notava che, fin dal suo primo ingresso alla House of Representatives alla fine degli anni Settanta, Ferraro si era comportata molto diversamente da tanti deputati di fresca nomina "che già dal loro primo mandato si aspettano di primeggiare in politica estera". Si era concentrata invece "sulle questioni concrete che interessano il suo elettorato". Le commissioni e le sottocommissioni congressuali di cui fece parte furono in effetti tutte legate alla spesa pubblica, dal Post Office and Civil Service Committee al Select Committee on Aging, dal prestigioso Budget Committee al più prosaico e molto ambito Public Works and Transportation Committee ("un buon posto—commentava la giornalista—per una newyorkese i cui elettori chiedono fondi per riparare una metropolitana obsoleta e per costruire tunnel subacquei") (Bumiller). Per questo alcuni critici la ritenevano addirittura una *traditional pork barrellist* "eccessivamente incardinata in una tradizione localistica che si limita ad arraffare soldi per piccoli progetti da portare a casa", mentre altri ne criticavano la tendenza a sostenere progetti locali faraonici. Le cronache riportano i tanti interventi che, negli anni, le valsero il favore dell'elettorato locale, dalle minuzie come il cambio di due codici postali nel Queens alle grandi campagne sui problemi della casa e dell'assistenza agli anziani, fino alla proposta di chiudere le aree urbane altamente popolate al trasporto su gomma di scorie nucleari. Quando quest'ultima proposta venne rigettata in prima lettura dal Public Works and Transportation Committee, Ferraro "chiamò al telefono uno per uno i 48 membri della commissione spiegando loro quanto fosse importante politicamente per lei quella questione"; alla fine si trovò un compromesso e l'emendamento passò (Bumiller).

Gli italiani, gli irlandesi e gli altri

Ma la politica locale, negli USA, non è solo spesa pubblica; gran parte di essa è strettamente intrecciata con la politica etnica. Per meglio apprezzare questo aspetto di Geraldine Ferraro, bisogna fare una breve digressione e risalire agli anni Cinquanta concentrando lo sguardo su Astoria, un quartiere popolare del Queens allora abitato soprattutto da immigrati italiani e irlandesi. Lì in quegli anni la giovane Geraldine, appena diplomata, insegnava alle scuole elementari mentre la sera seguiva i corsi di giurisprudenza. E lì frequentava un altro ramo della famiglia Ferraro, quello a cui apparteneva il cugino maggiore Nicholas, che vent'anni dopo sarà quel Procuratore Distrettuale (una carica elettiva) che assumerà Geraldine nel suo ufficio lanciandola così verso la carriera politica.[20]

A quel tempo Astoria era dominata dal Bowery Bay Regular Democratic Club, la macchina politica locale guidata dalla dinastia irlandese dei McGlynn: il fondatore e capo indiscusso del club, Frank McGlynn Sr., lo gestiva insieme al figlio Frank McGlynn Jr., che fu anche deputato all'Assemblea dello Stato di New York. Per raggiungere le diverse comunità del distretto i McGlynn si servivano di 'mediatori etnici' e quello che si occupava di raccogliere il consenso elettorale degli italiani era un noto attivista locale, Ralph DeMarco, coadiuvato da un giovane amico, James LoPiccolo. Lo schema di gioco in questi casi prevede che, una volta dimostrate le proprie capacità di procacciare voti per il partito, il meditaore cerchi prima o poi di ottenere maggiore spazio politico per se e per i suoi uomini — e che, se non accontentato, tenti di scalzare la vecchia leadership (Cappelli e Praino 2017). Così nel 1955, quando LoPiccolo si laureò in giurisprudenza, DeMarco propose a McGlynn di candidarlo a una carica locale. Un testimone all'epoca giovanissimo, e che in seguito sarebbe divenuto un'autorità tra gli italiani di Astoria, il Senatore George Onorato, racconta quell'episodio in un'intervista rilasciatami per l'Oral History Archive del John D. Calandra Italian American Institute. McGlynn, ricorda Onorato, rifiutò sprezzante la richiesta di DeMarco offrendo in alternativa a LoPiccolo un posto nel Dipartimento della Nettezza Urbana; a loro volta sdegnati, "Ralph e James lasciarono il club e ne formarono uno proprio, affittarono un piccolo negozio sulla 31° strada e cominciarono ad organizzarsi" (Onorato 2015, 247-48).

Nasceva così il Taminent Democratic Club, destinato a diventare (e lo è ancora oggi) una delle più potenti organizzazioni democratiche del Queens, per lunghi decenni fucina di politici italoamericani.[21] Ed è qui che entra in scena Nicholas Ferraro:

> Nicky Ferraro — prosegue Onorato — abitava alla porta accanto a DeMarco e quando si laureò [anch'egli in giurisprudenza], Ralph gli disse: "Ascolta Nicky, ti farebbe molto bene entrare a far parte di un club politico, potrebbe esserti d'aiuto nella tua carriera ... e se puoi, porta con te qualcuno di quei ragazzi con cui esci la sera, perché abbiamo bisogno di un po' di sangue giovane nel club". Così Nicky coinvolse me e i miei tre fratelli, poi i Gasparri, che erano cinque, e noi portammo nel club circa quindici-venti ragazzi. E iniziammo a muoverci.... (Onorato, 248)

Il giovane Ferraro fu dunque cruciale per raccogliere quegli italiani ribelli che in pochi anni riuscirono a prendere il controllo dell'organizzazione locale del partito e lanciare una sfida a tutto campo agli irlandesi. È sempre Onorato che ricorda:

> A quel tempo essere italiani ... c'era gente che non avrebbe mai pensato che tu potessi fare qualcosa; [gli irlandesi] erano stati al potere tanto a lungo da credersi invincibili. Ma noi finimmo col conquistare la leadership [nel partito] ... e il nostro diventò il club democratico ufficiale del distretto. Poi ... alla scadenza del mandato [di Frank McGlynn Jr. nell'Assemblea dello Stato], chiedemmo ad un nostro compagno, Jules Sabbatino, di sfidarlo alle elezioni [primarie], e vincemmo. Più tardi Nicky Ferraro ... [che nel frattempo aveva cominciato a muovere i primi passi nella carriera giudiziaria come assistente del Procuratore Distrettuale del Queens, l'irlandese Frank O'Connor], si presentò al Senato dello Stato di New York, e vinse. Io lavorai come un matto per farlo eleggere. (Onorato, 249)

Con il sostegno del Taminent Club, Nicky Ferraro fu riconfermato al Senato per quattro legislature di seguito finché, nel 1973, si dimise per correre egli stesso come Procuratore Distrettuale; il posto si era reso vacante a causa di uno scandalo che aveva investito il procuratore in carica, l'irlandese Thomas J. Mackell, e Ferraro lo conquistò facilmente. La sua vittoria mise fine all'ultradecennale dominio degli irlandesi su quell'ufficio: quando Ferraro lasciò a sua volta la carica per competere per un seggio alla Corte Suprema dello Stato di New York, gli successe il suo vice, l'italoamericano John J. Santucci, che rimase in carica per i successivi quindici anni. Negli anni Settanta e Ottanta simili traiettorie politiche erano piuttosto comuni, parte di una più generale circolazione etnica tra le élite del Partito democratico di New York. Pochi mesi dopo l'elezione di Nicholas Ferraro a Procuratore, ad esempio, Mario Cuomo fu nominato Segretario di Stato dal Governatore Hugh Carey, un irlandese; qualche anno dopo fu eletto vicegovernatore e, nel 1982, successe allo stesso Carey diventando il primo Governatore italoamericano dell'Empire State, carica nella quale fu poi confermato per tre legislature.

È in questo contesto che va letta la rapida ascesa di Geraldine Ferraro come figura politica locale *ed* etnica. Una carriera cominciata tardi, perché aveva promesso al marito di non lavorare prima che i figli fossero cresciuti; ma quindici anni dopo, alla soglia dei quarant'anni, era pronta ad accettare l'invito del cugino Nicky a entrare come assistente nel suo ufficio. Quell'assunzione non mancò di suscitare malevoli sospetti di nepotismo. Nelle sue memorie Geraldine Ferraro si difende con un argomento non privo di una involontaria ironia: le sue qualifiche per ricoprire quel posto furono certificate da una commissione presieduta dall'autorevole avvocato Mario Cuomo! Astro nascente del partito, all'epoca l'avvocato Cuomo era noto e amato nel Queens per aver intermediato due grandi controversie urbanistiche con il Comune: prima nel quartiere popolare di Corona, dove aveva salvato da un provvedimento di demolizione le case di decine di residenti italoamericani, poi nel più affluente quartiere di Forest Hills, dove un comitato di residenti, tra cui molti italoamericani, si opponeva a un progetto di edilizia popolare che avrebbe alterato il delicato equilibrio etnico dell'area.[22] In quel comitato Geraldine prestava servizio volontario e da allora tra i due si era sviluppato uno stretto rapporto di amicizia e di stima. L'accusa di nepotismo era dunque tanto malevola quanto riduttiva. Un ben più complesso intreccio di legami familiari e locali, etnici e di partito formava il nucleo della *forza trattiva* che guidava Geraldine verso una carriera politica di successo.

Era, certo, la cugina del Procuratore Distrettuale, un ex senatore che vent'anni prima aveva partecipato a fondare una potente organizzazione democratica locale centrata sulla comunità italiana. Era anche amica e compagna di partito di un uomo politico in forte ascesa, il futuro governatore Mario Cuomo, suo mentore. Era inoltre la moglie di un influente costruttore italoamericano, con cui viveva nell'oasi economicamente abbiente e politicamente *liberal* di Forest Hills. Oltre quel quartiere si estendeva un'ampia area abitata dal ceto medio bianco, prevalentemente italo-irlandese e cattolico, politicamente democratico ma socialmente conservatore che sarà in seguito il suo collegio elettorale. E lì, come in tutto il Queens, era in atto da decenni quel processo di circolazione tra italiani e irlandesi nel Partito democratico che abbiamo descritto sopra. Un processo del quale Geraldine Ferraro fu anch'essa protagonista: quando nel 1978 si dimise dall'ufficio del Procuratore per conquistare il seggio lasciato libero dall'irlandese James J. Delaney, dovette sconfiggere alle primarie altri due irlandesi—il consigliere comunale Thomas Manton, che era il favorito della leadership ufficiale del partito nel Queens, e il popolare district leader Patrick C. Deignan. E non sorprenderà che il Taminent—quel club democratico che Nicky Ferraro aveva partecipato a fondare negli anni Cinquanta proprio contro gli irlandesi—fosse parte attivissima nelle campagne elettorali di Geraldine. Nel 2010, quando il vecchio edificio del club fu ristrutturato, tra i vecchi poster tirati fuori dallo scantinato e messi orgogliosamente in mostra ne figurava uno che urlava orgogliosamente "*Geraldine Ferraro for Vice President*".[23]

In conclusione, prima di diventare la prima donna e la prima italoamericana candidata alla vicepresidenza, Geraldine aveva dimostrato di saper gestire con successo quel connubio tra politica locale e politica etnica che è un tratto così tipico della politica americana. E come abbiamo visto, quel connubio si intrecciava con l'altro, peculiarmente legato alla personalità di Geraldine, tra tradizionalismo e riformismo:

> Lei piace alla vecchia guardia, perché è alla mano e tradizionale e ha frequentato i club di partito e aveva il cugino; ma al tempo stesso il suo modo di agire, gli argomenti nuovi che utilizza, piacciono ai riformatori.[24]

Insomma: italoamericana, cattolica, donna, con legami influenti nella classe dirigente; di orientamento *liberal*, ma sempre attenta a rappresentare le opinioni e gli interessi dei suoi elettori conservatori del Queens, e "femminista non minacciosa" quando si rivolgeva alla leadership del suo partito. Questi furono, tutti insieme, i segreti del successo di Geraldine Ferraro.

Il declino: "Is blood thicker than politics?"

Nelle pagine precedenti abbiamo spesso parlato della leggendaria rivalità tra italiani e irlandesi a New York. Questo dato storico non deve suggerire però che gli italiani costituissero un fronte unito, che votassero 'in blocco'. Certo negli anni Cinquanta e Sessanta, quando i ribelli del Taminent si impegnarono a sconfiggere alle primarie i vecchi dirigenti irlandesi, la comunità italiana sostenne i propri candidati. Ancora alla prima elezione congressuale di Geraldine Ferraro, nel 1978, il voto italiano contò alle primarie democratiche, dove gli avversari erano, di nuovo, due irlandesi. Ma dopo qualche mese, alle elezioni generali, lo sfidante di Geraldine fu l'italoamericano Al DelliBovi, "un conservatore rabbioso con la fama di crudele gerriero di strada" (Ferraro 1998, 112). La comunità italiana dunque si spaccò. DelliBovi, che condusse la campagna con il sostegno del piccolo ma aggressivo Partito Conservatore di New York, non le risparmiò ogni sorta di attacchi e insinuazioni personali—"si scaraventò contro di me con qualsiasi argomento gli venisse in mente", racconta Geraldine. La candidata democratica era una snob, perché mandava il figlio al Choate College, dove studiavano i rampolli dell'élite (vi si era diplomato John F. Kennedy); era una 'palazzinara dei bassifondi', con riferimento alle speculazioni immobiliari del marito; una lesbica, perché femminista; un'infanticida, perché abortista. I toni furono tanto odiosi che gli stessi leader repubblicani di New York, tra cui il senatore Jacob Javits, si rifiutarono di appoggiare DelliBovi. Alla fine, Geraldine prevalse, ma difficilmente poteva dire di aver sfondato tra gli italoamericani. Vinse, confessa lei stessa, soprattutto perché "avevo convinto un numero abbastanza ampio di conservatori legge-e-ordine" (Ferraro, 117-119).

Certo la divisione politica della comunità è il portato naturale di una battaglia elettorale intra-etnica, quando cioè in un collegio si affrontano due candidati della stessa etnia. Come si è detto sopra, questo non è raro nell'America italiana (e non solo) ed è spesso il frutto di una precisa strategia politica. Laddove una comunità è particolarmente forte, dal punto di vista numerico e della capacità di mobilitazione elettorale, entrambi i partiti hanno un incentivo a candidare un esponente di quella comunità nel tentativo di minimizzare il rischio che essa faccia blocco con l'avversario. La stessa Geraldine Ferraro giocò questa carta nel 1991 quando—ormai fuori dal Congresso—tentò di rientrare in politica come sfidante del senatore repubblicano Al D'Amato, notoriamente un 'arciconservatore'. Il suo lucido obiettivo era di rompere l'unità elettorale italoamericana che si stava formando attorno a D'Amato: lei stessa ammetteva di avere contro D'Amato due punti di forza: "ero una donna, e Al era debole tra l'elettorato femminile, ed ero italoamericana..." (Ferraro, 191).

In quell'occasione Geraldine non riuscì a superare lo scoglio delle primarie democratiche, che furono vinte dall'Attorney General Robert Abrams, di origini ebraiche.[25] Ma la cosa interessante è che nelle successive elezioni generali Ferraro, dopo molti tentennamenti, accettò di girare uno spot televisivo in sostegno di Abrams. Questo mise tutti davanti a un fatto nuovo: un italoamericano che sosteneva un ebreo *contro* un altro italoamericano. La comunità la prese molto male e con un argomento che lasciò Geraldine interdetta:

> La reazione nella comunità italoamericana fu istantanea. Il mio telefono iniziò a squillare senza posa. "Come hai potuto sostenere Abrams? Non hai un po' d'orgoglio per le tue radici italoamericane?" Erano furiosi!
> ... Il giorno delle elezioni gli italiani si riversarono in massa su D'Amato. [E così] lui prese il 25 per cento dei voti democratici... *Blood really was thicker than politics* (Il sangue era davvero più denso della politica).
> (Ferraro, 197-198)

Per quanto potesse amare la sua comunità ancestrale e cercare di rappresentare al meglio il proprio collegio, anche rinunciando ad alcune sue convinzioni, Geraldine Ferraro non poteva concepire che il 'voto di sangue' prevalesse sul 'voto di partito'. Nell'esperienza storica dei democratici, che avevano integrato ondate di immigrati nelle aree urbane del paese, la loro appartenenza partitica era un dato quasi naturale. È vero che una comunità etnica si poteva spaccare lungo linee partitiche: questo era accettato, sebbene con riluttanza, quando due candidati dello stesso sangue si scontravano in nome di opposte fazioni. Ma l'opzione contraria—che l'identificazione di partito venisse cioè negata per votare 'per uno di noi'—semplicemente non era sul tavolo. Questo era stato il *limes* della politica etnica del Partito democratico per gran parte del Novecento. Ma ora, sul finire del secolo, i Repubblicani potevano provare a valicarlo. Vediamo, in conclusione, il caso di un politico italoamericano che s'impegnò, e con un certo successo, in quell'impresa: Al D'Amato.

4. Il Senatore
Alfonse 'Al' D'Amato (1937-)

Il primo e finora l'unico italoamericano ad aver rappresentato lo stato di New York nel Senato degli Stati Uniti (1981-1999), Alfonse 'Al' D'Amato non viene da una storia di ordinaria immigrazione. Il nonno paterno, Ettore, originario della provincia di Avellino, era un piccolo gioielliere; il padre Armand poté prendere lezioni private di piano, laurearsi alla Montclair State University e conseguire un Master alla New York University. Il nonno materno, Alfonso Cioffari, discendeva da una famiglia borghese meridionale emigrata a Roma, dove suo padre lavorava per il Ministero del Tesoro del Regno d'Italia e insegnava all'università. Alfonso era partito per New York a sedici anni inseguendo un'avventura americana sognata sui libri ed era diventato un commerciante e ristoratore di successo e un membro 'prominente' della comunità italoamericana di Brooklyn.[26]

Alfonse Jr., che considerava il nonno materno il suo primo amico e mentore, crebbe nel villaggio di Island Park a Long Island, una vasta area suburbana ai confini di New York City abitata in prevalenza da ceto medio bianco e caratterizzata da una fortissima presenza italiana. Papà Armand era un attivista locale e Al venne su con la politica nel sangue. A ventiquattro anni era già il presidente dello Unity Party di Island Park, una formazione civica che faceva riferimento ai repubblicani, e si era distinto per la capacità di 'spostare' elettori italiani dalla formazione concorrente, il Public Party. Il suo attivismo venne opportunamente notato dal *boss* repubblicano della contea di Nassau, l'italoamericano Joe Margiotta, che lo cooptò nel partito e ne divenne il patron. Le reti di relazioni etniche furono cruciali per l'ascesa politica di Al D'Amato come di tanti politici discendenti da immigrati (D'Amato 1995, 61-62).

Il funzionamento della *political machine* che sosteneva D'Amato era analogo a quello che abbiamo visto all'opera nei quartieri popolari dei centri urbani di Baltimore e del Queens, dove si erano formati i D'Alesandro e i Ferraro: fatto di contatti personali, di meticolosa mobilitazione del voto, di rapporti di scambio diretti tra candidati ed elettori. Uno degli slogan preferiti del Senatore—"Tutta la politica è locale, molto locale"[27]— poteva ben essere condiviso da molti suoi avversari. Tuttavia, mentre le macchine democratiche dei centri urbani si sforzavano di mantenere il tradizionale radicamento in un elettorato che andava gradualmente maturando un orientamento conservatore, nel caso di Long Island la situazione era molto diversa. Qui troviamo una lunga serie sobborghi già tradizionalmente repubblicani, caratterizzati da un'alternanza di ricche *mansion* à la Grande Gatsby e vasti isolati di villette a schiera e casette unifamiliari. Già a partire dagli anni Quaranta e Cinquanta l'area era una meta ambita da migliaia di immigrati di seconda e terza generazione provenienti dalla vicina New York City: irlandesi, italiani, polacchi ed ebrei per i quali il sogno americano non consisteva più semplicemente in "una chance di lavorare", ma contemplava un'elevazione di status e l'assimilazione agli stili di vita del ceto medio americano. La variante repubblicana della macchina politica puntava dunque a integrare il preesistente elettorato già fidelizzato con questi nuovi residenti: elettori in origine democratici, ma sociologicamente e culturalmente disposti a saltare il fosso — quelli che negli anni Ottanta saranno chiamati i 'Reagan democrats'.

La peculiarità di Al D'Amato fu il sapersi radicare in questi strati sociali tenendo insieme — in una cornice di atteggiamenti etnici anche folcloristicamente rimarcati — la *parva materia* della politica locale e un fascio di grandi valori 'ideologici' declinati in chiave conservatrice: il patriottismo, l'anticomunismo e la difesa della famiglia tradizionale. Egli aderiva perfettamente allo spirito 'reazionario' di quell'elettorato, spaventato a sua volta dall'emergere, nel decennio precedente, della controcultura giovanile, del femminismo, del pacifismo e del movimento per i diritti civili. Quando, alla fine degli anni Sessanta, Al cominciò la carriera politica che in pochi anni lo porterà a diventare Presiding Supervisor della città di Hempstead (l'equivalente di un sindaco in un'area di 700,000 abitanti), seppe mobilitare il consenso degli elettori di Long Island incanalandolo nel fiume carsico della 'maggioranza silenziosa' di Richard Nixon. Analogamente negli anni Ottanta saprà far confluire la sua base elettorale, lungamente coltivata, nell'ondata vincente della 'rivoluzione conservatrice' di Ronald Reagan.

In questa capacità risiede la statura nazionale del personaggio. D'Amato fu tra coloro che percepirono e sfruttarono con successo due grandi mutamenti in atto nella società americana: avvertirono cioè che una potente corrente di 'conservatorismo morale' attraversava la base repubblicana e la cavalcarono per prendere il potere nel partito; e intuirono che vasti settori di elettorato etnico erano pronti ad abbandonare il Partito democratico e ne accompagnarono il riallineamento elettorale. Il contributo di D'Amato alla politica americana è stato di inserirsi in questo doppio processo e coinvolgere in esso buona parte dell'elettorato italoamericano dello Stato di New York.

D'Amato e la rivoluzione conservatrice

L'episodio che meglio descrive questo ruolo di D'Amato coincide proprio con la sua improvvisa comparsa nelle cronache nazionali nel 1980: un quarantenne semi-sconosciuto Presiding Supervisor di Hampstead, con fama di essere un falco conservatore, sfidava alle primarie repubblicane l'influente senatore uscente Jacob Javits, un liberale moderato quasi ottantenne che rappresentava lo Stato di New York dal 1957.

L'importanza politica dell'episodio stava nel fatto che Javits era a sua volta un *protégé* di Nelson Rockefeller, il miliardario governatore di New York (1959-74) e leader della fazione *liberal* del Partito repubblicano. I 'Rockefeller republicans' erano visti come il fumo negli occhi dalla corrente conservatrice, che li considerava un'élite chiusa e priva di contatto con la classe media del paese. Ora, a metà degli anni Settanta, i conservatori erano in declino a causa della sconfitta nel Vietnam e dello scandalo Watergate, mentre i *liberal* raggiungevano lo zenith della loro influenza con la nomina dello stesso Rockefeller alla vicepresidenza nell'Amministrazione interim di Gerald Ford (1974-76). Ma la morte improvvisa di Rockefeller nel 1979 aveva riaperto i giochi e alle elezioni dell'anno successivo una riconquista conservatrice del partito sembrava possibile. Questa strategia aveva il suo punto nevralgico nella campagna di Ronald Reagan per la *nomination* presidenziale, mentre un suo snodo cruciale era a New York, dove i conservatori puntavano sulle primarie per strappare a Javits il seggio senatoriale, liquidando così le ultime vestigia dei Rockefeller Republicans.

Fu questo il primo grande colpo che ruscì a D'Amato, contro le previsioni di tutti. Ottenuto l'appoggio della macchina politica di Margiotta ed emarginato un altro sfidante—singolarmente, un altro italoamericano: il deputato del Bronx Bruce Caputo—D'Amato riuscì a compattare le forze conservatrici e a radicalizzare le primarie mettendo in campo una forte retorica populista e una serie di violenti attacchi personali a Javits, anziano e malato, cosa che gli diede fama di combattente spregiudicato. Una volta vinta la sfida e ottenuta la *nomination*, il secondo colpo fu quello di vincere le elezioni generali, il che gli venne facilitato dalla decisione di Javits di rimanere in lizza sul ticket del Liberal Party of New York, spaccando in questo modo il voto moderato-progressista. D'Amato prevalse, ma con la maggioranza relativa e soli 81,000 voti di vantaggio: la sua coalizione raggiunse il 45% dei voti (il Partito Repubblicano ebbe il 38%, il New York Conservative Party il 5% e il partito antiabortista Right to Life il 3%). Sul fronte avverso, che si presentava diviso, la candidata democratica Elizabeth Holtzman si attestò al 35%, mentre Jacob Javits, sotto il simbolo del Partito Liberale, drenò l'11%. In quello stesso ciclo elettorale Ronald Reagan, stravinte le primarie, trionfava sul Presidente uscente Jimmy Carter; la rivoluzione conservatrice era cominciata e Al D'Amato era il suo luogotenente a New York. Reagan stesso riconobbe il ruolo di D'Amato e, qualche mese dopo le elezioni, invitò a pranzo Al e famiglia nella Little Italy di Manhattan, dove ebbe il suo bagno di folla tra i Reagan Democrats italoamericani.[28]

Gli italoamericani e la rivoluzione conservatrice
L'operazione che portò alla vittoria di D'Amato su Javits alle primarie del 1980 ebbe due pilastri principali: il primo fu il New York Conservative Party, una formazione radicale il cui obiettivo era di spostare a destra il Partito repubblicano; il secondo pilastro fu l'elettorato etnico, prima di tutto la sua componente italoamericana.

La strategia è plasticamente riassunta nella figura dell'allora Direttore esecutivo del Partito Conservatore, l'italoamericano Serphin 'Serf' Maltese, che in seguito diverrà a sua volta un *protégé* di D'Amato e per vent'anni rappresenterà un collegio del Queens nel Senato dello Stato di New York. Maltese—che accompagnò D'Amato passo per passo nella campagna—riuniva in sé i due pilastri dell'operazione: i conservatori ispiravano la battaglia ideologica, puntando sulla retorica populista e antiestablishment, mentre le reti organizzative italoamericane si concentravano sull'appello etnico, facendo leva sull'orgoglio di votare 'per uno di loro'. Come racconta lo stesso Maltese, di nuovo in una memoria che ho raccolto per l'Oral History Archive del Calandra Institute:

> Quando sfidò il Senatore Jacob Javits [alle primarie] Al non aveva praticamente alcun tipo di sostegno [nel Partito repubblicano], nessuno. Però, visto che aveva studiato alla Syracuse University, prendeva l'aereo e

andava a Syracuse e lì all'aeroporto venivano a riceverlo tre persone: un vecchio compagno di studi, un membro del Partito conservatore, e un esponente italoamericano ... *ed erano questi ultimi che più lo sostenevano, sia che avessero la propria organizzazione locale, sia che appartenessero all'Order of Sons of Italy. Loro, essenzialmente, non erano interessati alle sue posizioni generali; erano interessati al fatto che era un italoamericano, che sembrava una persona per bene e che avrebbe potuto renderci orgogliosi*. Era a questo che erano interessati. E lo stesso successe a me [quando mi candidai al Senato dello Stato di New York]. (Maltese 2015, 225)

Questa è dunque la quintessenza della politica etnica: una rappresentanza simbolica e sociologica, più che politica o ideologica, basata sull'identificazione diretta e personale tra il candidato e la propria comunità ancestrale. L'operazione si adatta particolarmente bene al contesto delle elezioni primarie, quando l'identificazione partitica è data e non deve essere messa in discussione, e lo scopo è quello di spostare voti *da un candidato all'altro*.

Diverso, e più difficile, è il caso delle elezioni generali, dove identità etnica e identificazione partitica sono in contrasto frontale e il gioco consiste nell'utilizzare la prima per indebolire la seconda e spostare voti *da un partito all'altro*. Ma anche questo riuscì a D'Amato. Ed è qui che entra in scena la sua intuizione che molti italoamericani, specie quelli residenti nelle aree extraurbane, fossero ormai dei conservatori *in pectore* che potevano essere persuasi al grande salto con l'argomento dell'orgoglio etnico. Continua Maltese:

Tradizionalmente, gli immigrati italiani erano Democratici ed è solo negli ultimi vent'anni che molti di loro sono diventati repubbicani. Perché quando arrivavano [a New York], vivevano esperienze simili a quelle che ho vissuto io [da ragazzo, nel Lower East Side di Manhattan] – non li vedevano neanche i Repubblicani! *Il Partito repubblicano era considerato il partito degli affari, dei ricchi, non dei lavoratori che vivono del proprio sudore ... e loro quindi si identificavano con il Partito Democratico*.

In seguito, molti di loro rimasero delusi dalle politiche *liberal* del Partito democratico ... *ma devi comunque andare e prenderteli ... devi fargli sapere che esisti e che sei in corsa, e che sei un italoamericano come loro*. È questo che Alphonse [D'Amato] fece – ed è questo che [in seguito] feci io.

... Sai, i Democratici erano abituati a dare al partito un voto di lista ad occhi chiusi. ... Ma c'erano e ci sono ancora molti italoamericani pronti a concedere il beneficio del dubbio a qualcuno che è italoamericano come loro ... gli italoamericani si fanno avanti quando sono motivati, e di solito ciò avviene grazie a un individuo.... (Maltese, 228)[29]

Si trattava, in altri termini, di cambiare non tanto e non solo l'orientamento di voto, quanto la logica stessa del comportamento elettorale: indebolire l'antica fedeltà partigiana che si nutriva del lavoro e del sudore degli immigrati, innescare il meccanismo alternativo della rappresentanza sociologica e sfruttare l'orgoglio identitario della comunità etnica per favorire un riallineamento politico durevole. Questo è ciò che avvenne in larghe parti della comunità italoamericana dello Stato di New York negli anni Ottanta e Novanta sotto gli occhi stupefatti dei democratici.

Si ricordi ad esempio l'incredulità di Geraldine Ferraro quando oltre dieci anni dopo, nel 1992, tanti suoi elettori italoamericani—che lei aveva coltivato per anni, assecondandone gli orientamenti e giocando lei stessa, all'occorrenza, la carta etnica—abbandonarono senza remore il Partito democratico per eleggere un repubblicano perché era 'uno di loro': "*Blood really was thicker than politics*" aveva commentato. Per lei come per Tommy D'Alesandro, Nancy Pelosi e Mario Cuomo, l'esperienza etnica faceva tutt'uno con l'identificazione saldamente democratica dei lavoratori immigrati nei grandi centri urbani. Ma quel vincolo apparentemente di *sangue* si era coagulato in realtà intorno al *dolore* dell'emigrazione e al *sudore* del lavoro—quei calli alle mani e quei piedi martoriati di cui parlava Cuomo ricordando suo padre. Era quanto di più simile ci fosse, in terra americana, a quell'identificazione tra 'classe' e 'partito' che—meglio organizzata e più ideologica—era nata sul suolo europeo.

Ma la situazione era opposta per Alfonse D'Amato, il senatore conservatore di origini borghesi cresciuto nei sobborghi di Long Island. Lì i discendenti di quei *lavoratori immigrati*, un tempo sofferenti e sudati, si stavano trasformando in un *ceto medio etnico*, abbiente e benpensante. Dimenticato il dolore e asciugatosi il sudore, il vecchio grumo di sangue e politica si era sciolto e il partito era tracollato. D'Amato ne vede lucidamente gli effetti quando dice che, se ancora negli anni Sessanta i Democratici "potevano contare sull'identificazione di classe per conquistare il voto degli operai etnici nelle città", lui, vent'anni dopo, non avrebbe mai potuto vincere "senza il sostegno dei *Sons of Italy*" (D'Amato 325, 92). Eppure, non era solo una questione di sangue; era anche, di nuovo, una questione di classe: "noi stavamo cavalcando la marea della storia. Ci eravamo aggrappati alle frustrazioni della classe media. Da allora avremmo parlato per loro, combattuto per loro" (D'Amato, 100).

La complessità di un politico etnico

Queste trasformazioni sociali non operarono nel vuoto e considerare la politica etnica come un fenomeno a sé stante sarebbe un errore. Altro errore sarebbe considerarla come un fenomeno semplice e unidimensionale, tanto 'primordiale' da non richiedere spiegazioni. Un ultimo approfondimento, tratto dall'esperienza del miglior 'politico etnico' emerso da questa rassegna, servirà a chiarire questi punti.

Pothole Senator. Come si è accennato, Al D'Amato è stato anche, qualcuno direbbe soprattutto, un *politico locale*. L'aveva ben visto il suo sfortunato sfidante democratico del 1986, il giornalista e attivista Mark Green, che perse rovinosamente con il 41% contro il 57%, distanziato di quasi 700.000 voti. Durante quella campagna Green accusò D'Amato di ogni sorta di ignominia—di essere legato ad ambienti della malavita, di aver accettato finanziamenti illeciti, di essersi venduto alle lobby affaristiche—ma soprattutto coniò per lui un termine rimasto famoso: *Pothole Senator* (letteralmente un senatore che si occupa di "riparare le buche nelle strade"). Il bersaglio polemico era l'inclinazione di D'Amato a 'comprare' consenso elettorale provvedendo alle minuzie della politica locale.[30]

Il fatto è che questa modalità di politica—che in una versione nobilitata si direbbe *constituent service*, l'occuparsi delle esigenze concrete degli elettori—era proprio ciò di cui D'Amato andava più orgoglioso: l'aveva imparata "sulle ginocchia del padre" e si vantava di aver portato a casa grandi quantità di *federal bacon* (lo *slang* indica i finanziamenti federali che un politico riesce a drenare da Washington verso il proprio collegio). D'altra parte, come abbiamo visto, anche il sindaco di Baltimore Tommy D'Alesandro e la *congresswoman* Geraldine Ferraro—democratici—erano piuttosto attenti a questo aspetto. Quello che per l'intellighenzia *radical chic* à la Green era il 'lavoro sporco' della politica, fatto di reciproci favori, legami clientelari e voto di scambio, per D'Amato era, senza infingimenti, l'essenza stessa della politica: a Long Island, a New York e dovunque *"all politics is very, very local"*. Il Senatore era così consapevole che la sua plebiscitaria riconferma per il secondo mandato nel 1986 era dipesa in gran parte da questo, che intitolò un capitolo delle sue memorie *"Proud To Be Senator Pothole"*. E scriveva, nobilitando un po' il significato di *pothole*:

> Il mio margine elettorale che nel 1980 era stato sottile come un rasoio era ormai solo un ricordo. Avevo lavorato instancabilmente per ottenere fondi per edilizia, ponti, strade, trasporti pubblici e scuole, e per progetti in cui impiegare decine di migliaia di newyorkesi. Gli elettori approva-

vano il mio ritmo maniacale. Apprezzavano il fatto che io facessi di tutto per mantenere la mia promessa di lottare per la classe media dimenticata. (D'Amato, 166)

L'ideologo. Venendo al livello 'alto' della politica di opinione, D'Amato era fermamente convinto che il tempo del *voto di partito* e del *voto di classe* era ormai finito e che il grande scontro era ormai fondamentalmente *ideologico* — un'espressione con cui egli intendeva, più semplicemente, una radicale differenza di opinioni, valori e mentalità tra destra e sinistra. La sua 'ideologia' potrebbe essere opportunamente riassunta nello slogan *dio-patria-famiglia*. Per il lettore italiano questo rischia di evocare un minaccioso riferimento al Ventennio, ma negli USA indica i valori di base della nazione, su cui c'è un vasto accordo *bipartisan*. Ma quei valori possono essere interpretati in modi opposti. Mentre per Nancy Pelosi essi erano curvati in senso progressista, fino a sostenere ad esempio che "anche i gay sono figli di Dio"; e mentre per Mario Cuomo si risolvevano nella sintesi tra cattolicesimo popolare e familismo solidale, nella visione di D'Amato assumevano un senso schiettamente tradizionalista e gerarchico con venature paternalistico-autoritarie. Inoltre, nella sua retorica d'ordine il richiamo ai valori si confondeva con un certo 'naturale' sessismo e una dura posizione antiabortista e antiomosessuale. Il tutto condito con una profonda estraneità verso la controcultura giovanile degli anni Sessanta e Settanta — libertaria, ribelle e 'antipatriottica' — che, come spiega lucidamente lui stesso, aveva una precisa origine generazionale:

> Molti di noi si erano sposati e avevano messo la testa a posto prima della 'rivoluzione sessuale'. L'uso di droghe della generazione del *baby-boom* si è verificato quando noi avevamo già messo al mondo dei figli. Io ne ho avuti due prima di aver mai sentito parlare dello spinello. Eravamo troppo occupati a cambiare i pannolini per eccitarci con *The Times They Are A-Changin* di Bob Dylan. Eravamo quelli del dopoguerra, prima della droga e prima dei Beatles, e i media ci trattavano come se non esistessimo. Presi tra la *Greatest Generation* e una generazione definita da sesso, droga e *rock 'n' roll*, ci siamo dedicati 'al fare' in modo più tranquillo, quasi monotono. (D'Amato, 44)

Il D'Amato 'ideologo' insomma era esattamente quello che diceva di essere: un opinion leader della *forgotten middle class* americana. Se sentiva di star cavalcando "la marea della storia" era perché, insieme ai più acuti conservatori di quel tempo, aveva intuito che ampi strati di immigrati bianchi di seconda e terza generazione si erano ormai integrati in quella *middle class*—e che i Repubblicani potevano finalmente riuscire a intercettarne il voto. Se il paragone non sembra eccessivo, si potrebbe dire che quelli come D'Amato videro "l'angelo" (l'elettore conservatore) "nel marmo" delle comunità etniche dell'America suburbana "e scolpirono fino a liberarlo".[31]

Il politico etnico e 'gli altri'. Infine, e più importante, il Senatore era ben consapevole che l'efficacia della politica etnica non si riduce alla ricerca del consenso nella *propria* comunità ancestrale. A maggior ragione, avendo a che fare con un'elezione per il Senato federale, e dunque con un collegio molto ampio e diversificato, *non poteva* giocare la carta del conflitto etnico. In quelle condizioni, la prima virtù di un buon politico è la capacità coalizionale, non lo scontro frontale. Per altri versi un personaggio urticante e divisivo, in tema di politica etnica l'uomo non mancava di questa virtù.

Vero è che l'immagine pubblica di D'Amato si caratterizzò per l'ostentazione di un'italianità stereotipata e provocatoria; famosi sono rimasti i suoi spot con mamma Antoinette Cioffari che invitava a votare per il figlio; o quelli che lo ritraevano attorniato dalla folla a Little Italy al suono della tarantella napoletana. Ma se gli esperti di comunicazione consideravano quegli spot ridicoli e di cattivo gusto, lui poteva ben commentare che "dai loro uffici di Madison Avenue quelli non potevano misurare il piacere che centinaia di migliaia di italiani, polacchi, ucraini, ebrei e altri provarono difronte quel semplice pizzico di orgoglio etnico" (D'Amato, 97). Non era solo che ad Al piacesse giocare con gli stereotipi; il punto è che, provocando scientemente nell'avversario un senso di alterigia anti-italiana, riusciva poi a presentare quella reazione come un oltraggio dell'élite WASP rivolto a tutti 'gli etnici'. Raccontando di un episodio del 1980, quando gli uomini di Javits montarono una campagna telefonica diretta agli elettori irlandesi e polacchi di Buffalo in cui si ridicolizzava il candidato 'Al Tomato' (Al il Pomodoro), D'Amato commenta: "quell'evidente attacco etnico urtò molti elettori, in particolare in una regione etnicamente diversificata come Buffalo". E aggiunge:

> Quello che Farley [il capo della comunicazione di Javits, un irlandese] non aveva considerato era che molti irlandesi e polacchi erano sposati con italiane, e lui stava insultando le loro madri, mogli, cugine, ecc. Era un altro chiaro esempio dell'atteggiamento arrogante e antiquato che caratterizzava la campagna di Javits. Quegli elettori etnici, che alle elezioni di no-

vembre si sarebbero presentati in numeri record a votare per me e per Ronald Reagan, non avevano alcuna voglia di essere insultati. (D'Amato, 36)

Il Senatore, insomma, pur non rinunciando a un'italianità stereotipata e strillata, cercava costantemente un ponte con le altre comunità etniche. Un caso emblematico fu il suo rapporto con la comunità ebraica. Tutti i suoi avversari per il seggio senatoriale furono ebrei: Javits e Holtzman (1980), Green (1986), Abrams (1992) e infine Chuck Schumer, che lo sconfisse nel 1999. Difficilmente un conservatore avrebbe voluto antagonizzare la comunità ebraica di New York con atteggiamenti passibili di essere tacciati di antisemitismo. Si trattava o di ignorarla o di conquistarla. Al tentò la seconda strada. Poiché nella sua prima elezione, vinta per un soffio, il voto ebraico era risultato insignificante, il neo-senatore andò a chiedere consiglio al sindaco di New York Ed Koch, un influente ebreo democratico che dieci anni dopo diventerà un suo stretto collaboratore. Koch, che ha scritto l'introduzione alle memorie di D'Amato, racconta di avergli svelato i due segreti per conquistare la classe media ebraica: garantire la sicurezza di Israele e aiutare gli ebrei russi a fuggire dell'Unione Sovietica: "Al, fai tue queste due rivendicazioni e gli ebrei ti ameranno almeno quanto gli italiani ti amano oggi per naturali motivi di identificazione ... ti voteranno per sempre" (Koch 1995, xvii). Koch stesso accredita D'Amato di aver imparato la lezione e sostiene che per questo, alle elezioni per il suo terzo mandato nel 1992, raccolse il 42% del voto ebraico—una percentuale straordinaria per un non ebreo. E anche qui fu la classe media, sottolinea Koch, "a incoronare Al"—non certo gli "ebrei sofisticati" dell'Upper West Side di Manhattan, che invece continuavano a disprezzarlo come un *déclassé*. Per l'elite ebraica progressista D'Amato incarnava "l'immagine dell'italiano etnico meridionale, troppo 'limitato' per i loro gusti, una sorta di Anna Magnani al maschile, ben diversa dall'immagine colta dell'italiano settentrionale che loro ritenevano adatta a Cuomo—una copia di Marcello Mastroianni" (che Magnani fosse romana e Mastroianni ciociaro, e che sia Cuomo che D'Amato fossero originari della Campania evidentemente non rileva in questo contesto di snobistici pregiudizi) (Koch, xvii).

Un caso in parte analogo riguardò gli irlandesi, tradizionali avversari degli italiani nella politica elettorale americana, ma altrettanto importanti per conquistare il seggio senatoriale di New York. Per portarli dalla sua parte D'Amato puntò su un'istanza allora di grande rilevanza identitaria per gli irlandesi d'America, il conflitto separatista nell'Ulster. Era noto che la comunità fosse particolarmente critica delle posizioni filo-britanniche assunte delle precedenti amministrazioni; inoltre, quel conflitto aveva un forte connotato religioso nel confronto tra cattolici e protestanti, e prendere posizione per i primi poteva avere effetti premianti anche nei confronti di italiani e polacchi. Così nel dicembre 1980 il primo viaggio all'estero del neo-senatore fu a Belfast, dove capitò nel mezzo di uno sciopero della fame di prigionieri dell'IRA e familiarizzò ostentatamente con la loro causa. Il collegamento elettorale è chiaro nelle memorie di D'Amato:

> Poteva sembrare strano che un D'Amato si recasse in Irlanda, ma durante le elezioni del 1980 avevo assicurato gli irlandesi-americani che mi sarei opccupato delle sofferenze e dell'oppressione nelle sei contee dell'Irlanda del Nord. E promisi di andare in Irlanda dopo le elezioni. Sapevo di non avere tutte le risposte, ma sentivo che come Senatore avevo l'obbligo di saperne di più su quella tragedia. ... [Così] incontrammo il premio Nobel per la pace Sean MacBride ... Mi disse quanto fosse importante che un senatore degli Stati Uniti era venuto a mostrare la sua preoccupazione.... (D'Amato, 101)

L'impatto mediatico fu notevole, e il risultato elettorale si evince anche indirettamente dalla plebiscitaria riconferma al Senato di sei anni dopo.

Un ultimo caso che merita qui citare riguarda il rapporto di D'Amato con gli *italiani d'Italia* e la loro interne divisioni 'etniche'. Si tratta, per meglio dire, di un episodio rivelatore che avvenne al margine di quel viaggio irlandese del 1980. Proprio alla vigilia della sua partenza, l'Italia meridionale era stata devastata da un terribile terremoto e la visita in Irlanda fu abbreviata per consentire al Senatore di visitare la sua terra ancestrale e incontrare le autorità e il Papa. Era un atto quasi dovuto, considerato che la comunità italoamericana, in gran parte di origine meridionale, si era fortemente mobilitata per inviare denaro e aiuti ai terremotati. Ma l'episodio merita di essere citato qui per un particolare che offre un ulteriore spaccato della complessità della tematica 'etnica'. Così annota D'Amato del suo diario:

> Dopo l'Irlanda del Nord andai a vedere i danni del devastante terremoto nel sud Italia. Rimasi stupito dalla fredda indifferenza di alcuni funzionari italiani verso i meridionali. Avevo sempre saputo di questo pregiudizio regionale, ma non l'avevo mai visto manifestarsi con tale insensibile disprezzo. Quando dissi al presidente del Senato italiano Amintore Fanfani che la gente stava gelando, lui osservò con indifferenza che i meridionali semplicemente non sapevano far niente di meglio. Io risposi con

freddezza che mia madre e mio padre erano del sud, e questo concluse la nostra conversazione.

Ebbi poi la possibilità di incontrare il Papa e condivisi con lui la mia preoccupazione per i meridionali italiani. (D'Amato, 122)

Non abbiamo altri riscontri di questo scambio con Fanfani (toscano, di Arezzo), ma vogliamo immaginare che abbia insegnato a D'Amato più di quanto lui stesso dichiari. Poiché l'identità etnica non è un dato genetico, ma il risultato di una rappresentazione sociale costantemente negoziata (Sollors 1986), farne uno strumento politico è un'operazione delicata e dall'esito non scontato. Si può eccitare l'orgoglio etnico degli Italiani d'America e poi scoprire che, per un 'wasp' italo-toscano, non si è altro che dei meridionali fannulloni. E si può essere ostentatamente italomeridionali nei quartieri delle classi medie di New York, e poi scoprire che agli occhi di un 'wasp' ebreo-americano un senatore di discendenza avellinese può apparire un meridionale *déclassée*, mentre un governatore di discendenza salernitana è percepito come un sofisticato settentrionale. Ma se gli italiani d'America (al pari degli italiani in italia), non sono un unico grumo di sangue, se ogni comunità etnica *non può non essere* attraversata da interne divisioni sociali, politiche e valoriali, in che senso possiamo ancora parlare di politica 'etnica'?

D'Amato, come abbiamo visto, era ben consapevole che questa non poteva ridursi a uno scontro tra comunità l'una contro l'altra armata (come pure era avvenuto nell'esperienza paradigmatica dell'antico conflitto tra italiani e irlandesi). Sapeva che, al contrario, era necessario trovare lo spazio per forgiare coalizioni trasversali *tra* etnie. Ma su che basi condurre quest'operazione? Era sufficiente individuare in ciascuna comunità le *issue* per essa salienti e dimostrare di saperle affrontare *indipendentemente* dalla propria identità etnica (come lui stesso sembrava fare con gli ebrei e gli irlandesi)? O non era forse necessario, anche, trovare un denominatore comune tra gli italiani d'America, e tra questi e 'gli altri', su cui fondarsi *in quanto* italiani? Se questo denominatore esiste, esso è ciò che può consentire all'italo-meridionale di proporsi a rappresentare *tutti* gli italiani d'America, e a questi di estendere alle altre comunità un appello rappresentativo di portata universale.

Il Senatore poneva la questione nel linguaggio mondano dell'affermazione elettorale, com'era suo costume: perché, detto in soldoni, una comunità etnica potrebbe non avere, da sola, i numeri per garantire l'elezione, o potrebbe perderli in seguito alle trasformazioni socio-demografiche di un collegio. Ma qualora ciò avvenga, che ne sarà del politico 'etnico'? Può egli *rimanere tale*—e continuare a vincere? D'Amato è condotto a riflettere su questo punto dall'esperienza del senatore Pete Domenici, repubblicano e italoamericano eletto nel New Mexico:

> Essendo un senatore italoamericano in uno Stato con un numero considerevole di elettori italoamericani, mi sono sempre meravigliato di come Pete vincesse con margini così enormi nel New Mexico, uno Stato a stragrande maggioranza democratico e dove gli italoamericani costituiscono meno dell'1 per cento dell'elettorato.

L'interrogativo è retorico e la 'meraviglia' anche. La risposta è scolpita nella storia stessa dell'emigrazione:

> Entrambi i genitori di Pete erano nati in Italia. Da bambino lui vide le autorità dell'immigrazione arrestare sua madre perché non aveva i documenti in perfetto ordine. Anche se suo padre era un cittadino naturalizzato e un noto uomo d'affari, quegli idioti avevano trascinato fuori di casa la madre di Pete davanti al figlio di otto anni. Alla fine l'equivoco fu risolto, ma quell'incidente diede a Pete u*na particolare sensibilità per le sofferenze degli immigrati*. Sospetto che molti dei suoi elettori messicano-americani riconoscano questo fatto. (D'Amato, 143)

In breve, dunque, un politico etnico di successo non limita il suo appello alla propria comunità ancestrale e tantomeno punta allo scontro con le altre comunità; e neanche si limita a forgiare con queste alleanze strumentali basate su *specifiche issue*. Il denominatore comune che gli permette di costruire un rapporto di rappresentanza politica con 'gli altri' risiede nella condivisa esperienza dell'emigrazione e delle sue sofferenze.

Non sfuggirà al lettore che, posta in questi termini, la riflessione dell'arciconservatore Al D'Amato potrebbe egualmente essere condivisa da un politico 'etnico' di fede democratica, e certamente da quei democratici italoamericani che qui abbiamo raccontato. Ma nemmeno deve sfuggire che, una volta curvato il discorso in questo modo, il rapporto tra sangue e politica perde molta della sua salienza e rivela il suo carattere *ideologico*, di 'velo sulla realtà'. Non il sangue, ma il sudore è il fondamento della modernità politica; non l'etnia, ma la classe. Negli Stati Uniti questa versione 'europea' del moderno aveva sempre stentato ad affermarsi, sebbene per qualche breve decennio—in quell' America rooseveltiana in cui crebbero, ad esempio, Tommy D'Alesandro e Andrea Cuomo, il padre di Mario—fosse sembrata praticabile. Ma sul finire del XX secolo quell'orizzonte era ormai lontano. Come sopra ricordato, man mano che gli immigrati di un tempo diventavano ceto medio, rifiutavano la memoria del dolore e del sudore ed erano indotti a riscoprire il primordiale orgoglio del sangue. Questo era accaduto anche nella Long Island 'postmoderna' (o 'premoderna'?) di Al D'Amato, e il Senatore rappresentò questa trasformazione con innegabile abilità. Ma che dalle sue riflessioni emergesse quel nodo problematico, pure testimonia della vitale contraddittorietà del personaggio. E della complessità del tema che abbiamo cercato di affrontare.

Note

[1] Qui nel senso di "culture-specific signs" delineato da Fred Gardaphe (1996).

[2] I testi integrali di venti interviste curate per l'Oral History Archive sono nel mio *Italians in Politics in America: Conversations with Italian-American Legislators of the State of New York*, pubblicato dal John D. Calandra Italian American Institute con il contributo del Ministero degli Affari Esteri e la Cooperazione Internazionale, Direzione Generale per gli Italiani all'estero e le Politiche Migratorie (2015).

[3] Il testi di riferimento per quegli studi sono nel volume a cura di Arturo Parisi e Gianfranco Pasquino *Continuità e mutamento elettorale in Italia* (1977). Il saggio di Parisi e Pasquino qui citato. "Relazioni partiti-elettori e tipi di voto", contenuto in quella raccolta, è tratto dalla ristampa curata da Gianfranco Pasquino, *Il sistema politico italiano* (1985).

[4] Già nel 1906, cercando i fattori che impedivano la nascita di movimenti socialisti in America, Sombart citava la tendenza a favorire il formarsi di subculture etniche a spese di più ampie identificazioni di classe (Sombart, 1976).

[5] Il dibattito assimilazione/persistenza del voto etnico può essere ricostruito attraverso i massimi esponenti, tra cui Robert A. Dahl (1961) Raymond E. Wolfinger (1965); Nathan Glazer e Daniel P. Moynihan (1963), Michael Parenti (1967) e Richard A. Gabriel 1980).

[6] Venerata in modo particolare dagli italoamericani, Madre Cabrini fu canonizzata nel 1946 e dichiarata Patrona degli emigranti nel 1950.

[7] Citando dall'edizione ebook di un libro, in assenza di un riferimento stabile alla pagina ci riferiremo al capitolo, in questo caso al capitolo 3 intitolato "Little Nancy and the Favor File".

[8] La letteratura sulla *machine politics* americana è sterminata. Krase e LaCerra (1991) offrono uno studio che evidenzia in particolare l'esperienza italoamericana.

[9] Vedi anche Crenson (2017), in particolare il cap. 33 "D'Alesandro and His Democrats". Con un approccio più episodico, vedi Olesker (2001).

[10] Ho analizzato questo aspetto in relazione alla politica italoamericana a New York nel mio "Tales of an Italian-Americans Political Class. Monopolistic Elections and Hegemonic Districts in New York City" pubblicato in Cappelli (2011).

[11] In occasione del cinquecentenario Colombo fu assunto a simbolo unificante della diaspora italiana anche dal mondo intellettuale. Cfr. Tomasi, Gastaldo e Row (1994).

[12] Tre opere biografiche sono state utilizzate per questa ricostruzione: quella "dall'interno" della figlia Christine Pelosi (2019), quella della giornalista del *Time* Mary Ball (2020), e quella più recente e completa scritta da Susan Page (2021). Altri lavori consultati includono: Marc Sandalow (2008), Bzdek (2008), Peters Jr. e Rosenthal (2010).

[13] "Lei e Cuomo erano molto vicini. Si erano conosciuti nel 1980 quando il presidente Jimmy Carter li nominò entrambi in una delegazione ufficiale che doveva portare aiuti in Italia dopo il devastante terremoto dell'Irpinia. (Quando finalmente si candidò alla Camera nel 1987 e vinse, Cuomo la chiamò e si congratulò con lei in italiano, e lei era pronta a svolgere un ruolo importante se lui avesse deciso di candidarsi alla presidenza.)" (Page, cap. 8).

¹⁴ L'area che include il centro di San Francisco e i sobborghi a nord ovest era stata il feudo della famiglia Burton, una influente famiglia democratica con un profondo radicamento in città. Per 20 anni Phil Burton, noto esponente dell'ala *liberal* del partito, e suo fratello John, si erano alternati nella rappresentanza del collegio. Alla morte di Phil, la moglie Sala gli era succeduta vincendo l'elezione suppletiva con grande facilità. Amica ed estimatrice di Nancy Pelosi, in punto di morte Sala fece un *endorsement* pubblico in suo favore. In base a successivi ridisegnamenti, il centro della città ricade oggi nel XII distretto, sempre rappresentato da Nancy Pelosi.

¹⁵ Su questo punto, in assenza di specifici studi di scienze sociali, si può vedere la letteratura prodotta dalle scrittici italoamericane analizzate da Edwige Giunta (2002). Per una parziale traduzione italiana, cfr. Edwige Giunta (2015).

¹⁶ Uno dei contendenti di Pelosi, Bill Maher, dichiarò con amarezza che "un seggio congressuale non può essere una ricompensa per meriti di partito. L'avevamo un sistema del genere, era quello dei signori e dei vassalli". Citato in Page 2021, cap. 8.

¹⁷ Le informazioni su Geraldine Ferraro sono tratte in maggior parte dalle sue opere autobiografiche: *Framing a Life* (1998) e *My Story* (1985). Una raccolta dei suoi discorsi è in Ferraro (1993). Per motivi 'simbolici' ho preferito citare il suo discorso di accettazione della candidatura vicepresidenziale direttamente dal dattiloscritto originale reso disponibile online dal Fordham Law School Archive of Scholarship and History. Altri lavori consultati includono Katz (1984) e Larson (1995).

¹⁸ Il diffuso conservatorismo di quell'area era noto in tutta l'America in quegli anni per aver costituito l'ambientazione sociale di una fortunatissima serie televisiva *All in the Family* e il suo sequel *Archie Bunker's Place*, che andarono in onda dal 1971 al 1983.

¹⁹ Note e commenti sui voti espressi da Geraldine Ferraro al Congresso si possono trovare in: Anonymous (1984); Smith (1984); Anonymous (2008).

²⁰ Per brevi cenni biografici su Nicholas Ferraro vedi Blair (1984).

²¹ Un altro testimone oculare di quell'epico scontro etnico ad Astoria fu Peter F. Vallone Sr., in seguito per quindici anni anni Speaker della maggioranza democratica al Comune (1986-2002). Si veda il suo racconto in Vallone Sr. (2005).

²² Il racconto dall'interno di queste battaglie è in Cuomo (1974).

²³ Cfr. Duke (2010). L'ultimo esponente della vecchia guardia italoamericana alla guida del Taminent Regular Democratic Club fu Gloria D'Amico: ne era stata co-leader con Ralph DeMarco e poi con il Senatore George Onorato e infine leader dal 1970. Quando morì a 83 anni nel 2010 la leadership passò alla comunità greco-americana che nel frattempo era diventata egemone ad Astoria. Cfr. Koplowitz (2010).

²⁴ Vedi l'anonima testimonianza di un deputato locale dello Stato di New York raccolta per il *Washington Post* da Margaret Shapiro (1984) nel reportage "Patronage Still King In Queens".

²⁵ È inoltre istruttivo che non riuscisse a galvanizzare né l'elettorato italiano (coalizzato in favore del conservatore D'Amato) né quello femminile, perché il terzo candidato alle primarie democratiche, Elisabeth Holtzman—che era stata battuta da D'Amato alle precedenti elezioni e cercava la rivincita—detestava Geraldine e avallò una serie di accuse infamanti nei suoi confronti, inclusi i soliti sospetti di legami poco puliti che tradizionalmente vengono sollevati contro i politici italoamericani. I conflitti politici 'intra-identitari', come quello intra-entnico e quello intra-genere, hanno molti punti in comune che andrebbero analizzati.

²⁶ La principale fonte biografica per Alfonse D'Amato rimane il suo volume di memorie *Power, Pasta and Politics* (1995). Ma si veda anche Lurie (1994).

²⁷ "*All politics is local very local*" è il titolo del capitolo 7 delle memorie di D'Amato (1995).

²⁸ D'Amato (1995, 13) racconta in un gustoso passo delle sue memorie di aver consigliato al Presidente che "se davvero voleva incontrare i suoi 'Reagan Democrats' italoamericani" avrebbe dovuto uscire da Manhattan, ma i suoi uomini rifiutarono perché "da veri maestri dell'immaginario sapevano che Little Italy ancora rappresentava il 'vero' quartiere Italiano per milioni di telespettatori".

²⁹ Corsivi miei. Per amor di completezza, quando ho chiesto al Senatore Maltese se *lui* avrebbe mai votato per un democratico solo perché italoamericano, mi ha risposto, sorridendo: "Beh, io certo no, ma la gente..." Cfr. Maltese (2015, 228).

[30] La sfida D'Amato-Green è analizzata approfonditamente sotto il profilo sia elettorale che mediatico, nel capitolo dedicato a New York da Alan Abramowitz e Jeffrey Allan Segal (1992).

[31] La famosa espressione di Michelangelo è stata usata in riferimento al primo ministro Tory Benjamin Disraeli, che non temeva l'allargamento del suffragio poiché aveva "visto l'angelo" (l'elettore conservatore) "nel marmo" della classe operaia inglese. Cfr. McKenzie e Silver (1968).

Opere citate

Abramowitz, Alan e Segal, Jeffrey Allan. 1992. *Senate Elections*. Ann Arbor: University of Michigan Press.

Airos, Letizia. (a cura di). 2016. *Grandparents and Grandchildren in Italian America. Episode 3: Aileen Riotto Sirey and Emma Bankier*. (https://youtu.be/xgz6NL46U7s?t=793). Un progetto di i-ItalyTV e ANFE in collaborazione con il Calandra Institute, CUNY; prodotto e diretto da Letizia Airos, ideato da Letizia Airos, Gaetano Calà e Ottorino Cappelli. Realizzato con il sostegno del MAECI – Direzione Generale per gli italiani all'estero e le politiche migratorie.

Anonymous. 1984. "Congresswoman Ferraro: A Career of Rising from Nowhere." 13 July, *Christian Science Monitor*: 1.

Anonymous. 2008. "Geraldine Anne Ferraro." In *Women in Congress*, Washington DC: Government Printing Office.

Ball, Molly. 2020. *Pelosi*. New York: Macmillan (ebook, ch. 1).

Blair, William G. 1984. "Nicholas Ferraro, a Former Judge and District Attorney, Dies at 56." *The New York Times*, December 23.

Bumiller, Elisabeth. 1984. "The Rise of Geraldine Ferraro." *Washington Post*. April 29. (www.washingtonpost.com/archive/lifestyle/1984/04/29/the-rise-of-geraldine-ferraro/f59c687a-5318-4738-a1b8-e834783d8de8).

Bzdek, Vincent. 2008. *Woman of the House: The Rise of Nancy Pelosi*. New York: St. Martin's Press.

Cappelli, Ottorino. 2015. *Italians in Politics in America: Conversations with Italian-American Legislators of the State of New York*. New York: John D. Calandra Italian American Institute.

Cappelli, Ottorino. (a cura di). 2015. *Cultura e politica nell'America italiana*. Firenze: Franco Cesati Editore.

Cappelli, Ottorino. (a cura di). 2011. *Italian Signs, American Politics*. New York: John D. Calandra Italian American Institute.

Cappelli, Ottorino e Rodrigo Praino. 2017. "The Kingmakers of Fresh Pond Road. Ethnic-Political Brokers in an Italian American Community." In *New Italian Migrations to the United States: Politics and History Since 1945: Vol. 1: Politics and History since 1945*, a cura di Laura E. Ruberto e Joseph Sciorra. Urbana: University of Illinois Press.

Connell, William e Fred Gardaphé. (a cura di). 2011. *Anti-Italianism: Essays on a Prejudice*. New York: Palgrave.

Crenson, Matthew. 2017. *Baltimore: A Political History*. Baltimore: Johns Hopkins University Press.

Cuomo, Mario. 1984. "Democratic National Convention Keynote Speech" (www.c-span.org/video/?323534-1/mario-cuomo-1984-democratic-national-convention-keynote-speech).

Cuomo, Mario. 1974. *Forest Hills Diary: The Crisis of Low-Income Housing*. New York: Random House.

Dahl, Robert A. 1961. *Who Governs? Democracy and Power in an American City*, New Haven (CT), Yale University Press.

D'Amato, Al. 1995. *Power, Pasta and Politics. The World According to Senator Al D'Amato*. Westport CT: Hyperion Press.

Duke, Nathan. 2010. "New generation reboots Astoria's Taminent Club". *QNS.com*. April 30 (qns.com/2010/04/new-generation-reboots-astorias-taminent-club).

Ferraro, Geraldine. 1998. *Framing a Life. A Family Memoir*. New York: A. Lisa Drew Book/Scribner.

Ferraro, Geraldine. 1985. *My Story*. Evanston: Northwestern University Press.

Ferraro, Geraldine. 1993. *Changing History: Women, Power, and Politics*. Chicago: Moyer Bell.

Ferraro, Geraldine. 1984. "Vice Presidential Acceptance Speech." Fordham Law School Archive of Scholarship and History. Campaign Materials. 14. (ir.lawnet.fordham.edu/vice_presidential_campaign_materials_1984/14).

Gabriel, Richard Alan. 1980. *The Irish and Italians: Ethnics in City and Suburb*. New York: Arno Press.

Gardaphe, Fred. 1996. *Italian Signs, American Streets: The Evolution of Italian American Narrative*. Durham: Duke University Press Books.

Giunta, Edwige. 2002. *Writing with an Accent. Contemporary Italian American Women Authors*. New York: Palgrave.

Giunta, Edwige, 2015. "Scrivere con un accento." In *Cultura e politica nell'America italiana*, a cura di O. Cappelli. Firenze: Franco Cesati Editore.

Glazer, Nathan e Daniel Patrick Moynihan. 1963. *Beyond the Melting Pot: The Negroes, Puerto Ricans, Jews, Italians, and Irish of New York City*. Cambridge, MA: MIT Press.

Koplowitz, Howard. 2010. "Gloria D'Amico, first female Queens County Clerk, dies at age 83". *QNS.com*. December 29. https://qns.com/2010/12/gloria-damico-first-female-queens-county-clerk-dies-at-age-83/.

Koch, Ed. 1995. "Introduction." *Power, Pasta and Politics. The World According to Senator Al D'Amato*. Westport CT: Hyperion Press.

Krase, Jerome e Charles LaCerra. 1991. *Ethnicity and machine politics*. Boston: University Press of Americas.

Katz, Lee Michael. 1984. *My Name Is Geraldine Ferraro: An Unauthorized Biography*. New York: New American Library.

Larson, Eugene. 1995. "Geraldine Ferraro." In *Great Lives from History*, vol. 2., a cura di Frank N. Magill. Ipswich, MA: Salem Press.

Lowen Agee, Christopher. 2014. *The Streets of San Francisco. Policing and the Creation of a Cosmopolitan Liberal Politics, 1950-1972*. Chicago: The University of Chicago Press.

Lurie, Leonard. 1994. *Senator Pothole: The Unauthorized Biography of Al D'Amato*. New York: Birch Lane Press.

Maltese, Sephin. 2015. "Maltese: The Quintessential Ethnic Politician." In *Italians in Politics in America. Conversations with Italian American Legislators of the State of New York*, a cura di O. Cappelli. New York, John D. Calandra Italian American Institute, CUNY, 2015

McKenzie, R. T. e Allan Silver. 1968. *Angels in Marble: Working Class Conservatives in Urban England*. Chicago: The University of Chicago Press.

Mosca, Gaetano. 1883 (1982). "Teorica dei governi e governo parlamentare." In *Scritti politici di Gaetano Mosca*. vol. I., a cura di Sola G. Torino: UTET.

Olesker, Michael. 2001. *Journeys to the Heart of Baltimore*. Baltimore: Johns Hopkins University Press.

Onorato, George. 2015. "Onorato: The Party Soldier." In *Italians in Politics in America. Conversations with Italian American Legislators of the State of New York*, a cura di O. Cappelli. New York: John D. Calandra Italian American Institute.

Page, Susan. 2021. *Madam Speaker. Nancy Pelosi and the Lessons of Power*. New York: Twelve (Hachette Book Group).

Parenti, Michael. 1967. "Ethnic Voting and the Persistence of Ethnic Identification." *American Political Science Review* 61.3.

Parisi, Arturo e Gianfranco Pasquino. (a cura di). 1977. *Continuità e mutamento elettorale in Italia*, Bologna: il Mulino.

Parisi, Arturo e Gianfranco Pasquino. 1985. "Relazioni partiti-elettori e tipi di voto." In *Il sistema politico italiano*, a cura di Gianfranco Pasquino Bari: Laterza.

Pelosi, Christine. 2019. *The Nancy Pelosi Way*. New York: Skyhorse Publishing.

Peters Jr, Ronald M. e Cindy Simon Rosenthal. 2010. *Speaker Nancy Pelosi and the New American Politics*. New York: Oxford University Press.

Perez-Pena, Richard. 1999. "Despite Size, Conservative Party Is a Force to Reckon With." *The New York Times*, 13 December.

Perlez, Jane. 1984. "Woman in the News; Democrat, Peacemaker: Geraldine Anne Ferraro." *New York Times*. April 10.

Pitkin, Hannah F. 1967. *The Concept of Representation*. Berkeley: University of California Press.

Sandalow, Marc. 2008. *Madam Speaker: Nancy Pelosi's Life, Times, and Rise to Power*, New York: Rodale Press.

Schiro, Anne-Marie. 1984. "Host Committee Is Led by 'Natural' Organizer." *The New York Times*, July 17 (www.nytimes.com/1984/ 07/17/us/host-committee-is-led-by-natural-organizer.html)

Shapiro, Margaret.1984. "Patronage Still King in Queens." *Washington Post*, August 29.

Smith, Hedrick. 1984. "Consistent Liberal Record in the House." *New York Times*, 13 July: A10.

Sollors, Werner. (a cura di). 1986. *The Invention of Ethnicity*. New York: Oxford University Press.

Sombart, Werner. 1976 (1905). *Why is There No Socialism In the United States*. New York: The McMillan Press.

Tomasi, Lydio F., Piero Gastaldo, e Thomas Row. (a cura di). 1994. *The Columbus People. Perspectives in Italian Immigration to the Americas and Australia*. Staten Island, NY: Center for Migration Studies Special Issues, vol. 11, issue 3.

Vallone Sr., Peter F. 2005. *Learning to Govern: My Life in New York Politics, From Hell Gate to City Hall*. New York: Richard Altschuler.

Wolfinger, Raymond E. 1965. "The Development and Persistence of Ethnic Voting". *American Political Science Review* 59.4.

INDICE

Aaron, Daniel 99, 108
Abramowitz, Alan 215n30
Abrams, Robert 169, 199, 200, 209
Accolla, Paolino, 43n29
Addonizio, Kim 159
Ahmed, Sara 59, 87n19
Aiello, Danny 111, 158
Aiello, Danny 159
Airos, Letizia 193
Alba, Richard 110, 137
Alberio, Marco 42n14
Alda, Alan 116-117
Aleandri, Emelise 122, 135, 156
Allen, Donald G. 72,
Amella, Gia Marie 122
Amore, B. 151
Angelo, Valenti 87n7
Appadurai, Arjun 86n4
Arcamone, Concetta 135
Ardizzone, Tony 157, 162n27
Attala-Perazzini, Elena 42n14, 43n41
Audenino, Patrizia 88n28
Avveduto, Sveva 23
Ayala, Flavia 88n28

Badham, John 107
Baldacci, David 159
Baldassar, Loretta 59
Ball, Molly 179, 214n12
Balodimas-Bartolomei, Angelyn 75
Barbato, Olga 135
Barker, Reginald 100
Barolini, Antonio 146
Barolini, Helen 142, 145, 146, 150, 157, 159, 161n16, 161n18
Barone, Dennis 141, 152, 156
Barone, Dennis 156
Bartolini, Paolo 85, 87n12, 87n14
Basile Green, Rose 130, 131, 134, 138-139, 140, 141-142, 150, 161n6
Bassetti, Piero 43n29
Basu, Paul 53, 87n6
Battisti, Danielle 16n5
Becker, Sascha O. 40
Belluscio, Steve J. 156
Beltramini, Enrico 43n43
Benasutti, Marion 142,
Berger, Harris M. 86n5
Berger, Joseph 70

Bertellini, Giorgio 107
Berti, Fabio 42n14
Berti, Rita 135
Blair, William 214n20
Bona, Mary Jo 84, 87n11, 142, 150, 161n16
Bondanella, Peter 105, 111
Bongiorno, Mary Lou 122
Bonifazi, Corrado 40
Bonomo Albright, Carole 129, 130
Boo, James 70
Borzomati, Piero 17n12
Boulton, Ann 75
Bracco, Lorraine 111
Branchi, Eugenio Camillo 134
Brandi, Maria Carolina 24
Brando, Marlon 116, 143
Brown, Jerry 179, 185, 188
Bryant, Dorothy Calvetti 125, 148
Bucci, Mary Bush 150
Bumiller, 193, 194, 195
Burton Sala, 185, 188, 214n14
Buscemi, Steve 111
Bzdek, Vincent 214n12

Cage, Nicholas 111
Calabretta-Sajder, Ryan 156
Calamandrei, Camilla 122
Calleri, Mariarosy 122
Caminita, Ludovico M. 133-134
Cannavale, Bobby 111
Caperna Lloyd, Susan 122
Caponegro, Mary 156
Cappelli, Ottorino 169
Cappelli, Ottorino 194, 212n9
Capra, Frank 16n4, 81, 98, 160n2
Caputo, Philip 159
Caratozzolo, Vittoria Caterina 87n15
Carballo, Marco Aurelio 29
Carcaterra, Lorenzo 158
Carey, Hough 197
Carey, Hugh 196
Carnevali, Emanuel 152, 162n24
Carravetta, Peter 7, 16n3, 17n11, 43n29, 156
Carter, Jimmy 179, 180, 203, 214n13
Carter, Thomas 66
Casey, Evan 55, 59
Castaña, Anna-Marie Fortier 87n16
Cavalieri, Grace 151

Cazale, John 116
Cecchini, Mimi 135
Celli, Pier Luigi 27, 42n16
Cerrone, Olivia Kate 151-2
Chase, David 121
Chiang, Emma Marie 70
Ciambelli, Bernardino 130-132, 134, 161n7
Cianfarra, Camillo L. 133
Ciardi, John 151, 152, 162n24
Cicala, John 81-82
Cimino, Michael 116
Cinotto, Simone 43n36, 61, 72
Cioffari, Alfonso 200
Clemente, Deidre 55, 59
Cohen, Lizabeth A. 60
Coleman, Simon 53, 87n6
Cometto, Maria Teresa 43n33
Connell, William 7, 17n8, 161n8, 186
Coppola, Francis Ford 108, 110, 115, 116, 143
Corbin, Alexandra 122
Corsi, Edward 182
Cosco, Joseph P. 87n11
Costello, Julia A. 64, 65
Crenson Mattew, 213n8
Crialese, Emanuele 32, 36, 43n28, 43n36
Croce, Randy 72,
Csikszentmihalyi, Mihaly 80, 88n32
Cucchiarato, Claudia 21, 24, 27, 28, 34, 43n31
Culotta, Vince 183
Cuomo, Andrea 190
Cuomo, Andrew 181
Cuomo, Andrew 182
Cuomo, Mario 185, 190, 191, 192, 197, 205, 206x, 210, 213, 214n13
Cutrone, Giuseppina 65
Cutrone, Vincenzo 65
Cutting Baker, Holly 88n32

D'Acierno, Pellegrino 73, 98
D'Alesandro, Tommy (also, Tommy the Elder) 169 177-184, 186, 188, 190, 205, 206, 213
D'Alesandro, Tommy 175-183, 184, 187, 200, 204, 205, 212
D'Alessandro III, Tommy (also, Tommy the Younger) 177, 179, 188
D'Amato Alfonse 169, 176, 184, 199, 200-213, 214n25
D'Amato, Armand 200

d'Ambrosio, Manlio A. 17n12
D'Amico, Gloria 214n23
D'Angelo, Pascal 136, 13-138, 153
d'Aquino, Biagio 65
d'Aquino, Niccolò, 43n29
D'Onofrio, Beverly 122
Dahl, Roberty A. 213n4
Daniels, Rhiannon 84
Davis Jr., Sammy 105
Davis, Douglas 85
Davis, Jefferson 76
De León Jason 53
De Luca Braun, Rosanne 122
De Luca, Dario 22
De Luca, Erri 11
De Luca, Rosanne 122
de Luise, Alexandra 76
De Michiel, Helen
De Niro, Robert 82, 111, 114, 116, 119-120
De Nobili, Leonello 17n13
De Rosa, Tina 142, 145, 147, 159,
DeFelitta, Raymond 120
Deignan, Patrick C. 196
Deignan, Patrick C. 198
Del Giudice, Luisa 87n17, 87n20
Del Negro, Giovanna P. 86n5, 88n33
Del Prà, Alvise 34, 42n9, 42n18
Delaney, James J. 196
Delaney, James J. 198
DelliBovi, Al 197
DelliBovi, Al 199
    DeMarco, Ralph 195, 214n23
DeMarco, Ralph 194
DeMille, Nelson 158
DeSalvo, Louise 149
DeVito, Danny 111
di Donato, Pietro 119, 138, 140-141, 143, 158, 161n13, 161n14
di Donato, Pietro 158
Di Giorgio, Claudia 42n14, 161n
di Leonardo, Micaela 58
di Prima, Diane 148
Di Stefano, Eva 50
Diaferia, Veronica 122
Dickie, John 33
Dinmore, Guy 41
Domenici, Pete 212
Domini, John 157-158
Donato, Raffaele 109
Dorst, John D. 68
Duke, Nathan 214n23

Durante, Francesco 131, 132-133, 134, 135, 136, 141, 156, 160n3, 161n7, 161n8
Dylan, Bob 208

Edison, Thomas A. 99
Eduati, Laura 20
Elliot, Stuart 41n2
Estabrook, Desiree 72
Estes, David 87n17
Ets, Marie Hall 56, 137

Fairbanks Jr., Douglas
Falco, Edie 111
Fanfani, Amintore 211
Fante, John 79, 138, 139, 141, 143, 156, 158, 161n12,
Faris, Stephan 22
Favero, Luigi 41n3, 41n5
Feldman, Gregory 17n13
Fellin, Luciana 37
Ferraro, Alessandra
Ferraro, Geraldine 169, 176, 180, 183, 185, 190-200, 201, 205, 206, 214n17
Ferraro, Nicholas (Niky) 185, 196, 197, 198, 214n20
Fiaschetti, Michael 131, 160n4
Fiore, Teresa 32, 43n41, 43n42, 88n23
Fitts, Robert K. 60
Fitzmaurice, George 101
Foerster, Stephanie 122
Fontanella, Luigi 137, 138, 153, 161n9, 161n10
Ford, Gerald 201
Ford, Gerald 202
Franzina, Emilio 20
Fredricks, Darold 71
Frost, Mary 70
Frost, Robert 158

Gabaccia, Donna R. 20, 59, 60, 61, 63,
Gabriel, Richard A. 213n4
Gallo, Vincent 111
Gandolfini, James 111, 121
Gardaphé, Fred 136, 137, 138, 141, 142, 143, 144, 145, 155, 156, 157, 213n1
Gastaldo, Piero 214n11
Gattuso Hendin, Josephine 150
Gazzarra, Ben 111
Gennari, John 105
Gilbert, Sandra 125,
Gillan, Maria Mazzotti 49, 87n1, 151
Gioia, Dana 153, 160n2, 161n23, 162n24

Giorio, Maria Beatrice 88n28
Gioseffi, Daniela 151
Giunta, Edvige 59-59, 67, 142, 147-148, 150, 214n15
Gladstone, Douglas J. 76
Glassie, Henry 86n4, 87n13
Glazer, Nathan 213n4
Green, Mark 206, 207, 209, 215n30
Guida, George 156
Gulla, Katherine 122

Halle, David 88n32
Harrington, Beth 122
Hawks, Howard 103,
Henabery, Joseph 101
Herman, Joanna Clapps 64, 65
Heyman, Rich 76
Hill, Henry 115
Hobbie, Margaret 56, 58, 63
Hoelscher, Steven 73, 83
Holtzman, Elizabeth 203, 209, 215n25
Horsti, Karina 53
Howard, Cy 121
Hunt, Marjorie 76,
Hutcheon, Linda 117

Impellitteri, Vincent 182
Imperioli, Michael 111
Inchino, Andrea 40
Indelicato, Cherylann 50
Indelicato, Giovanni 49, 50-51
Ingram, Lena 65
Ingram, Rex 102
Inguanti, Joseph J. 69, 72,

Javits, Jacob 199, 202, 203, 204, 209
Jones, Leroy 148

Kahn, Eva M. 50
Katz, Lee Michael 214n17
Khouma, Pap 43n40
Kilgannon, Corey 86n2
Kirshenblatt-Gimblett, Barbara 52, 73
Kleiser, Randal 108
Kniffen, Fred 65
Koch, Ed 209, 210
Koffler, Eleanor 76
Koffler, Jerry 76
Koplowitz, Howard 213n22
Koplowitz, Howard 214n23
Kosta, Ervin 73
Kotkin, Amy J. 88n32

Kovach, Mary 161n21
Krase, Jerome 213n7
Krase, Jerome 72, 73, 212n6
Kurien, Suma 43n38
Kushner, Carol Scarvalone

La Motta, Jack 115
LaCerra, Charles 213n7
LaGumina, Salvatore 156
Lamb, Wally 158
Lamb, Wally 158
Larson, Eugene 214n17
Lattanzi, Riccardo 42n15, 44n
Lee, Robert E. 76
Lee, Spike 120
Lentricchia, Frank 130
Lewis, Jerry 105
Lewis, Randolph 87n17
Link, Susannah J. 97
Link, William A. 97
Liotta, Ray 111, 114
Lisella, Maria 152, 162n28
Lombardi, Nancy ('Big' Nancy) 177, 178, 183, 184, 188
Looney, Dennis 43n25
LoPiccolo, James 195
Lori, Cesare 17n12
Lorusso, Natascia 28, 42n19
Lowen Agee, Christopher 184
Lowen Agee, Christopher 185
Lucci, Susan 159
Luconi, Stefano 34, 35, 43n34, 156
Lurie, Leonard 215n26
Lusin, Natalie 43n25

Mackell, Thomas J. 196
Maffioletti, Gianmario 25
Magnani, Anna 209
Maiori, Antonio 135
Maltese, Serphin (Serf) 204, 205, 215n29
Mangione, Jerre 138, 140-141, 142
Manini, Paula 87n16
Mankiewicz, Joseph 107
Mann, Delbert 105
Mantegna, Joe 111
Manton, Thomas 198
Marazzi, Martino 43n26, 130, 131, 132, 134, 135, 140, 156, 160n4, 161n5, 162n25
Marchelli, Chiara 43n41
Marchi, Regina 67
Marshall, Gary 123

Marshall, Howard Wight 66
Marshall, Penny 122
Martellone, Anna Maria 37
Martinetti, Chiara 43n40
Marvin, Judith 65
Maso, Carol 145, 147
Massara, Joe 103
Mastroianni, Marcello 210
McKenzie, R. T. 215n31
Mathias, Elizabeth 70
Matturi, John 87n22
Mazzucchelli, Chiara 149-150, 161n21
McGlynn Jr., Frank 195, 196
McGlynn Sr., Frank 195
McGrath, Robert L. 87n22
McKenzie, R.T. 214n30
Meinig, D. W. 69
Melford, George 101
Merish, Lori 59, 84, 87n11
Meyer, Lisa 147
Mignone, Mario 156
Milestone, Lewis 105, 125n1
Milio, Simona 23, 30, 41n7, 42n12, 42n15, 42n22, 43n30, 44n44
Molinari, Maurizio 24, 29, 30, 31, 36, 40, 43n36
Mondale, Walter 180, 181, 185, 190, 192
Morosoli, Susan 122
Mosca, Gaetano 172, 176
Moynihan, Daniel Patrick 213n4
Mulas, Franco 161n13
Muscio, Giuliana 105, 125n3

Naujoks, Daniel 44n46
Nestor, Adrian 65
Niblo, Fred 101
Nixon, Richard 202
Norelli, Gianfranco 43n38
Noyes, Dorothy 75

O'Connor, Anne 84, 87n9
O'Connor, Frank 196
Obama, Barak H. 189
Obenzinger, Hilton 149
Olesker, Michael 213n7
Olesker, Michael 213n8
Onorato, George 195, 196, 214n23
Orsi, Robert A. 58, 61

Pacino, Al 111, 116
Pagano, Jo 141

Page, Susan 177, 178, 179, 180, 181, 182, 183, 184, 186, 187, 189, 214n12, 214n13, 214n16
Paladino, Carl 182
Palminteri, Chazz 111, 120
Palmisano, Vincent 179, 182
Palombini, Augusto 24, 25-26, 28, 40
Panunzio, Constantine 136, 137
Parenti, Michael 213n4, 217
Parini, Jay 158, 162n27
Parisi, Arturo 170, 171, 213n2
Parkman, E. Breck 76
Parrinello, Will 112
Pascali, Lara 61-62
Pasquino, Gianfranco 170, 171, 213n2
Pecora, Ferdinand 182
Pelayo Sañudo, Eva 84
Pelosi, Christine 180
Pelosi, Christine 181
Pelosi, Nancy (also, 'Little' Nancy, Nancy} 169, 177, 178, 179, 180, 181, 184-190, 205, 207, 213n6, 214n12, 214n13, 214n14
Pelosi, Paul 184, 185
Peragallo, Olga 150
Peri, Giovanni 40
Perlez, Jane 191-192
Perlez, Jane 193
Perrotta, Tom 158
Pesci, Joe 111
Pete, Gabriele 17n12
Pileggi, Nick 114
Piol, Alessandro 43n33
Pitkin, Hannah F. 175
Poore, Charles 140
Praino, Rodrigo 195
Pretelli, Matteo 156
Pretolani, Luisa 122
Primiano, Leonard Norman 87n17
Pugliese, Stanislao 156
Pugliese, Stanislao 7, 17n8, 161n8
Puzo, Mario 142-144

Ragazzi, Francesco 39, 43n30
Ragusa, Kim 122
Reagan, Ronald 180, 181, 183, 190, 202, 203, 209, 215n28
Riboni, Enzo 42n14
Ricciardi, Guglielmo 135
Riggio, Leonard 158
Riis, Jacob 55-56, 59-60, 87n10, 101
Rimanelli, Giose 142, 144-145, 147

Rinauro, Sandro 43n26
Rocchietti, Joseph 129
Rochberg-Halton, Eugen 80, 88n32
Rockefeller, Nelson 202, 203
Romeo, Caterina156
Roosevelt, Franklin Delano 180
Rosoli, Gian Fausto 17n12,
Rotella, Mark 153, 161n22
Row, Thomas 214n11
Ruberto, Laura E. 17n2, 53, 54, 62, 66, 67, 72, 77, 78, 80, 81, 83, 84, 87n22, 88n23, 88n31, 88n35, 126n7, 150
Rudolph, Katie 65,
Ruffalo, Mark 111
Russo, Giovanni 42n21
Russo, John Paul 156
Russo, Joseph and Anthony 125
Russo, Richard 158

Sabbatino, Jules 196
Sandalow, Mark 214n12
Santucci, John 195
Santucci, John J. 196
Sarandon, Susan 111, 121
Saturini, Franc 17n12
Sautman, Francesca Canadé 87n15
Saverino, Joan 72
Savoca, Nancy 123
Scambray, Kenneth 87n20
Schiro, Anne Marie 188
Schiro, Anne-Marie 187
Schumer, Chuck 208
Schumer, Chuck 209
Sciorra, Annabella 111, 123
Sciorra, Joseph 17n2, 49, 53, 54, 59, 62, 63, 67, 70, 71, 73, 75, 77, 80, 81, 82, 83, 84, 88n28, 88n33, 88n35, 154
Scorsese, Martin 62, 108-109, 110, 113, 114, 117
Scottoline, Lisa 149, 158, 161n21, 169n1
Segal, Jeffrey Allan 215n30
Sensi-Isolani, Paola A. 74
Seriff, Suzanne 87n17
Serra, Ilaria 149, 161n20
Shapiro, Margaret 213n23
Shapiro, Margaret 214n24
Sheller, Mimi 87n16
Shire, Talia 111
Siani, Cosma 156
Silver, Allan 215n31
Sinatra, Frank 82
Sinise, Gary 111

Siodmak, Robert 106
Sirey, Aileen Riotto 192
Smith, Hedrick 214n19
Sollors, Werner 110, 112, 211
Sombart, Werner 213n3
Sontag, Deborah 43n27
Soria, Regina 74, 75
Sorrentino, Gilbert 156
Sorvino, Mira 111, 124
Sorvino, Paul 111
Stallone, Francesca 62
Stallone, Giuseppe 62
Stallone, Sylvester 81, 107-108, 111
Stanco, Italo 132-133
Stefanile, Felix 152
Stefanini, Ruggero 153
Sturm, Circe 87n17

Talese, Gay 112, 143-144, 160
Tamburri, Anthony Julian 84, 111, 124-125, 144, 151, 154, 155, 156-157, 160n1, 160n2, 161n17
Tarantino, Quentin 108
Tartuffi, Dino 17n12
Tassello, Graziano 41n3, 41n5
Taurog, Norman 105
Terrone, Maria 152
Tintori, Guido 38, 43n34, 43n35
Tirabassi, Maddalena 23, 34, 42n9, 42n18, 58, 60, 156
Tirabassi, Maddalena156
Tomasi, Lydio F. 214n11
Tomasi, Mari 141-142,
Tomei, Marisa 111
Tonelli, Bill 159
Travolta, John 107, 108, 111
Tresca, Carlo 131, 132-133
Tricarico, Donald 62
Trigiani, Adriana 149, 158, 161n20, 164
Truman, Harry 180
Tucci, Stanley
Tucci, Stanley 111, 117-118
Turner, Kay
Turturro, John 111, 119, 120, 121
Tusiani, Joseph 154-155, 160n2, 162n25
Tycz, Katherine 84, 87n9

Upton, Dell 63

Valesio, Paolo 156
Vallone Sr., Peter F., 214n21
Vanni, Ilaria 150

Vanni, S. F. 87n16
Vecoli, Rudolph J. 155
Vellinga, Marcel 87n13
Vellucci, Sabrina 161n19
Ventura, Luigi Donato 129
Verdicchio, Pasquale 88n23
Vincenzi, Giuseppe 22
Viscusi, Robert 113, 155
Vought, Hans 97
Vulpi, Daniele 27,

Warshaw, David 103-104
Wellington, Robert 85-86
Wells, Audrey 107
Welmann, William 103
Williams, Phyllis H. 55-56, 87n10
Wolfinger, Raymond E. 213n4
Wyler, William 107

Zaccaro, John 191
Zanoni, Elizabeth 61
Zeitlin, Steven J. 88n32
Zinn, Howard 6
Zinnemann Fred 105
Zinni, Christine 122

Autori

OTTORINO CAPPELLI insegna Scienza politica e Politica comparata nell'Università degli Studi di Napoli "L'Orientale" ed è Direttore scientifico del Master di II livello in "Internazionalizzazione e comunicazione del Sistema Paese" presso la Link Campus University di Roma. Ha conseguito il Dottorato di ricerca presso l'Università di Firenze e il PhD presso la University of Birmingham, svolgendo successivamente attività di ricerca e di docenza in prestigiose università in Gran Bretagna, in Russia e negli Stati Uniti. Nel 2008 ha co-fondato, insieme alla giornalista Letizia Airos, *i-Italy.org*, il primo magazine multimediale in lingua inglese dedicato alla comunità italiana e italoamericana. Nel 2010 ha partecipato a creare e dirigere l' "Oral History Archive" presso il John D. Calandra Italian American Institute, Queens College, CUNY – un archivio video dedicato alla raccolta delle memorie dei politici italoamericani dello Stato di New York. Nel 2016, con il patrocinio della National Italian American Foundation di Washington, D.C., ha ideato e condotto il progetto "Italian Leadership in America" basato su una serie di videointeviste in profondità con i massimi esponenti nazionali della comunità italoamericana. Ha pubblicato estesamente, in italiano e in inglese, sul tema della politica italoamericana e le sue video interviste sono disponibili in streaming sul canale YouYube di *i-Italy.org*.

PETER CARRAVETTA è docente di filosofia alla Stony Brook University. Titolare della Cattedra D'Amato per gli studi italiani e italoamericani dal 2008 al 2018, e in precedenza professore di italiano, letteratura comparata e World Studies alla CUNY, si è interessato di ermeneutica, Cultural Studies, metodi della critica, poetiche, avant-garde e postmoderno, umanesimo, storiografia e migrazioni. È stato exchange Fulbright professor alle università di Roma 3, Madrid Complutense, Parigi 8, Nanjing, St. Petersburg, e Columbia University. Fondatore e Direttore della rivista *Differentia, review of italian thought* (1986-1999; reperibile su https://commons.library.stonybrook.edu/differentia), e traduttore de *Il pensiero debole* (*Weak Thought*, Albany, NY 2012), ha pubblicato, negli ultimi anni, *Del Postmoderno. Critica e cultura in America all'alba del duemila* (Milano 2009), *The Elusive Hermes. Method, Discourse, Interpreting* (Aurora, CO 2012), *Sulle tracce di Hermes. Migrare, narrare, riorientarsi* (Milano 2012), *After Identity. Migration, Critique, Italian American Culture* (New York 2017; trad. italiana *Identità e oltre. Migrazione e cultura italoamericana* (Genova 2021), e recentemente *Language at the Boundaries. Philosophy, Literature and the Critique of Culture* (New York 2021). Il suo impegno si estende in ambito creativo, con otto libri di poesia, in due lingue, tra i quali *The Sun and Other Things* (Montreal 1998), *the other lives* (Toronto 2014), e *L'Infinito. Poesie 1972-2012* (Udine 2013). Attualmente sta completando uno studio teorico sull'umanesimo. Per altre informazioni vedasi www.petercarravetta.com.

TERESA FIORE è titolare della cattedra Inserra di Italianistica e Italoamericanistica a Montclair State University (USA). Ha anche insegnato come Visiting a Harvard, NYU e Rutgers. È autrice del libro *Preoccupied Spaces: Remapping Italian Transnational Migrations and Colonial Legacies* (2017, Premio AAIS; menzione speciale Premio Marraro MLA), pubblicato in italiano da Mondadori/Le Monnier (*Spazi Pre-occupati: Una rimappatura delle migrazioni transnazionali e delle eredità coloniali italiane*, 2021). È anche co-curatrice di una sezione speciale dedicata alla crisi dei migranti nel Mediterraneo per il *Journal of Modern Italian Studies*. Ha pubblicato numerosi articoli in inglese, italiano e spagnolo sulle migrazioni da e verso l'Italia sia in riviste che in volumi collettanei, tra cui *L'Italia Postcoloniale* (2014) e *Transnational Italian Studies* (2019). Il suo lavoro sull'emigrazione italiana recente negli USA è incluso nelle antologie *New Italian Migrations to the United States* Vol. 2 (2018) e *Storia degli italoamericani* (2019). La sua ricerca, fondata su un approccio interdisciplinare tra scienze umanistiche e sociali nell'analisi della rappresentazione culturale delle migrazioni, ha ricevuto fondi Fulbright e Rockefeller. Al momento lavora ad un progetto sostenuto da un NEH Faculty Award sui rapporti tra Italia, Spagna e America Latina lungo le rotte imperiali del passato e quelle migratorie del presente, e ad un altro progetto su alimentazione e sbarco degli Alleati in Sicilia. A MSU coordina programmi culturali e didattici sulla mobilità transnazionale di persone, idee e prodotti legati all'Italia.

SILVANA MANGIONE ha conseguito la laurea in Giurisprudenza dell'Alma Mater Studiorum Bononiensis-Università di Bologna con una tesi sulla Convenzione europea dei diritti dell'uomo, e un diploma in regia della RAI con l'Antoniano di Bologna. Autrice di: "Viva l'Italia! (...o no?)" sull'emigrazione italiana; e di studi sulle Lobby USA per il Comitato Economico e Sociale della CEE; per il programma ITENETS dell'OIL; per RAI International sui Media al servizio delle comunità in USA; Ghost writer in italiano e inglese delle biografie di un famoso cardiologo e un pluripremiato Pastry Chef italoamericano; Traduttrice di autori italocanadesi per Cosmo Iannone Editore con il Canada Council for the Arts: *Riti di infertilità* di Mary Melfi; *Impala* di Carol Fioramore David; *Scarpe Italiane* di F. G. Paci; *In corsivo italico* di Antonio D'Alfonso; e italoamericani: *Importato dall'Italia* di Fred Gardaphé; Autrice di articoli di economia e cultura per giornali italiani e americani, fra cui *Il Sole 24ore*, *International Business Week*, *Agorà*, *Dramma*, *il Mattino*, etc.; Docente di: "Comunicazione Istituzionale e Public Speaking" per il programma UE "Torno subito", e per i corsi di alta formazione "Marketing & Communication-Made in & by Italy", di LearnItaly USA a New York; per il "Progetto COGIM-Corso di comunicazione e giornalismo multimediale" a Montevideo; e per il "Progetto EU-SIC/Università La Sapienza di Roma a New York", etc.; Coordinatrice Accademica di un Istituto internazionale di Studi Superiori convenzionato con Università di

Pisa, Mercy College NY, Long Island University NY (1980-88); Consulente di PR a enti pubblici e privati per iniziative linguistiche, culturali, economiche e commerciali; Relatrice a numerose Conferenze e Tavole rotonde su: Emigrazione, Promozione della lingua italiana, Cultura di ritorno, Diritti di cittadinanza, etc. Fra molti altri, nel 2017 ha ricevuto il Premio "Una vita per l'italiano" dell'Università Ca' Foscari di Venezia.

EMANUELE PETTENER è nato a Mestre e vive negli Stati Uniti, nella contea di Palm Beach, da vent'anni. Ha iniziato i suoi studi di dottorato a Purdue University (Indiana) e ha conseguito un PhD in Studi Comparati a Florida Atlantic University (Boca Raton, Florida) dove attualmente insegna lingua e letteratura italiana e ricopre il ruolo di "Writer in Residence". È autore di numerosi racconti, traduzioni, saggi pubblicati su riviste sia italiane che americane. Ha pubblicato quattro romanzi: *È sabato mi hai lasciato e sono bellissimo* (Corbo, 2009), *Proust per bagnanti* (Meligrana, 2013), *Arancio* (Meligrana/Priamo, 2014), *Floridiana* (Arkadia, 2021); un saggio, *Nel nome del padre del figlio e dell'umorismo. I romanzi di John Fant* (Cesati, 2010); e, negli Stati Uniti, una raccolta di racconti, *A Season in Florida* (Bordighera Press, 2014, traduzione di Thomas de Angelis).

LAURA E. RUBERTO è professoressa di materie umanistiche al Berkeley City College ed è una Mellon Foundation—American Council of Learned Society Faculty Fellow. Le sue numerose pubblicazioni riguardano il cinema, la cultura materiale, le storie orali, e la cultura vernacolare all'interno della diaspora italiana e dei contesti transnazionali. È autrice di *Gramsci, Migration, and the Representation of Women's Work in Italy and the U.S.* (2007). Le sue curatele in collaborazione con altri includono i due volumi *New Italian Migrations to the United States* (2017) e *Italian Neorealism and Global Cinema* (2007); i numeri speciali di riviste includono *Monuments, Memorials, and Italian Migrations* (2021), *Borderless Italy/Italia senza frontiere* (2020), *Italian Americans and Television* (2016), e *Immigration to the American West* (2004). Pubblica anche come traduttrice/editrice, tra cui opere di Pasquale Stiso (2021), Gianna Manzini (2016), e Leonilde Frieri Ruberto (2010). È co-redattrice della serie di libri "Critical Studies in Italian America" per la Fordham University Press e attualmente fa parte del consiglio esecutivo dell'Italian American Studies Association.

JOSEPH SCIORRA è direttore di Academic and Cultural Programs del John D. Calandra Italian American Institute di Queens College, un istituto di ricerca della City University of New York. Come etnografo ha fatto ricerche e pubblicato su pratiche religiose, cultura materiale, e musica popolare, tra altri argomenti. È stato redattore della rivista *Italian American Review* (2009-2016) e curatore dell'antologia *Italian Folk:*

Vernacular Culture in Italian-American Lives (2011); I volumi curati con altri includono: *Embroidered Stories: Interpreting Women's Domestic Needlework from the Italian Diaspora* (2014), *Neapolitan Postcards: The Canzone Napoletana as Transnational Subject* (2016), la raccolta in due volumi *New Italian Migrations to the United States* (2017), e *This Hope Sustains the Scholar: Essays in Tribute to the Work of Robert Viscusi* (2021); È autore di *R.I.P: Memorial Wall Art* (1994 [2002]) e *Built with Faith: Italian American Imagination and Catholic Material Culture in New York City* (2015). Nel 2021, ha vinto il Working-Class Studies Association's Studs Terkel Award per il suo saggio online "Protesta per Sacco e Vanzetti" su una registrazione di immigrati del 1927 a 78 giri.

ILARIA SERRA è professoressa ordinaria di Italiano e Studi Comparati alla Florida Atlantic University di Boca Raton. È nata a Venezia, dove ha ricevuto la laurea in Lettere moderne all'Università di Ca' Foscari. Ha continuato gli studi all'Università di California, Los Angeles, Purdue University e Florida Atlantic University. Oltre a numerosi articoli e saggi sul tema del cinema, la cultura e l'emigrazione italiana in America, ha pubblicato i volumi *Immagini di un immaginario: L'emigrazione italiana negli Stati Uniti fra i due secoli: 1890-1925* (Cierre, 1997), *The Value of Worthless Lives: Writing Italian American Immigrant* (Fordham University Press, 2007, 2010) e *The Imagined Immigrant. Images of Italian Emigration to the United States between 1890 and 1924* (Farleigh Dickinson University Press, 2009). È autrice del libro di testo, *Italia cantata: Two Centuries of Italian History Through Music* (Rylan, 2021) e sta lavorando ad un manoscritto in inglese sullo stesso argomento. Coordina, inoltre, i progetti digitali "Italian American Oral History Archive", "Italian American Memories Documentary Archive" e "Floritalians", in collaborazione con i suoi studenti. Nel 2008, ha fondato il programma estivo di FAU a Venezia che dirige ogni anno. Collabora con il Gallio Film Festival delle Opere Prime ed è giurata per I Will Tell International Film Festival di Londra.

ANTHONY JULIAN TAMBURRI è preside del John D. Calandra Italian American Institute (Queens College, CUNY) e Distinguished Professor of European Languages and Literatures. Già presidente dell'Italian American Studies Association e dell'American Association of Teachers of Italian, si concentra su cinema, letteratura, e semiotica, ed è autore di diversi libri e numerosi saggi. I suoi libri includono: *Of* Saltimbanchi *and* Incendiari: *Aldo Palazzeschi and Avant-Gardism in Italy* (1990), *To Hyphenate or not to Hyphenate* (1991), *A Semiotic of Ethnicity: In (Re)cognition of the Italian/American Writer* (1998), *Italian/American Short Films & Videos: A Semiotic Reading* (2002), *Una semiotica della ri-lettura: Guido Gozzano, Aldo Palazzeschi, Italo Calvino* (2003), *Narrare altrove: diverse segnalazioni letterarie* (2007), *Re-viewing Italian Americana: Generalities and Specificities on Cinema* (2011), *Re-reading Italian Americana: Specificities and Generalities on Literature and Criticism* (2014), *Un biculturalismo negato: La scrittura "italiana" negli Stati Uniti* (2018), *Signing Italian/American Cinema: A More Focused Look* (2021), e *The Columbus Affair: Imperatives for an Italian/American Agenda* (2021).Tra le curatele si notino, *From the Margin: Writings in Italian Americana* (1991/2000) e *Diversity in Italian Studies* (2020). È produttore esecutivo e conduttore del programma televisivo del Calandra Institute, *Italics*, in collaborazione con CUNY TV. Inoltre, scrive una rubrica per *La Voce di New York*, intitolata "La diaspora italiana".

www.ingramcontent.com/pod-product-compliance
Lightning Source LLC
Chambersburg PA
CBHW080410230426
43662CB00016B/2361